La grande rivière
Marne

À Sylvie de la Mahaweli ganga,
la grande rivière de sable

C'est grâce à la CMMA que « le Bateau sur la Marne » a pu appareiller.
Qu'elle en soit ici très chaleureusement remerciée.

Éditions La Nuée Bleue / DNA, Strasbourg, 2010

ISBN 978-2-7165-0779-0

Gérard Rondeau

La grande rivière
Marne

Dérives et inventaires

La Nuée Bleue

Ce voyage au bout de la rivière Marne s'est fait en trois années et en trois temps. Une marche depuis Paris jusqu'au plateau de Langres en suivant le cours de la rivière, puis une longue période de flirt en solitaire avec la rivière, et enfin l'opération « Un bateau sur la Marne », pendant laquelle j'ai utilisé une péniche de type Freycinet transformée en studio pour descendre cette fois la Marne depuis Balesmes jusqu'à Paris-Charenton.

La marche ou le retour aux sources

Au commencement, mon déménagement vers les rives de la Marne, à Chassins, surplombant la vallée. Quelques mois plus tard, à la fin du dîner, le soir du 14 juillet devenu rituel dans la maison des Landes de Joëlle et Jean-Paul Kauffmann, je parle de mon idée de faire à pied le voyage de Paris à Chassins en suivant le cours de la Marne. Une manière pour moi de me familiariser avec l'endroit où je vivais, de m'approprier des chemins et des paysages. « J'aimerais le faire avec toi » me répond Jean-Paul, à l'allure d'un chef de tribu à la tête haute, assis en bout de table et fumant avec rigueur son grand corona.

En avril de l'année suivante, nous partions de Paris pour rejoindre Chassins en quatre ou cinq jours. En fin de parcours, nous décidions d'y donner une suite. Il y aura deux autres marches, la première pour parvenir aux sources de la Marne à Balesmes, la seconde jusqu'à la hauteur de la ligne de partage des eaux, avec une incursion en pays de Coiffy, juste pour vérifier que nous étions bien dans un autre monde.

Ce fut une vingtaine de journées à regarder le ciel.

La Marne en solitaire

C'est à la fin de cette remontée de rivière que la Marne m'a définitivement capturé. Je décidai de la fréquenter régulièrement, à différentes saisons, guidé par mon envie de recenser des paysages devenus familiers : écluses, affluents, ponts... Tenter de dresser un état des lieux de la rivière ; imaginer un parcours photographique qui évoque, en vrac, la nature, l'architecture et le patrimoine ; montrer des ports, des îles et des chemins de halage.

Entretenir un rapport personnel et privilégié avec la rivière : l'approcher, observer chaque changement de lumière, s'en éloigner pour mieux revenir à elle. L'aimer, en quelque sorte. Il suffit de suivre la rivière, et le temps s'arrête. Ou plutôt s'écoule avec une lenteur inhabituelle. Les herbes, les arbres, les perspectives, l'horizon semblent soudain vous appartenir. La nature est vôtre, la photographie vous permet de structurer le paysage. Vous construisez votre imaginaire, le plaisir en devient presque physique, vous êtes soudain le grand organisateur, une jouissance certaine est là.

Et vous vous mettez à penser à Delacroix : « Le bonheur d'un homme qui sent la nature, c'est de la rendre. » Et à Rebeyrolle, qui me confiait : « Le paysage, c'est comme si je me roulais dedans. » À Stendhal aussi : « La Marne, [c'est] comme un miroir qui se promène sur le chemin de halage. »

Le désir d'inventaire naît, avec ses visions, ses impressions de rivière. En vrac, à l'aube, la brume sur la Marne, le délire des chants d'oiseaux, à Sainte-Aulde, des méandres serrés, rare endroit où les maisons viennent jusqu'à la rivière, sur le ponton de l'une d'elles, le drapeau français qui flotte au vent d'ouest. Une Marne encaissée aux allures de Louisiane, végétation et patriotisme réunis. Plus loin, un site réservé pour la pêche de nuit à la carpe, Ussy, la pénombre, les arbres qui prennent de l'ampleur, les bruits étouffés d'une faune nocturne qui s'éveille. Ici, des jardins ouvriers, espaces apaisants de cahutes et plants de tomates alignés, là, des envols secs des oiseaux qu'on dérange.

Comprendre le passage d'une région à une autre, suivre un méandre et découvrir des villages hors d'atteinte, vérifier qu'il existe bien une architecture des ponts, rétablir la notion du temps et de la distance, découvrir le lien entre une ville et sa rivière, une simple histoire de géographie en somme.

Découvrir l'église de Mézy-Moulins vue d'en bas, de la rive gauche, et son aspect de cathédrale pour *happy few,* contempler la vallée de la Marne et ses coteaux aux vignes alignées et rassurantes, tomber face au grand hôtel de Luzy-sur-Marne aux fenêtres murées depuis l'abandon de la route nationale pour une autoroute, tenter de se frayer un chemin pour suivre le cours sauvage de la rivière en amont de Vitry, apercevoir les arbres bordant la nationale Paris-Épernay aux allures de départementale toscane, tenter de suivre du regard le train Paris-Saint-Dizier dont le bruit familier troue le silence du soir.

Mais aussi la boucle de la Marne de Précy-Trilbardou, le pont-canal de Mussey-sur-Marne, au confluent de la Marne et du Rognon, l'arrivée dans la forêt de Balesmes sous une pluie fine près des sources au milieu d'une végétation luxuriante, avec le sentiment d'en être les « découvreurs », la vision soudaine, en coupant à travers bois, du canal entre Champagne et Bourgogne, magnifique ouvrage au sortir du tunnel de Balesmes. Juste sur la ligne de partage des eaux, avoir la sensation d'être dans la peau d'explorateurs au milieu de la jungle guatémaltèque.

En profiter pour dresser une géographie de la rivière et des villes traversées (Joinville, Meaux, La Ferté-sous-Jouarre, Châlons-en-Champagne, le lac du Der-Chantecoq, Saint-Dizier, Chaumont, etc.) et pour exhumer la présence de personnages historiques, littéraires et artistiques (Urbain II et le Gaulois Sabinus, Jean de La Fontaine et Samuel Beckett, Léon Lhermitte et Jean-Baptiste Camille Corot).

Penser à Diderot rendant visite à Sophie Volland, imaginer Watteau dans son atelier, et Marie Curie dans son école à la place du port de Nogent, où elle recevait par péniches ses matériaux pleins de radon, se représenter pendant la guerre, sur l'île d'Amour, juste en amont, le casino occupé par les Allemands et, sur l'île des Loups, les juifs cachés dans le club d'aviron.

Et aussi toutes ces images furtives :

Trois types en train de discuter et qui, à mon arrivée, me tournent le dos. Sur le blouson de l'un d'eux, l'inscription « Championnat de pêche de Nogent-l'Artaud ».

Aux fourneaux de Pantagruel, avant l'écluse n° 7, entre Pavant et Nogent-l'Artaud, le chef sorti de sa cuisine qui respire l'air de la vallée.

La femme au sourire sur le chemin de halage devenu sentier, au milieu des bois, peu conforme à l'image des promeneurs. Qui est-elle ? Où va-t-elle ? Le doute sur ses intentions...

Sur la pile d'un pont perdu, l'inscription, en gros caractères : « L'argent ne fait pas le bonheur mais le malheur fait l'argent. »

Une jeune femme en vélo de randonnée, casquée, penchée sur son guidon pour gagner en vitesse, la vision fugitive de ses seins qui bondissent de son maillot.

À Crouttes-sur-Marne, Françoise Bedel, propriétaire-récoltante de vignobles cultivés en biodynamie, qui fait tourner son vin non dosé dans un verre.

Les clients qui attendent l'ouverture en rangs serrés devant Emmaüs à Foulain et qui s'y engouffrent avec détermination dès l'ouverture de la porte.

En surplomb de la rivière, à Bologne ? Une Ford aux vitres ouvertes et le rythme énorme et sourd d'une musique funky qui se répand sur l'eau de la rivière, je ne distingue pas le conducteur.

Dans un jardin ouvrier, une famille entière. Près de la cabane en bois, assiettes et verres Duralex restés sur la table de camping rouge, avec dessous deux enfants qui jouent calmement. Plus loin, un homme de dos qui taille un rosier, une femme et deux jeunes filles qui ramassent, cueillent, alimentent un feu. Elles portent de longues jupes, elles sont voilées. La scène est douce comme ce dimanche après-midi.

Et puis les deux frères sur le pont de Recy, là chaque jour depuis des dizaines d'années à guetter l'événement sur la Marne ou le canal, l'accueil formidable de l'équipe municipale d'Aÿ réservé aux hommes exténués, l'éclusier de la « 43 » de Bonneval, mais peut-être était-ce la « 42 » ou la « 44 », la jeune et jolie éducatrice de Donjeux et ses adolescents handicapés.

Mais aussi :

Des ragondins aux allers-retours entre les deux berges, bac régulier observé pendant plus d'une heure.

Une mobylette brûlée, retournée sur la berge, à côté de traces d'un autre feu plus convivial, quelques cannettes encore dans les cendres.

Quelques jours plus tard, à la place de la même mobylette, ou ce qu'il en reste, la selle uniquement et quelques ressorts au milieu de l'ancien feu sale et humide.

D'autres rats, en thalassothérapie, qui font du surplace face au courant.

Un cygne agressif qui me barre le chemin. L'obligation de prendre un bâton, en signe moi aussi d'intimidation.

On aura compris que je m'étais mis à aimer la Marne, ce regard fut le sujet d'un premier carnet de voyage, et prit la forme d'une exposition.

« Un bateau sur la Marne »

« ... En photographie, tout cliché canonise et excommunie. Le cadre est presque une auréole ; hors du cadre, pas de salut.» Serge Bonnet*.

Après ces mois passés avec la grande rivière, un manque : il me fallait avoir le point de vue de l'intérieur, être sur l'eau, et surtout aller à la rencontre des gens. D'où l'aventure du « Bateau sur la Marne ». En février-mars 2010, je décidai de descendre le cours de la Marne, cette fois-ci sur une péniche, depuis sa source jusqu'à la confluence, avec un but précis, laisser parler l'écho de la rivière par la voix de riverains et de spécialistes.

Pourquoi l'hiver, alors que le froid nous piquait ? Pour que la vallée de la Marne soit une réalité : le printemps ou l'été aurait gratifié les berges d'un épais rideau de feuillage qui nous aurait masqué le rapport de la rivière avec sa vallée. Ce fut une bonne idée, même si mes invités, tous très patients et coopératifs, ont souvent souffert du froid.

Sur le pont du bateau, une péniche de 1914 de type Freycinet, un studio sommairement aménagé. À vrai dire, juste deux cadres métalliques, tous deux carrés mais de format différent. L'exercice était simple : à l'occasion de haltes, de passages d'écluses, d'accostages fortuits, plus de cent cinquante personnes sont montées à bord et se sont prêtées au jeu de l'entretien filmé. Rencontres de hasard bien sûr, mais surtout rencontres choisies et provoquées. Chacun passait derrière le cadre et me faisait face, ainsi qu'à la caméra. L'entretien se faisait le temps d'un ou de plusieurs biefs, avec à chaque fois le paysage en toile de fond.

Qui sont ceux qui ont accepté d'embarquer sur la péniche et d'évoquer leur rapport à la rivière Marne ? Les invités furent nombreux : archiviste, éclusier, peintre, cuisinier, insulaire, historien, garde-pêche, prêtre, métallurgiste, sportif en kayak, académicien, tenancier de guinguette, spécialiste de l'eau, médecin, pêcheur, écrivain, élu, architecte, batelier, etc.

Tous les sujets furent abordés : la métallurgie, l'architecture, le patrimoine, l'écologie, la botanique, les peintres de la Marne, la guerre, la mythologie, Bossuet, Beckett ou La Fontaine, les sources, Claude-Nicolas Ledoux, l'histoire, la cuisine, la géographie, les plaisirs, la faune, les ponts et les tunnels, le vin de Balesmes et les studios de cinéma, les révoltes de vignerons et la fuite du roi, etc.

Quarante-cinq jours durant, sur le pont du bateau aménagé avec pour fond le paysage qui défile, mes invités furent filmés à cinq kilomètres à l'heure, la vitesse de la péniche. Ce cadre, que j'avais imaginé, me permit aussi, tout le long de ce voyage, de structurer des paysages, d'isoler des bâtiments, des arbres qui se retrouvaient grandis de manière éphémère, de jouir à chaque instant de vues que je ne reverrais jamais. Ce carré de métal finit par me dépasser : je ne pouvais imaginer qu'il me fournirait cette continuité, donnerait cette unité entre le plateau de Langres et Paris. Il est mon lien avec la Marne, il unifie les entretiens et les portraits, de Balesmes à Charenton-le-Pont, il est mon unité de temps et de lieu sur les 525 kilomètres de descente de la Marne.

À propos du livre et des entretiens

Ce fut une belle aventure. Tous les textes proposés dans ce livre sont tirés des entretiens filmés sur la péniche, sur le pont et, en cas de trop mauvais temps, dans le couloir de la soute. Mes intervenants ne savaient pas exactement pourquoi ils venaient, sinon par amour et curiosité de leur rivière, par sympathie pour cette aventure du « bateau sur la Marne », de manière totalement fortuite ou par amitié.

Aucune de ces discussions à bâtons rompus n'a donc été préparée, c'était à chaque fois comme une conversation au coin d'un cadre, avec comme unique objectif un point de vue personnel que je sollicitais sur un aspect de la rivière. Le report et le script des bandes vidéographiques furent longs, environ huit cents pages retranscrites. Je n'ai gardé ici qu'une partie des entretiens. Que celui ou celle qui ne retrouvera qu'un extrait de ses propos dans ce livre me pardonne, que chacun soit indulgent avec les morceaux choisis.

La seule ambition de ce livre est de montrer que, du plateau de Langres à Paris, la Marne est une belle et grande rivière, que les paysages d'ici sont aussi inattendus qu'à l'autre bout du monde, que l'aventure est là, au sortir d'un méandre. Qu'une communauté de gens vit et travaille sur les bords de la Marne, que tous témoignent de l'intérêt porté à cette grande rivière, et que chacun d'entre eux montre sa façon de l'aimer. Que la rivière Marne est à elle seule une sorte de « grand livre », où l'on croise l'histoire, les sciences, la géographie et le patrimoine.

Nous avons tous en mémoire des souvenirs d'une rivière de notre enfance ou de notre adolescence, pleins de joie et de sensualité ; la rivière à cette époque nous attirait, elle était le décor de nos premiers émois. Il semblerait que nous ayons simplement oublié la rivière. Elle occupe toute une vallée et semble le plus souvent y couler dans l'indifférence. Approchons-nous du bord pour « écouter l'eau [qui] parle sans cesse et [qui] jamais ne se répète » (Octavio Paz) ; retrouvons le goût des plaisirs simples et des habitudes de dilettante. Assis au milieu du silence en mouvement, prenons garde au murmure de l'eau rythmé par le chant du vent, par le bruissement d'une brindille qui se détache ou par le cri d'un pouillot véloce. Écoutons la rivière et ses petits événements qui nous rappellent la dimension du temps.

J'ai passé de longs moments de solitude à regarder la Marne. Fasciné par son cours paresseux ou violent, j'organisais, grâce aux premiers plans d'herbes et de branches, la vision de la rive d'en face, inaccessible et imprenable. La rivière est comme le point de rendez-vous d'un horizon qui se dérobe, point de convergence entre de douces collines ou de vastes coteaux. Elle est comme un long chemin, tour à tour bande réfléchissante dans un paysage du soir ou long trait noir irrégulier, délimitant les pentes de la vallée. Elle est un long ruban en mouvement qui divise un paysage immobile. La rivière, l'ombre et la lumière.

Vite, allons sur les bords de la Marne, cette grande rivière, voir si, comme le disait Jean de La Fontaine, « l'onde était transparente ainsi qu'aux plus beaux jours » !

Gérard Rondeau
Chassins, novembre 2010

* In *Automne, hiver de l'homme du fer,* Presses universitaires de Nancy / Éditions Serpenoise, 1986.

Et au milieu coule une rivière

Nicole Chardaire,
éditrice

Y a-t-il un auteur qui ait écrit autour des rivières, que vous auriez aimé ou que vous avez peut-être édité?

Je pense à un livre que j'aurais aimé publier en édition de poche, celui d'un Américain, professeur de littérature à Chicago, qui n'a écrit qu'un seul livre, Norman Maclean. Il s'intitule *La Rivière du sixième jour*, dont s'est inspiré Robert Redford pour son film *Et au milieu coule une rivière*. Il raconte une histoire très simple, celle d'une rivière et d'une famille qui y pêche la truite au lancer. Il ne se passe pas grand-chose dans ce livre, c'est simplement la vie de ces gens, sans artifice. Quand Norman Maclean a été publié, il fut étonné du succès qu'a rencontré son livre en Amérique et en France. Il a dit : «Mais c'est juste une histoire de famille où l'on s'aimait infiniment...» Il décrit dans ce livre la relation d'un père et de ses fils qui vont à la pêche ensemble. Ces moments sont pour la famille l'occasion d'une cohésion; ils offrent un terrain où la vie peut s'exprimer. Dans ce livre, c'est la rivière qui les lie les uns aux autres, ces endroits sauvages et magnifiques du Montana étant le trait d'union entre les différents membres de la famille. Ce livre que Maclean avait d'abord écrit pour lui seul fut non seulement un best-seller, mais connut aussi une superbe adaptation au cinéma. Robert Redford était tombé amoureux de cette histoire et a tenu à en faire un film éponyme. L'auteur a d'ailleurs assisté au tournage et, à peine le film achevé, il est décédé. Il n'a jamais su que son histoire allait émouvoir des millions de spectateurs, ce qui est sincèrement dommage. Et, depuis que l'on s'est engagé sur la Marne, je dois vous avouer que je ne peux pas m'empêcher d'y penser.

Cela vous évoque quelque chose en particulier?

Oui, cela fait écho en moi. Ma famille était aussi une «famille de rivière», dans la mesure où nous avons vécu sur une île, l'île Saint-Louis à Paris. C'est comme si elle avait toujours appartenu à cet endroit. J'y suis née et mes parents y avaient un café. Mais on ne se voyait jamais. Entre les clients, le commerce, ce n'était pas possible d'avoir une vie familiale classique. La vie de famille, c'était sur la rivière, sur la Marne, parce que tous les jeudis, jour sans école pour les enfants, le café fermait et on partait le matin à l'aube au bord de la Marne. On partait à Neuilly, à Champigny, à Bonneuil pour une partie de pêche qui durait toute la journée. La veille au soir, mon père préparait son appât. C'était toute une fabrication avec des graines écrasées de chènevis ou autre. Il fallait ensuite faire cuire tout ça, ce qui esquintait les casseroles et faisait hurler ma mère. On partait le lendemain matin avec tout l'attirail de pêche, les gaules pour ma mère et ma tante qui vivait avec nous, tandis que mon père préparait les lignes. C'est important, les lignes, surtout quand on pratique la pêche à la ligne avec des gaules. Il fallait préparer non seulement les hameçons, mais aussi le fil de nylon, y mettre de petits plombs et les équilibrer de manière à ce que, quand on lance le fil, on puisse l'envoyer le plus loin possible. Alors, curieusement, j'ai le souvenir un peu vague d'un entrepôt de cars du côté de la gare de Lyon qui emmenaient les gens à quatre ou cinq heures du matin jusque dans ces villes de banlieues. Nous marchions longtemps de la gare à la rivière pour trouver un coin de pêche. Il nous arrivait aussi de prendre le train pour aller à Bonneuil. Mon père débarquait avec une sorte de caisse qu'il portait en bandouillère et dans laquelle il y avait tout ce qui servait pour la pêche, les appâts et puis aussi les sandwichs. Puis, une fois installés, mon père choisissait son emplacement, ma mère sortait les gaules et moi pendant ce temps-là je me promenais et me baignais dans la Marne.

Nous pêchions toute la journée, et nous ne nous arrêtions que pour déjeuner. Nous pique-niquions sur l'herbe, au bord de l'eau, ou alors nous marchions jusqu'au village du coin. C'était un peu l'atmosphère du film *La Belle Équipe* avec Gabin. Nous allions dans des guinguettes, ou dans des bistrots et on déballait notre nourriture car il y avait écrit sur la vitre : «Ici, on peut apporter son manger.» Et alors «du manger» il y en avait pas mal avec notre famille. Il y avait les œufs durs, le camembert, le pain frais... Nous déjeunions là et après, retour à la pêche. Mais c'était toujours moins bon, parce que la pêche, ça se pratique de bon matin. Mon père était un pêcheur moyen. Je me souviens qu'il arrivait à pêcher des goujons, des perches, des tanches, et

“C’est pour moi une friture qui serait joyeuse, une friture de celles que l’on goûte tout particulièrement dans les nouvelles de Maupassant.”

parfois des truites. Je ne sais pas s’il y a encore des truites dans la Marne, mais il y en avait en tout cas à l’époque. Nous avions aussi une épuisette pour les gros poissons, mais ça, on ne s’en servait pas tellement, parce que c’était plutôt de la petite friture qui mordait à l’hameçon !

Y avait-il un lieu de rendez-vous régulier pour les pêcheurs ?

Mon père avait donc ce café dans l’île Saint-Louis et c’était le siège des pêcheurs. Non pas des pêcheurs de la Marne, mais des pêcheurs de la Seine qui pêchaient dans la Marne. Certains dimanches, mon père abandonnait le café à ma mère pour partir le matin très tôt avec les pêcheurs de la Seine. Il partait pour des concours de pêche qui avaient souvent lieu à Bonneuil. Ils étaient confrontés à d’autres associations, d’autres groupes et c’était du sérieux ! Ils arrivaient sur le site, avaient des places désignées, et chose importante, chacun avait aussi son appât. L’appât, c’est une recette spéciale, un secret que chaque pêcheur s’efforce de garder. En tout cas, le président de l’association devait en avoir un excellent, à en juger par le produit de sa pêche toujours très fructueuse. À la tombée de la nuit, venait le moment de la pesée et des mensurations. On désignait alors les vainqueurs, et chacun avait son lot de déception ou de joie.

Pierre Rival,
conseiller du maire de Vitry-le-François,
écrivain et chroniqueur gastronomique

Quel est votre rapport à la Marne ?

J’aime bien les petites rivières qui donnent dans la Marne. La première de ces rivières, du côté de Chevillon, c’est l’Osne, près de laquelle j’ai une maison, proche du val d’Osne. *Onno* signifie, paraît-il, « vent » en gaulois. J’ai été également pêcheur à la mouche sur le Rongeant et le Rognon, de petites rivières aux eaux cristallines au bord desquelles on a un véritable sentiment de paix. Mais, malgré toute la poésie de ces lieux, beaucoup d’habitants de la région de Vitry-le-François leur tournent le dos.

Vous êtes chroniqueur gastronomique : y a-t-il encore des restaurants sur les bords de Marne ?

Aujourd’hui, les restaurants des bords de Marne tiennent du mythe. Ils ont cessé d’exister du côté de Paris et ici, il n’y en a plus beaucoup non plus. C’est à vrai dire un peu la désolation de ce côté-là. Il faut avouer que la cuisine de cette région est facilement associée à l’odeur de la friture. Mais c’est pour moi une friture qui serait joyeuse, une friture de celles que l’on goûte tout particulièrement dans les nouvelles de Maupassant.

"Tous à l'eau chez Bérétrot !"

Gérard Boyer, chef trois étoiles de 1979 à 2003
et **Elyane Boyer**, son épouse, responsables
de Boyer Les Crayères, à Reims

Où avez-vous exercé vos talents de cuisinier ?
J'ai fait un apprentissage dans un restaurant extraordinaire avec un patron talentueux qui s'appelait René Lasserre. J'y suis resté trois ans, après quoi j'ai entrepris des stages, de pâtisserie ainsi que de restauration, avant de rejoindre mon père à Reims en 1963. Ma famille y tenait un restaurant qui s'appelait La Chaumière, et nous y avons travaillé ensemble pendant une vingtaine d'années.
C'est là que nous avons eu tous nos premiers succès, une première étoile en 1966, la deuxième en 1971 et la troisième en 1979. Puis, Éliane et moi nous sommes mariés le 19 août 1983, et après un « grand » voyage de noces de quatre jours, nous avons ouvert un nouveau restaurant, Les Crayères. Le voyage de noces, c'était justement dans le parc des Crayères ! C'est ainsi que cela a commencé, et là encore, l'aventure durera vingt ans, jusqu'à la fermeture, le 30 juin 2003.
Dites-moi simplement où se trouvait cet établissement ?
Dans un lieu exceptionnel, situé au sommet d'une colline qui domine Reims, et qui correspond à un parc de presque sept hectares. Cet endroit magnifique a été planté dans les années 1900 par Madame de Polignac pour que sa fille puisse un jour y faire sa demeure. C'est d'ailleurs ce qu'elle a fait avant que le château ne soit vendu et devienne un hôtel. Jusqu'à notre départ, Éliane et moi avons été les dépositaires de cette maison pour lui faire traverser les années avec bonheur. Nous avons essayé de l'embellir et de la respecter le plus possible, afin que ceux qui prennent notre suite la trouvent aussi belle que lorsqu'elle nous a été confiée.
Pouvez-vous nous dire quelques mots sur la pêche en rivière, et en particulier dans la Marne ?
Lorsque j'étais enfant, j'avais appris avec mon père à pêcher le brochet. Chaque lundi, nous allions à la pêche avec mon grand-père à Crouttes-sur-Marne, où je passais d'ailleurs une grande partie de mes vacances. Je me rappelle mon premier poisson, que je n'osais pas toucher après l'avoir sorti de l'eau. C'était déjà un gros poisson, et j'avais une peur bleue de me faire mordre. J'en avais même tellement peur que je l'ai remonté jusqu'à la maison pour que mon grand-père le détache de l'hameçon... Heureusement que le fil était solide ! Ça a été le premier, mais pas le dernier...
Et puis on l'a mangé, c'était la suite logique, avec une sauce au beurre blanc. C'est pour moi une des plus belles recettes de la cuisine française. Pourquoi ? Parce que c'est la plus simple. C'est une femme qui l'a inventée, et je trouve que ça relève du génie. C'est une simple émulsion de beurre, à laquelle vous ajoutez une pointe d'acidité avec du vinaigre et des échalotes. Ça accompagne parfaitement les poissons lorsque c'est bien exécuté. Ah, les brochets au beurre blanc ! Et pour rester dans les classiques, deux ou trois pommes de terre cuites à l'eau que l'on écrase afin d'obtenir ce mélange onctueux qui vient couronner le tout.
Avez-vous d'autres souvenirs liés à la rivière ?
Dans notre jeunesse, nous allions nous baigner à Nogent et aussi à Joinville dans la baignade Chez Bérétrot. Le slogan, c'était : « Chez Bérétrot, tous à l'eau ! » Il y avait aussi Chez Gégène et toutes les guinguettes. C'était en 1956, j'avais quinze ans, et depuis beaucoup de choses ont changé. Il n'y avait pas si longtemps que la guerre était finie, et il n'y avait pas toutes les infrastructures que les jeunes ont à leur disposition aujourd'hui pour se distraire. Tous les dimanches, c'était le rituel, on allait sur les bords de la Marne et on y retrouvait tout le monde.
Racontez-moi les guinguettes de votre jeunesse... Que s'y passait-il ? Y mangeait-on bien ?
C'est une bonne question, mais « manger bien », ça veut dire quoi ? Une guinguette n'est pas un restaurant gastronomique, donc si l'on espère y trouver de la cuisine raffinée, c'est qu'on s'est trompé d'adresse. On y mange des fritures et autres ripailles sympathiques dans une ambiance très familiale. J'aime bien la cuisine populaire, car, en plus de son côté festif, on y trouve un vrai sens du partage. J'ai du mal à concevoir la cuisine sans convivialité, et justement, dans les guinguettes, il s'agit d'être heureux, d'être ensemble.

Entre Crouttes et Nanteuil-sur-Marne.

"La nuit, la rivière me chuchote à l'oreille. Et quand je ne dors pas, son clapotis me réconforte."

Jean et Michelle Delfosse,
propriétaires du bateau le *Nirvana*

J'aimerais connaître votre nom, votre prénom, votre fonction.
– Si c'est mon mari, il vous dira que je ne suis rien.
– Et si c'est ma femme, elle vous dira que je ne suis pas grand-chose !
– Mon nom, c'est Michelle Delfosse. J'étais dans l'enseignement à l'École normale. J'ai arrêté de travailler il y a une dizaine d'années, et je suis maintenant avec mon mari sur un bateau. Nous vivons sur ce bateau.
– Mon nom c'est Jean Delfosse, je suis marin maintenant, mais j'ai fait beaucoup d'autres choses dans ma vie.
Et le chien ?
– Phileas Fogg du Grand Fresnoy, est un west highland, c'est-à-dire un westie, et il a dix ans.
Vous vivez donc sur un bateau ?
– Oui, un bateau qui est amarré en ce moment à Nogent-sur-Marne. C'est un yacht, un bateau hollandais, qui mesure quinze mètres de long sur quatre mètres cinquante de large.
Comment vivez-vous la rivière au quotidien ?
– On la regarde un peu comme les impressionnistes. Mais on ne fait pas que la regarder, on l'écoute ! La nuit, elle parle, c'est un petit peu surréaliste ! Elle me chuchote à l'oreille, je vous assure qu'elle me raconte des choses ! Et quand je ne dors pas, son clapotis me réconforte.
– La rivière nous apporte une certaine sérénité, qui se conjugue très bien avec le nom de notre bateau, le *Nirvana*.

Bernard Lémond,
propriétaire de la guinguette La Paillotte, à Damery

Parlez-nous de votre guinguette.
La Paillotte se situe sur la Marne, bien sûr, à Damery, au 3, quai de Marne. C'est un endroit magnifique, avec les vignobles alentours. Une guinguette, c'est un petit bar-restaurant que l'on trouve vraiment tout au bord de la Marne. On peut y manger, se restaurer convenablement, tout en s'amusant sur un petit air d'accordéon. C'est un endroit où l'on se sent bien et où l'on peut savourer la tranquillité de ce lieu hors du temps. Chez nous, l'ambiance est chaleureuse, la cuisine excellente et simple.
Qu'est-ce qu'on y mange ?
On sert beaucoup de bières belges, bien entendu, pour faire honneur à ces clients qui ont fait le déplacement depuis la Belgique, du champagne naturellement, et divers vins de la région. Tout cela accompagne des plats aussi variés que des paëllas, du couscous, de la potée champenoise, des grillades et des poissons de la Marne comme par exemple des fritures de gardon et quelquefois du brochet... Enfin, il y a beaucoup de choses ! Malheureusement, des endroits comme ceux-là, il n'y en a plus beaucoup dans le coin. Entre Reims, Épernay et Château-Thierry, je suis le seul à posséder encore ce type d'établissement.

Monia Arjouni et Pierre Duteil,
marathoniens

D'où venez-vous comme ça, vous êtes habillés en sportifs !
– Nous revenons d'une course, un semi-marathon à Nogent, avec des temps, ma foi, je dirais sympathiques. Pour ma part, je viens courir tous les jours à six, sept heures le matin sur les bords de Marne. D'ailleurs, j'ai l'impression parfois que les bords de Marne m'appartiennent.
Où courez-vous ?
– Je pars de l'écluse de Neuilly-sur-Marne, et je fais tout le parcours jusqu'au pont de Nogent, et je traverse pour revenir de l'autre côté.
– Quand je cours, j'aime beaucoup entendre le silence de la rivière, cela me plaît beaucoup. Elle me parle, la Marne. Je l'ai connue sans ces constructions, sans ces hôtels. On se baignait encore. Et puis je cours sur les bords de Marne, là où le vent me mène. Des fois, il me mène à Joinville, quelques fois à Chennevières, à la plage de Gournay. Parfois, on file jusqu'à Vaires-sur-Marne.
J'ai entendu parler d'une fête à Nogent-sur-Marne...
– À Nogent, il y avait des vignes avant ! On a donc la fête du petit vin blanc avec Georgette Lemaire qui l'animait, cette merveilleuse artiste, que je n'aime pas du tout ; cela dit, je reconnais son talent. Et était servi un petit vin blanc, qui est encore tiré aujourd'hui. Il y a peut-être cent bouteilles par an.

"Oh ma Ninette, l'envie me démange d'aller en vendanges et de grapillonner dans ton p'tit panier."

Jean-Louis Vogt,
propriétaire du café du Palais, à Reims

Quelles sont pour vous les vertus du champagne ?
Sans vouloir rentrer dans des considérations médicales, j'ai souvent l'impression dans mon métier d'exercer illégalement la médecine. Je me suis surpris moi-même à ne pas parler de mes « clients » mais de mes « patients », surtout lorsqu'il s'agit d'étrangers que je conjure de ne jamais oublier ceci : un verre de champagne avant chaque repas, et vous vivrez joyeux et vieux comme moi ! C'est ça, le vin de champagne.
À propos des coteaux champenois, avez-vous en tête des chansons de vendanges ?
Oui, *Les Petits Paniers*, par exemple. Je n'ai malheureusement pas le texte en tête, mais c'est une chanson grivoise un peu coquine du XIXe siècle, et je l'aime beaucoup. Je me rappelle juste du refrain : « Ah, l'envie me démange d'aller aux vendanges, d'aller aux vendanges, et de grapillonner, de grapillonner dans ton p'tit panier... » Je pourrais bien retrouver un bout de couplet : « Ninette, oh ma Ninette, viens donc vendanger, prends ta p'tite serpette, ton gentil panier ; vois, le soleil brille... » Il ne faut pas oublier de faire rouler un peu le « r » : « Sous les échalas, partons ma gentille, ne retardons pas ! »

La rivière à Trélou-sur-Marne, dont le nom a pour origine "tres lodioe", les trois cabanes.

ABLANCOURT (51240) AIGNY (51150) AMBRIÈRES (51000) ANCERVILLE (55170) ANNET-SUR-MARNE (77410) ARMENTIÈRES-EN-BRIE (77440) ARRIGNY (51290) AULNAY-SUR-MARNE (51150) AUTIGNY-LE-GRAND (52300) AY (51160) AZY-SUR-MARNE (02400) BALESMES-SUR-MARNE (52200) BARZY-SUR-MARNE (02850) BAYARD-SUR-MARNE (52170) BIGNICOURT-SUR-MARNE (51300) BINSON-ET-ORQUIGNY (51700) BISSEUIL (51150) BLACY (51300) BLAISE-SOUS-ARZILLIERES (51300) BLESMES (02400) BOLOGNE (52310) BONNEUIL-SUR-MARNE (94380) BOURSAULT (51480) BRASLES (02400) BRETHENAY (52000) BRY-SUR-MARNE (94360) CHALIFERT (77144) CHÂLONS-EN-CHAMPAGNE (51000) CHAMARANDES-CHOIGNES (52000) CHAMIGNY (77260) CHAMOUILLEY (52410) CHAMPIGNY-LÈS-LANGRES (52200) CHAMPIGNY-SUR-MARNE (94500) CHAMPS-SUR-MARNE (77420) CHANGIS-SUR-MARNE (77660) CHANOY (52260) CHARENTON-LE-PONT (94220) CHARLY-SUR-MARNE (02310) CHARMENTRAY (77410) CHARTEVES (02400) CHÂTEAU-THIERRY (02400) CHÂTILLON-SUR-MARNE (51700) CHATONRUPT-SOMMERMONT (52300) CHAUMONT (52000) CHAUSSÉE-SUR-MARNE (51240) CHELLES (77500) CHENNEVIÈRES-SUR-MARNE (94430) CHEPPES-LA-PRAIRIE (51240) CHEPY (51240) CHESSY (77700) CHEVILLON (52170) CHÉZY-SUR-MARNE (02570) CHIERRY (02400) CHOUILLY (51530) CITRY (77730) CLOYES-SUR-MARNE (51300) COMPERTRIX (51510) CONDÉ-SAINTE-LIBIAIRE (77450) CONDÉ-SUR-MARNE (51150) CONDES (52000) CONGIS-SUR-THÉROUANNE (77440) COOLUS (51510) COURTEMONT-VARENNES (02850) COURTHIÉZY (51700) COUVROT (51300) CRÉTEIL (94000) CROUTTES-SUR-MARNE (02310) CUMIÈRES (51480) CUREL (52300) DAMERY (51480) DAMPMART (77400) DIZY (02340) DONJEUX (52300) DORMANS (51700) ÉCURY-SUR-COOLE (51240) ÉPERNAY (51200) ESBLY (77450) ESSÔMES-SUR-MARNE (02400) EURVILLE-BIENVILLE (52410) FAGNIÈRES (51510) FERTÉ-SOUS-JOUARRE (77260) FONTAINES-SUR-MARNE (52170) FOULAIN (52000) FRESNES-SUR-MARNE (77410) FRIGNICOURT (51300) FRONCLES (52320) FRONVILLE (52300) FUBLAINES (77470) GERMIGNY-L'ÉVÊQUE (77910) GLAND (02400) GLANNES (51300) GOURNAY-SUR-MARNE (93460) GUDMONT-VILLIERS (52320) HALLIGNICOURT (52100) HAUTEVILLE (51290) HAUTVILLERS (51160) HUIRON (51300) HUMES-JORQUENAY (52200) ISLE-SUR-MARNE (51290) ISLES-LES-MELDEUSES (77440) ISLES-LES-VILLENOY (77450) JABLINES (77450) JAIGNES (77440) JÂLONS (51150) JAULGONNE (02850) JOINVILLE (52300) JOINVILLE-LE-PONT (94340) JUVIGNY (51150) LAGNY-SUR-MARNE (77400) LANEUVILLE-AU-PONT (52100) LANGRES (52200) LARZICOURT (51290) LESCHES (77450) LOISY-SUR-MARNE (51300) LUZANCY (77138) LUZY-SUR-MARNE (52000) MAGENTA (51530) MAIRY-SUR-MARNE (51240) MAISONS-ALFORT (94700) MARDEUIL (51530) MAREUIL-LE-PORT (51700) MAREUIL-LES-MEAUX (77100) MAREUIL-SUR-AY (51160) MARNAY-SUR-MARNE

(52800) MARY-SUR-MARNE (77440) MATOUGUES (51510) MEAUX (77100) MERY-SUR-MARNE (77730) MÉZY-MOULINS (02650) MOËSLAINS (52100) MONCETZ-L'ABBAYE (51290) MONCETZ-LONGEVAS (51470) MONT-SAINT-PÈRE (02400) MONTÉVRAIN (77144) MUSSEY-SUR-MARNE (52300) NANTEUIL-LÈS-MEAUX (77100) NANTEUIL-SUR-MARNE (77730) NEUILLY-SUR-MARNE (93330) NOGENT-L'ARTAUD (02310) NOGENT-SUR-MARNE (94130) NOISIEL (77186) NOISY-LE-GRAND (93160) NORROIS (51300) ŒUILLY (51480) OMEY (51240) PASSY-SUR-MARNE (02850) PAVANT (02310) PEIGNEY (52200) PERREUX-SUR-MARNE (94170) POGNY (51240) POINCY (77470) POMPONNE (77400) PORT-À-BINSON (51700) POULANGY (52800) PRÉCY-SUR-MARNE (77410) PRINGY (51300) RACHECOURT-SUR-MARNE (52170) RECY (51520) REUIL (51480) REUIL-EN-BRIE (77260) REUILLY-SAUVIGNY (02850) RIAUCOURT (52000) ROCHES-SUR-MARNE (52410) ROLAMPONT (52260) ROMENY-SUR-MARNE (02310) ROUVROY-SUR-MARNE (52300) RUPT (52300) SAACY-SUR-MARNE (77730) SAINT-DIZIER (52100) SAINT-GERMAIN-LA-VILLE (51240) SAINT-GIBRIEN (51510) SAINT-JEAN-LES-DEUX-JUMEAUX (77660) SAINT-MARTIN-AUX-CHAMPS (51240) SAINT-MARTIN-SUR-LE-PRÉ (51520) SAINT-MAUR-DES-FOSSÉS (94100) SAINT-MAURICE (94410) SAINT-THIBAULT-DES-VIGNES (77400) SAINT-URBAIN-MACONCOURT (52300) SAINTE-AULDE (77260) SAMMERON (77260) SAPIGNICOURT (52100) SARRY (51520) SAULCHERY (02310) SEPT-SORTS (77260) SOGNY-AUX-MOULINS (51520) SONCOURT-SUR-MARNE (52320) SONGY (51240) SOULANGES (51300) SUCY-EN-BRIE (94370) TANCROU (77440) THIVET (52800) THONNANCE-LÈS-JOINVILLE (52490) THORIGNY-SUR-MARNE (77400) TOGNY-AUX-BOEUFS (51240) TORCY (77200) TOURS-SUR-MARNE (51576) TRÉLOU-SUR-MARNE (02748) TRILBARDOU (77474) TRILPORT (77475) TROISSY (51585) USSY-SUR-MARNE (77478) VAIRES-SUR-MARNE (51150) VALCOURT (52100) VANDIÈRES (51700) VARREDDES (77910) VECQUEVILLE (52300) VENTEUIL (51480) VERBIESLES (52000) VERNEUIL (51700) VESAIGNES-SUR-MARNE (52800) VÉSIGNEUL-SUR-MARNE (51240) VIÉVILLE (52310) VIGNELY (77450) VIGNORY (52320) VILLENOY (77124) VINCELLES (51700) VITRY-EN-PERTHOIS (51300) VITRY-LE-FRANCOIS (51300) VOUÉCOURT (52320) VRAINCOURT (52310)

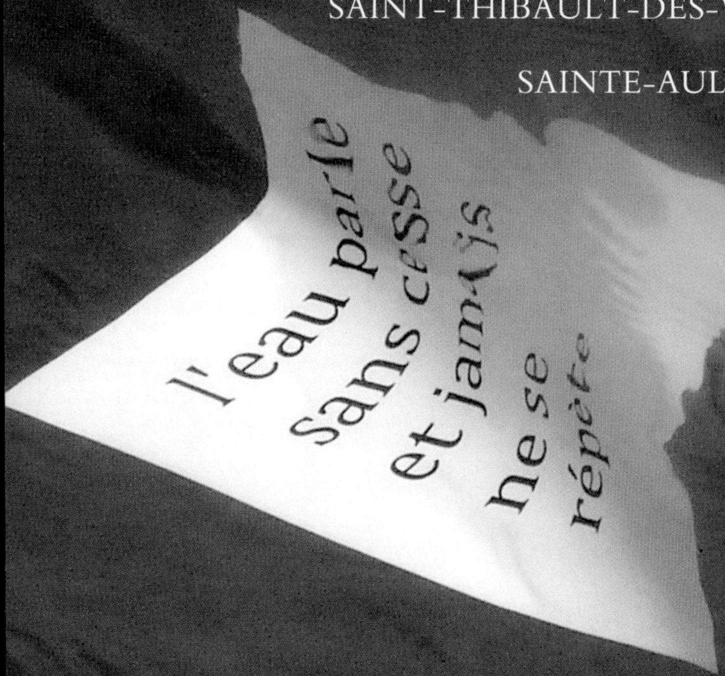

Les communes traversées par la Marne

Retour à la source

Bruno Pernot,
adjudant à l'école de gendarmerie de Chaumont

Avez-vous quelques hobbies, quelques passions?

Quelques passions, en effet. La première m'est venue très tôt, vers l'âge de seize ou dix-sept ans, quand je parcourais les forêts haut-marnaises. Ce qui me plaisait, c'était de découvrir ce qu'il y avait à l'intérieur des trous noirs au pied des falaises, dans les grottes, partir à la découverte de ce qui se cachait dans ces mondes souterrains. Et cette passion a perduré, ce qui m'a permis d'explorer pas mal de cavités dans les sous-sols de la région ; et notamment, il y a une vingtaine d'années, de tomber, sous le plateau de Langres, sur une grotte d'environ cinq cents mètres avec une rivière souterraine dont la particularité est d'être la véritable source de la Marne. La source de la Marne, telle qu'on la définit aujourd'hui, avec sa naissance au pied du rocher qui abrite la grotte de Sabinus, n'est pas en réalité le véritable point de départ de la rivière. En fait, la vraie source de la Marne se trouve à environ cinq cents mètres à vol d'oiseau de la source historique.

En effet, il y a une quarantaine d'années, les hommes ont creusé une carrière, et cette carrière a percé le cours souterrain de la Marne. On a donc grâce à cela une nouvelle source de la Marne dont on a pu suivre le cours sur cinq cents mètres, dans une eau à sept degrés. C'est une entreprise difficile qui suppose que l'on soit équipé d'une combinaison de plongée, voire de bouteilles d'oxygène, puisqu'il faut s'immerger complètement sous l'eau à trois reprises. Et, même si ces passages sont assez courts, ils restent techniquement très complexes et déconseillés aux amateurs. La cavité au bout de ce parcours s'est formée dans les calcaires du Jurassique au contact de la rivière Marne avec la pierre marne imperméable et des calcaires fracturés. Ensuite, l'eau de pluie qui s'est infiltrée tout au long de milliers d'années dans cette cavité, s'est perdue à nouveau dans des couches calcaires pour donner la vraie source de la Marne.

Mais qu'en est-il de la grotte de Sabinus?

La grotte de Sabinus est un endroit magique de par la forte symbolique de ses rochers, érigés en dolmens ou en menhirs, se dressant en des formes quasiment phalliques. De tout temps, les gens ont été attirés par ce lieu, à la fois pour l'eau, le rocher, mais aussi pour son environnement qui lui confère une atmosphère mystique. Je sais qu'il y a des rassemblements de type druidique qui se font à cet endroit, les soirs de pleine lune. Pour ma part, quand j'ai des élèves gendarmes qui viennent de franchir une étape, je choisis l'arrivée de leur marche de tradition, longue de vingt à vingt-cinq kilomètres et pendant laquelle ils font de gros efforts, ici, dans ce lieu naturel et un petit peu extraordinaire. J'en profite alors pour leur en rappeler toute la symbolique. Je leur raconte qu'ils sont à la source de leur carrière et que leur carrière va se dérouler, telle la Marne, en direction de la capitale, en direction des grandes villes. Et c'est à partir de cette source

A Villiers, une autre source, la source bleue.

A l'endroit des sources de la Marne, situées à 419 m d'altitude.

qu'ils vont pouvoir se lancer dans la vie.

Pouvez-vous me décrire précisément l'endroit où la Marne prend sa source ?

La Marne, je l'ai connue tout petit, puisque je suis né à Langres. J'allais me promener à cet endroit magique depuis mon plus jeune âge. Je revois le rocher, l'eau qui sort du pied de la falaise... C'est accidenté, on a l'impression qu'il s'y est passé quelque chose de bizarre. En plus, il y a encore des vestiges romains qui sont enfouis sous les pierres et qu'on n'a jamais explorés. Nul doute que cette source est attirante. D'ailleurs, on pourrait presque deviner, dans la forme élancée des rochers de la grotte de Sabinus, le visage d'un druide qui aurait pour œil l'entrée sombre de la cavité. C'est quelque chose de gargantuesque que cette tête, comme posée là...

“Ici, nous croyons apercevoir l’Univers à ses débuts
– un espoir de broussailles, de ronces, la friche première.”

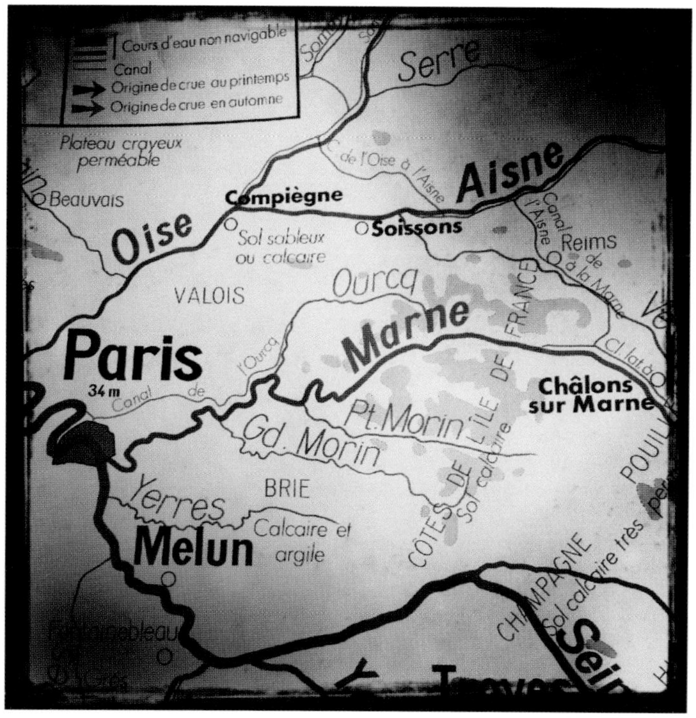

Le plateau de Langres

Le géographe rencontrera difficilement pays plus déshérité mais aussi plus propice à la réflexion. Pourquoi d'abord la défaveur et l'aridité ? Déjà, ce pays a donné au froid son empire. Corrélativement, sur cette pénéplaine se sont implantées les autorités (religieuse et civile) les plus intransigeantes. À Langres, on fabrique des couteaux ; à l'une des extrémités de ce territoire a été bâtie une prison parmi les plus connues (Clairvaux). Rien ne vient à notre rencontre pour nous égayer. La Champagne pouilleuse nous semble bien la voisine et surtout l'opposée de la Champagne viticole qui nous donne les champagnes pétillants. Si l'on exclut quelques territoires fertiles (le Bassigny partagé entre la Meuse et l'Aube), tout évoque la lande, parfois la friche là où croissent quelques plantes sauvages, parce que peu de visiteurs s'aventurent sur ces lieux si peu amènes.

Et pourquoi résister, mais le plateau nous enseigne la variété de notre monde. Comment ne pas être saisi ? Nous sommes trop habitués au spectaculaire, riche et varié, ce qui est habitable. Ici, nous croyons apercevoir l'Univers à ses débuts – un espoir de broussailles, de ronces, la friche première. N'en restons pas à la seule surface. Deux féconds fleuves sortent des profondeurs (la Seine et la Marne prennent naissance sur le plateau) ; de même, la terre nous donne encore des argiles avec lesquels on a fabriqué des tuiles et des briques.

On conçoit que les écrivains de ce lieu (Diderot à Langres et Bachelard à Bar-sur-Aube) se soient opposés aux banalités d'usage – ils ont théorisé la nature rebelle et apparemment plate – lorsque les formes cessent de jouer et lorsque nous sommes mis en présence du socle qui nous vaut les plantes et surtout les eaux en mouvement.

François Dagognet,
philosophe

Bernard Delompré,
maire de Balesmes

Monsieur le Maire, vous savez que vous avez un pied dans la Marne !
Oui, un pied dans la Marne, en équilibre ! Cet endroit est protégé, car y vivent des salamandres, espèce assez rare et, malheureusement comme beaucoup, en voie d'extinction. Ce lieu est donc surveillé comme le lait sur le feu par les spécialistes en la matière.
Vous êtes inquiet quand vous montez à la source vérifier le niveau ?
Je suis très inquiet quand j'arrive ici et que je ne vois sortir des canalisations qu'un petit filet d'eau, ou parfois même rien du tout. Si le captage ne fonctionne plus, cela laisse supposer que le trop-plein d'eau recueilli n'est plus utilisable et que la source va difficilement alimenter le village. Je vous disais que nous étions le village le plus agricole de la Haute-Marne. L'agriculture, ce n'est pas uniquement la culture des champs, c'est aussi produire du lait et donc entretenir des vaches. Et comme ces vaches boivent énormément en été, la consommation d'eau en cette saison est absolument extraordinaire. Il faut donc beaucoup d'eau et, jusqu'à présent, nous n'avons trouvé que cette source pour subvenir aux besoins de toute la ville.
J'ai entendu dire qu'il y avait une secte dans les environs.
En 1986, il s'est constitué ici une secte druidique, la secte de l'Ollotouta, d'ailleurs toujours active. C'est Pierre de la Crau qui est le maître de cette secte qui célèbre *Matrona* à la source de la Marne. On voit, lors de leurs réunions, des gens vêtus de capes noires et blanches faisant des prières autour d'un feu.
Parlons maintenant de Balesmes.
De l'autre côté de la source, vous verrez une allée de tilleuls. Ce sont douze tilleuls représentant les douze apôtres qui ont été plantés là. Il y a aussi un chêne remarquable tout en bas, qui a vu la Révolution. Il y a également une superbe maison qui s'appelle le château de Balesmes. Et ce n'est pas un château, il s'agit bel et bien d'une maison qui était en fait la demeure des Hospitaliers qui ont succédé aux Templiers. Sous la Révolution, la demeure est devenue propriété de l'État. C'est la première bâtisse que vous verrez sur votre gauche, avant la ferme.
Je vois des vignes autour de Balesmes.
Oui. L'autre jour, j'ai dit au préfet que Balesmes était un pays de vignes et il a eu l'air surpris. Et les conseillers généraux qui étaient là m'ont demandé : « Il est bon, le vin de Balesmes ? » Ce à quoi j'ai répondu tout ce qu'il y a de plus sérieusement : « C'est du vin de trois. » « Ah bon, du vin de trois, vous appelez cela comme ça ! » Et l'autre, qui me voyait arriver, rigolait déjà : « Mais pourquoi du vin de trois ? » Et j'ai expliqué : « C'est simple, il y en a un qui boit, et deux qui tiennent celui qui boit pour éviter qu'il ne tombe à la renverse ! » Il faut avouer que le vin de chez nous est quand même raide et qu'il faut se cramponner au bastingage pour le boire. Ceci étant, il y a des personnes qui travaillent le vin avec talent, et qui en font du très bon.

"En 1986, il s'est constitué ici une secte druidique, la secte de l'Ollotouta."

Un filet d'eau, les sources de la Marne.

J'ai longé la Marne depuis le canal de l'Ourcq, jusqu'à Balesmes mais c'est vraiment sa source qui m'a le plus marqué.
La source de la Marne dégage des vibrations tout à fait particulières et lorsqu'on s'y trouve, on a l'impression que ce lieu appartient à des temps très anciens. Ce n'est pas seulement à cause de la légende d'Éponine et de la grotte, mais surtout parce qu'on a l'impression que rien en ces lieux n'a bougé depuis les Romains. Et je trouve ça vraiment spectaculaire.
Alors que la Marne devient majestueuse à partir de Saint-Dizier, c'est ici pourtant que je la trouve la plus impressionnante. Ce filet d'eau avec cette fontaine, c'est tout simplement superbe. Le jour où j'ai découvert ce lieu, tout baignait dans une lumière chaude qui donnait la sensation d'être dans un pays équatorial. Il y avait cette étrange buée, et la lourdeur de l'air... On venait de couper un certain nombre de taillis, d'arbres et, très curieusement, l'endroit n'avait pourtant pas été mutilé.

Jean-Paul Kauffmann

Alain Catherinet,
historien

"La source de la Marne est en fait la rencontre du ciel et de la terre."

Je m'appelle Alain Catherinet. Je travaille dans la recherche fondamentale. Je m'intéresse plus particulièrement à ce qui a trait à l'histoire locale. J'habite à Condes, dont l'étymologie indique que ce village est au confluent de la Marne et de la Suize.

Vous qui êtes un spécialiste, parlez-moi des sources de la Marne.

Peu de Lingons savent que l'on en distingue, en fait, deux. Par des textes du XIIe et XIIIe siècles, on connaît la source de Balesmes. Mais, à quinze kilomètres de là, dans le village de Palaiseul, on trouve des textes historiques sans ambiguïté à propos d'une autre Marnotte, c'est-à-dire « petite Marne ». Si l'on raisonne en termes géographiques, mesures à l'appui, cette seconde Marnotte est la vraie source. Tout cela, évidemment, cherche à être discuté gentiment.

Vous êtes-vous aussi intéressé à la construction du tunnel de Balesmes et à ses légendes ?

Effectivement. Ce tunnel de 4,9 km mérite aussi que l'on fasse son histoire non seulement sur le plan technique, remarquable pour l'époque, mais aussi historique, légendes y comprises. On raconte, par exemple, que cet ouvrage surhumain est l'œuvre du diable. On dit qu'il passe exactement sous le chœur de l'église de Balesmes. En empruntant ce tunnel, on imagine l'office qui se déroule au-dessus alors que l'on est sous terre. On est dans le monde des morts en fait.

Quelles sont les légendes qui courent sur les sources de la Marne ?

Des lieux comme les sources de la Marne rassemblent tous les éléments du conte, de la mythologie et de l'histoire. D'abord, comme en beaucoup d'autres endroits en France, l'eau est divinisée. Les sources de la Marne sont en bas d'une falaise qui, orientée selon l'équinoxe de printemps, prend de plein front tous les orages. Les pluies vont humidifier la terre et la féconder. Si on regarde bien la grotte et les rochers, on croit voir une grosse tête humaine posée à terre, avec un nez et une bouche. Or, les Anciens avaient divinisé la terre, la déesse Gaïa, et le ciel avec le dieu Ouranos, ancêtre de Zeus, Jupiter. La source de la Marne est en fait la rencontre du ciel et de la terre, comme si les divinités s'appropriaient le lieu. Une légende est aussi rattachée à la grotte. Bien que certains auteurs latins parlent plutôt d'un caveau sous une villa, on raconte que Sabinus, qui s'est révolté en 69 contre la puissance de Rome, s'y est réfugié pendant neuf ans avec son épouse Éponine. Ces neuf années au sein de la terre correspondent à un temps de gestation. D'ailleurs, ils ont eu des enfants.

On trouve ici un culte dioscurique. Autrefois, les gens du peuple, pour la plupart illettrés, lisaient des histoires dans les paysages comme sur les vitraux des églises. On comprend donc que ce site ait certainement été très tôt un sanctuaire ! Aujourd'hui, c'est un lieu de tourisme. Il faut y aller le 20 mars avec un sac de couchage et regarder le lever du soleil le 21. Il n'y a pas de feuilles, les rayons percutent le fond de la grotte... On comprend alors pourquoi c'est devenu un site d'initiation.

Quand on sort du tunnel de Balesmes, la première écluse s'appelle l'écluse des Batailles. Quelle est l'origine de ce nom ?

À cet endroit se trouvaient, sur quelques petits cours d'eau, de nombreux moulins dont l'un à foulon. Or, les moulins à foulon, qui utilisent une technique médiévale apportée par les cisterciens, étaient aussi appelés « moulins battants ». En toponymie, cela s'est traduit par « bataille ». De plus, ce moulin était situé près de Peigney, où une bataille s'est déroulée sous Constance Chlore dans les années 300. D'après des auteurs du XIXe siècle, Peigney viendrait du latin *pugna* qui signifie « bataille ». Les deux batailles se sont mêlées de façon anachronique en une seule pour donner le nom de l'écluse.

Je crois que l'on entend parler de felteux du côté de Balesmes, n'est-ce pas ?

Le felteux, le foultot, on le trouve dans tout l'Est de la France, jusqu'aux confins des Vosges, l'Alsace exceptée. Il est en général associé au diable. Pourquoi foultot ? Récemment, j'en ai trouvé l'explication. Elle est simple, il suffisait d'y penser. Comme je suis également linguiste, je m'intéresse à l'étymologie, notamment celle des noms de lieux en Haute-Marne. En fait, foultot vient du terme « foulon », associé à un moulin très fréquent au bord des petites rivières. Il y en avait beaucoup le long de la Marne, quasiment tous les kilomètres dans la région de Chalindrey. Sans en avoir la certitude, je pense que, comme les forgerons, les meuniers étaient soupçonnés de pactiser avec le diable, le foultot. Tel est le secret du moulin foultot ou foulon. Il n'y a pas longtemps, aux archives de Dijon, j'ai trouvé la preuve historique de ce passage, au milieu du XVe siècle, du terme de foulon en foultot.

Avez-vous une explication sur l'opposition entre Chaumont et Langres ?

Cela correspond surtout à un problème d'identité : Langres est la capitale des Lingons, une ville tellement ancienne qu'on raconte que Noé y a posé son arche, ce qui n'est pas la moindre des choses dans l'histoire de l'humanité. En réalité, les données historiques et archéologiques la datent du IIe siècle. Mais le peuple lingon existait bien avant la fondation de la ville. Contrairement à Langres, Chaumont est une cité très récente. Elle a été fondée par les comtes de Champagne, vers les X-IXe siècles, autour d'un petit donjon. En mal de reconnaissance, cette bourgade médiévale a usurpé pendant plusieurs siècles la renommée, l'identité même de Langres. Les Langrois le supportent mal et montent des expéditions sur Chaumont. On trouve d'ailleurs un catalogue très édifiant de dénominations et d'expressions à leur égard, comme « Lingons, femmes sans tétons ! »

L'évolution de cette rivalité va trouver son aboutissement à la Révolution : Chaumont devient le chef-lieu, et le reste encore aujourd'hui, tandis que Langres est considérée comme une ancienne capitale historique. Même l'évêché s'est transplanté de Langres à Chaumont !

Vous parliez de frontière ; pour moi, la ligne de partage des eaux a justement une signification extrêmement symbolique. Que représente-t-elle dans votre imaginaire ?

La ligne de partage des eaux représentait plus qu'elle ne représente aujourd'hui, à l'époque des moteurs à essence. Je préfère donc me reporter à cette époque de l'Antiquité que je trouve formidable. Donc, cette ligne de partage des eaux est alors une frontière naturelle dans le sens où la montagne de Langres, comme celle des Vosges, ou d'autres encore, représentait plutôt un obstacle. Par rapport à la notion d'État, c'était très important. D'ailleurs, Langres se trouve à la croisée des grandes voies construites par les Romains : l'axe nord-sud qui va jusqu'à Trèves en Allemagne et celui qui mène à l'Atlantique. Pour nous, géographes, cette ligne garde aujourd'hui son importance. C'est elle qui conditionne les nombreuses rivières de la région. C'est intéressant de voir qu'on a un réseau hydrographique vraiment important parce que l'eau s'écoule vers plusieurs bassins. On dit que l'eau versée sur la ligne de partage des eaux ira pour une moitié dans la Méditerranée et pour l'autre dans l'Atlantique. Ce n'est évidemment pas vrai, mais c'est une part de rêve et, symboliquement, ça marche très bien.

la grotte de Sabinus

"Le nom d'Epernay était à l'époque *sparnacum*, l'épine noire. C'était un lieu quelque peu hostile, plein de bosquets, de fourrés, un endroit marécageux."

Jean-Jacques Charpy,
conservateur du patrimoine au musée d'Épernay

Parlez-moi de l'implantation de la population sur les bords de Marne.
Commençons par les Parisii qui occupèrent une partie du cours de la rivière, de Paris aux communes de Chelles et Vaires. Ensuite, on passe au territoire des Meldes. Ce mot tiré du latin *medioladum*, qui signifie «le milieu de la plaine» ou «la plaine du milieu», donna son nom à la ville de Meaux. Milan partage d'ailleurs la même racine latine. On peut donc dire qu'étymologiquement les deux villes sont en quelque sorte jumelles.
Ensuite, lorsque l'on quitte les peuplades meldes, on trouve les Suessions dont le territoire, qui a pour centre Soissons, s'étend légèrement sur la Marne. Viennent alors les Rèmes, plus au nord, pour qui les bords de la rivière constituent une véritable délimitation géographique de leur territoire. Il y a ensuite un petit *no man's land* qui s'étend jusqu'aux marais de Saint-Gond. Partant de ces marais, on va trouver les Senons, qui ont donné leur nom à la ville de Sens et sont connus pour avoir occupé la limite sud de la Champagne.
Et puis, il y a les Catalaunis dont la ville de Châlons tire son nom. Même si, d'après certains textes et sources historiques, ils auraient d'abord été connus en Grande-Bretagne, on sait que l'appellation *catalauni* vient en fait du Bas-Empire et serait le nom d'une peuplade détachée du groupe des Rèmes au temps de l'indépendance.
L'oubli de la ville d'Épernay est volontaire. Épernay appartient au *no man's land* qui s'étend entre les territoires rème et senon. On ne connaît pas le nom des peuplades de ce secteur et, même si la sphère d'influence est très certainement celle des Rèmes, ce n'est que pure spéculation. Ce qui est sûr par contre, c'est que le nom d'Épernay était à l'époque *sparnacum*, «épine noire». C'était un lieu quelque peu hostile, plein de bosquets, de fourrés, un endroit marécageux et bordé d'épines qui servaient de repère à la sauvagine.
Après les Catalaunis, nous arrivons chez les Lingons de Langres et les Leuces établis à l'est et qui vont venir border la Champagne.

Et la présence des Celtes?
La présence des Celtes est totale sur le territoire de la Marne et suit tout le cours de la rivière. À Saint-Maur, au XIXe siècle, la mise à jour d'un cimetière a été une découverte extrêmement importante. Il présentait en effet de nombreuses similitudes avec celui de Fère-Champenoise découvert par André Brisson, qui correspondait historiquement à l'arrivée de populations venues d'Europe de l'Est se replier vers l'Occident celtique. Ce mouvement de population est à l'origine de l'apparition du peuple belge, qui s'établit par la suite au nord de la Gaule et traversa le détroit de la mer du Nord vers les îles Britanniques.
Ici, sur le département de la Marne, tout commence évidemment avec Dormans, ce *duromannos* qui n'était autre qu'un forum, un lieu de marché. Les raisons sont assez évidentes, puisque l'endroit, admirablement situé, constitue une sorte d'entonnoir (avant la traversée), d'entaille de la Marne sur le plateau de Brie. On a d'ailleurs découvert à Dormans une nécropole très importante de l'époque celtique qui recouvre deux phases : la première datant du Ve siècle avant Jésus-Christ, la seconde du IIIe. On est donc en présence de deux groupes d'occupation distincts.
Il y a eu aussi quelques découvertes à Épernay, dans le secteur de la maison Roger, rue de Bernon, et de la place Malakoff, où l'on a trouvé une grande nécropole. Puis, à Chouilly, juste après le mont Bernon, on a la nécropole des Jogasses, lieu-dit éponyme de la période archéologique qui concerne les soixante dernières années du premier Âge du fer. Il y a également un important cimetière gaulois qui couvre plusieurs périodes sur les bords des Tarnauds. Et au pied de Chouilly se trouve une route qu'on appelait le gué et qui menait directement du nord au sud, permettant le passage de Chouilly à Mareuil.

A Epernay, les vignes descendent jusqu'au pied des immeubles du quartier du Bernon.

"Les habitants de ce pays ont beaucoup d'esprit, trop de vivacité, une inconstance de girouettes."

Diderot

Langres, le 10 août 1759.

Les habitants de ce pays ont beaucoup d'esprit, trop de vivacité, une inconstance de girouettes. Cela vient, je crois, des vicissitudes de leur atmosphère qui passe en vingt-quatre heures du froid au chaud, du calme à l'orage, du serein au pluvieux. Il est impossible que ces effets ne se fassent sentir sur eux, et que leurs âmes soient quelque temps de suite dans une même assiette. Elles s'accoutument ainsi, dès la plus tendre enfance, à tourner à tout vent. La tête d'un Langrois est sur ses épaules comme un coq d'église en haut d'un clocher. Elle n'est jamais fixe dans un point; et si elle revient à celui qu'elle a quitté, ce n'est pas pour s'y arrêter. Avec une rapidité surprenante dans les mouvements, dans les désirs, dans les projets, dans les fantaisies, dans les idées, ils ont le parler lent. Il n'y a peut-être que ma sœur, dans toute la ville, qui ait la prononciation brève.

Denis Diderot, *Lettre à Sophie Volland.*

Diderot, c'est Langres. Aux sources de la Marne et de la Seine, est né un des hommes les plus admirables du siècle des Lumières. Curieusement, la maison natale de Diderot m'a fait penser aussi à son frère qui était prêtre et avec lequel il avait des rapports très compliqués. Il était étroit d'idées et sectaire, dans le sens le plus lamentable du terme. Et quand on lit la correspondance admirable de l'écrivain, qui me touche presque plus que la correspondance de Voltaire à la même époque, on ressent tous les liens entre Langres, Diderot et ce frère prêtre dans les environs. Alors parler de Diderot, c'est impossible, parce que c'est parler à la fois de l'homme, de l'intelligence, de la malice et du brio. Il est l'homme de l'*Encyclopédie*, celui qui ne voulait pas être de l'Académie française et qui tenait énormément à son confort personnel. Il est l'homme des *Lettres à Sophie Volland*, l'admirable auteur des correspondances avec Falconet, peu connues. Un des chefs-d'œuvre du XVIIIe siècle français.

Il y a chez Diderot quelque chose de profondément fraternel, contrairement à Voltaire qui nous écrase par son intelligence et sa supériorité. On a l'illusion qu'avec Diderot, on trouve un frère, un confident. Et c'est ce côté-là qui me touche énormément. J'aime l'homme des paradoxes brillants, l'homme de *Jacques le Fataliste*, du *Paradoxe sur le comédien*, celui aussi de petits contes et des *Bijoux indiscrets*. La correspondance de Diderot est vraiment formidable par toute cette interrogation, cette probité intellectuelle, ce sens de l'amour de la vie, de l'amour des petites choses intimes, des faiblesses parfois, des petits mensonges... Chez Diderot, il y a à la fois une des intelligences les plus prodigieuses du XVIIIe siècle et un doute, un scepticisme, une exigence intellectuelle des plus extrêmes. Mais on le dit aussi bonhomme, et c'est cela qui me plaît chez lui, ce petit quelque chose de profondément humain. On aurait aimé vivre au siècle de Diderot rien que pour devenir son ami.

Frédéric Vitoux

A l'hôtel de ville de Langres, le buste de Diderot par Houdon.

"Langres sur son rocher, moitié fou, moitié enragé."

Arnaud Vaillant,
adjoint territorial au musée de Langres

La ville de Langres a une devise qui lui vient du Moyen Âge et qui dit : « Langres sur son rocher, moitié fou, moitié enragé ».
Il faut rappeler que Langres s'appelle également la Pucelle pour être une ville fortifiée qui n'a jamais été prise et qui est toujours restée fidèle à son roi. Voilà le genre de dictons que l'on rencontre dans la région.

Et quelle réputation ont les habitants de Langres ?

Les Langrois n'ont pas très bonne réputation, peut-être à cause du climat... Toujours enfermés dans leurs remparts, ils paraissent froids de prime abord. Diderot disait d'eux qu'ils étaient de véritables girouettes. En parlant de Diderot, même si nous sommes à présent très fiers qu'il ait vu le jour ici, à Langres, il a fallu énormément de temps à la ville avant d'accepter d'en faire un personnage de premier plan. Il faut dire que Langres est une ville avec un évêché très important et beaucoup de congrégations religieuses, alors avec un Diderot libertin, tout cela n'a pas toujours fait très bon ménage.

Y a-t-il dans votre musée des documents, des objets, qui font référence à la Marne ou au tunnel de Balesmes ?

On ne trouve pas dans les collections du musée de Langres d'archives ayant trait au tunnel de Balesmes ou à d'autres constructions plus récentes. Par contre, concernant des périodes plus reculées comme celles gallo-romaine ou gauloise, on conserve, par exemple, une pirogue monoxyle qui voguait sur la Marne deux cent cinquante ans avant Jésus-Christ, avec, à l'intérieur, le squelette d'un chef lingon et tout son armement. Voilà le genre de témoignages, de pièces maîtresses, que l'on peut voir au musée et qui ont un lien direct avec la rivière.

Pourriez-vous nous parler en deux mots de cet épisode, et des histoires qui circulent autour des sources de la Marne ?

Avec plaisir, même si tout cela n'est bien sûr que légende. Sabinus était un chef lingon. Il faut savoir qu'à l'époque, l'entité lingone couvrait plusieurs territoires et que Langres en était une capitale. On raconte alors que Sabinus se serait révolté contre l'Empire romain et aurait levé, à Langres, des troupes afin de renverser le pouvoir en place. Il aurait notamment affronté les Séquanes, nos voisins de Besançon. Ayant été battu par ces derniers, Sabinus se serait réfugié dans une grotte à Langres pour faire croire à sa mort. La légende dit que son épouse vint l'y rejoindre chaque soir pendant neuf longues années. Ils vécurent ainsi, cachés, eurent même des jumeaux, avant d'être finalement capturés par les soldats romains. Conduits à Rome, ils furent exécutés ensemble, Éponine, en épouse modèle, ayant souhaité partager le sort de son époux. Telle est la légende de Sabinus.
Bien que tout cela ne soit qu'une légende, les sources de la Marne et la grotte de Sabinus sont considérées ici comme un sanctuaire. On pourrait presque même parler de lieux de pèlerinage. Des endroits comme ceux-ci, où les énergies sont particulièrement fortes, on en compte quelques-uns dans la région. En 1831, par exemple, une inscription monumentale mentionnant un dénommé Succesus, un affranchi ayant construit un temple à la déesse Matrona, a été découverte dans les environs. Matrona est la déesse de la rivière Marne. Elle est la personnification de la rivière, tout comme Sequana l'est pour la Seine, ou Souconna pour la Saône. En 1805 déjà, un grand complexe thermal avait été dégagé après cinq jours de fouilles archéologiques. Et, à une cinquantaine de mètres au-dessous de la grotte de Sabinus, aux sources même de la Marne, on a pu trouver un énorme sanctuaire de l'époque gallo-romaine. Car, oui, la grotte où Sabinus s'est caché neuf ans existe bien ! Et même si tout cela n'est que mythes et légendes, ces découvertes font de ces endroits des lieux à part, presque magiques.

Existe-t-il un rapport particulier entre Langres et la Marne ?

La Marne a littéralement forgé Langres. Si l'on regarde la ville de Langres, on remarque qu'elle a une position d'éperon, escarpée par la Marne à l'est et par la Bonnelle à l'ouest. Tout cela a contribué à en forger le relief qui représente sur ses faces nord, est et ouest une véritable fortification naturelle. Si Langres est positionnée sur cet éperon, c'est aussi pour pouvoir contrôler la vallée de la Marne dont les courants commerciaux, les passages de populations et de denrées étaient très importants. Moi, ce qui me passionne beaucoup, c'est la pierre, cette pierre de Langres qui a servi surtout à la construction des remparts et qui a toujours été réutilisée au fil des siècles. J'aime l'idée que, selon la lumière qui joue sur la roche, on puisse y voir apparaître des motifs, des anciennes sculptures, des gravures, des inscriptions.

Est-ce qu'il y a des inscriptions qui vous ont particulièrement marqué ?

Ce qui me marque surtout c'est que, au IIIe siècle, Langres qui était une ville monumentale a servi de carrière pour la construction des remparts qui devaient la protéger. On a tout détruit pour les édifier. Vous pouvez donc rencontrer çà et là des fragments d'anciens monuments et des inscriptions effectivement. Il y en a une, par exemple, où est marqué le mot « LONG » en caractères romains. Quand on sait que la ville de Langres aurait été fondée, selon la mythologie, par le roi Longo peu de temps après le Déluge, on se met à rêver en donnant valeur de vérité à cette légende, alors que ce message doit certainement avoir un tout autre sens.

Parlez-nous de la ligne de partage des eaux. Qu'est-ce que cela vous évoque ?

La ligne de partage des eaux est pour moi un repère. Si on remonte très loin dans le temps, à l'époque où il n'y avait pas encore de routes, les Anciens devaient déjà en avoir conscience et y être sensibles. Ainsi, si l'on retrouve des ruines à tel ou tel endroit sur la ligne de partage des eaux, ce n'est pas par hasard. C'était pour eux un moyen de se repérer et d'avancer sur leurs voies, comme lors des migrations par exemple.

Sur les remparts de Langres

A Langres, un remarquable patrimoine médiéval et renaissance, un chemin de ronde de 3,5 km ponctué de 12 tours. Un ensemble défensif construit entre le XVIème et le XVIIème siècle.

Inauguration en 1849 de la ligne Paris-Epernay

Rivière et chemin de fer

La première ligne ferroviaire a été tracée suivant la rivière parce qu'il était évidemment plus pratique, en termes d'ouvrages d'art, de suivre le cours d'eau à travers la vallée. De ce fait, le train arrivait à Épernay, et cela a beaucoup gêné les négociants de Reims qui n'avaient pas cet avantage. Le dirigeant de l'époque de la maison Veuve-Clicquot, Édouard Werlé, qui était alors maire de Reims, batailla pour faire venir le train dans sa ville. Et c'est précisément sous son mandat, en 1854, que la voie ferrée fut établie jusqu'à Reims. Le train est alors rapidement devenu le moyen de transport privilégié pour les négoces. Mais il ne faut pas oublier que, pendant très longtemps, c'est bien la Marne qui représenta l'enjeu de la concurrence. Car la Champagne, jusqu'au XVIIe siècle, produisait essentiellement des vins rouges tranquilles, jusqu'au jour où arrivèrent par bateau les vins rouges du Sud, notamment en provenance de Bourgogne. Ces vins qui s'avéraient moins coûteux vinrent concurrencer les vins de Champagne, et c'est certainement l'une des raisons pour lesquelles les Champenois se sont orientés vers un vin blanc effervescent, qui a su s'imposer par sa qualité supérieure plus que par son goût.

Fabienne Moreau

La réalisation des installations de chemin de fer en 1848 entraîne la suppression d'une île de la Marne, l'île Belon

Le pont de Passy-Sauvigny vu du train.

Face à la mise en service du TGV Est, les régions Picardie, Lorraine et Champagne-Ardenne proposent en 2007 une nouvelle desserte interrégionale, le TER Vallée de la Marne. Un beau voyage le long de la rivière.

Notre "bateau sur la Marne" en aval de Langres.

Jean Henry,
maire de Hûmes-Jorquenay

le pont-tournant de Jorquenay, un des derniers en activité.

Histoires de ponts

Aujourd'hui, 6 mars, nous sommes à Rolampont, et il neige !

C'est vrai, et voilà ce qui donne parfois une mauvaise image du plateau de Langres qui, par ailleurs, est un endroit relativement agréable de par sa nature, son environnement, ses forêts et ses lacs. Langres, c'est un peu le château d'eau de la France, dans la mesure où l'écoulement des rivières se fait par trois importants bassins de mers autour de la France : la Vingeanne sur la Méditerranée par la Saône et le Rhône, la Marne et l'Aube sur la Manche par la Seine, et la Meuse sur la mer du Nord. Petit détail, le point culminant du plateau est à cinq cent seize mètres d'altitude, à quelques dizaines de kilomètres de Langres, en direction d'Auberive. L'ensemble forestier est d'ailleurs des plus remarquables dans cette région.

Je crois qu'il y a un pont-tournant dans votre commune ?

Effectivement, le pont-tournant de Jorquenay a été construit aux alentours de 1890-1894. Il a donc maintenant plus de cent ans. À l'époque, son mécanisme permettant de le mettre en parallèle aux rives et donc de le tourner, était considéré comme un véritable ouvrage d'art. Mais, malheureusement, il est devenu aujourd'hui complètement obsolète, inadapté au trafic actuel.

le pont-canal à la confluence du Rognon et de la Marne.

Mireille Schaltegger,
maire déléguée de Jorquenay

Je crois que nous sommes à un endroit très particulier. Pouvez-vous nous en parler ?
En effet, nous nous trouvons sur le fameux pont-tournant qui a fait couler tant d'eau et tant d'encre ces jours passés. Ce pont date de 1894, tout comme le canal. Et même s'il est unique, il n'a pas toujours fait l'unanimité dans le village. Vous savez, les avis sont très partagés le concernant. Il faut dire qu'aujourd'hui, il n'est plus assez large pour accueillir le gabarit plus imposant des nouveaux modèles automobiles, notamment ceux des véhicules agricoles sans parler du bruit que cause son fonctionnement. Il faudrait aussi refaire le tablage, le pignon est également abîmé... Mais malgré tout, ce pont fait partie de l'histoire de la ville, et sans lui Jorquenay ne serait plus vraiment Jorquenay.
Je me souviens qu'une année, il est resté tourné tout l'hiver, à cause du gel. Trois mois entiers à voir le pont enlevé, posé sur la rive, c'était triste. Autrefois, la dame qui habitait à côté cassait la glace autour du pot pour pouvoir continuer à l'actionner même lorsque le froid était rude. Mais aujourd'hui les VNF ne s'en occupent plus. Ce sont des personnes en voiture qui assurent la maintenance d'une écluse à l'autre, et les maisons d'éclusier ne sont plus habitées par les gens du canal.

Vous l'aimez, votre rivière ?
Oui, nous l'aimons, notre rivière ! Autrefois, à l'école, j'avais appris une belle récitation :
« Connais-tu mon beau village qui se mire au clair ruisseau,
Encadré dans le feuillage, on dirait un chant d'oiseaux. »
Je ne sais plus qui en est l'auteur mais, depuis que je suis à Jorquenay, j'ai toujours ces quelques vers en tête. Je n'imaginais pas, quand je l'ai apprise petite fille, qu'un jour, moi aussi, j'habiterais près d'un joli petit ruisseau.

Elle aimait les bijoux, les lumières, le luxe – c'est étranglée

(L'intrigue du Charretier de la Providence)

sur la paille d'une sombre écurie, à l'écluse de Dizy, qu'on la retrouva.

Le Charretier de la Providence

J'aimerais connaître votre nom, votre prénom et votre fonction.
Baudou, Jacques. J'ai animé entre autres à Reims un festival du roman et du film policiers.
Est-ce que la rivière a inspiré beaucoup d'auteurs de romans policiers?
Elle a inspiré un auteur, certainement le plus grand auteur de romans policiers de langue française : je veux parler de Georges Simenon. Simenon a écrit deux romans qui se passent dans les milieux des mariniers et des éclusiers, et l'un est particulièrement important : *Le Charretier de la Providence* dont l'intrigue se passe ici, sur ce canal. Le commissaire Maigret parcourt le chemin de halage qui va de Dizy à Vitry-le-François. Il est aux trousses d'un assassin qui se trouve à bord de la péniche *La Providence*.
C'est un roman qui a plusieurs intérêts régionaux. On y apprend ce qu'était la vie sur les canaux dans les années 1930. On apprend aussi ce qu'est un chaudron – un remorqueur de péniche –, ou encore ce qu'est un panama – une péniche louée pour circuler sur le canal. Simenon connaissait cet argot des mariniers, et cela était dû au fait qu'en 1928, après avoir écrit un peu plus d'une centaine de romans populaires, il était parti avec sa femme de l'époque, Tigy qui était une femme

Jacques Baudou

peintre, sur les canaux de France à bord d'un bateau de quatre mètres qui s'appelait *La Ginette*. Ils sont partis de Paris et ont remonté la rivière jusqu'à Épernay, puis le plateau de Langres pour gagner Mâcon, et enfin Lyon.
Simenon s'est donc mêlé de près à la vie des mariniers, vivant sur le bateau, s'arrêtant aux écluses, couchant souvent à bord, avec quelques incursions privilégiées dans des bordels – il aimait la fréquentation des péripatéticiennes.
C'est donc un personnage qui a vécu sur les rivières. Après *La Ginette*, il a acheté un autre bateau, *L'Ostrogoth*. Lors d'une étape dans un port de Hollande, il a acheté une machine à écrire, et c'est là qu'il a rédigé, au bord d'un canal ou d'une rivière, son premier Maigret : *Pietr le Letton*. Les débuts de Maigret, le personnage le plus important de la littérature franco-belge, sont donc liés aux canaux et aux rivières. Pour revenir au *Charretier de la Providence*, Simenon y parle de la Marne, du canal. Il évoque notamment l'écluse de Dizy : la maison de l'éclusier, les cafés, les buvettes, les écuries. D'ailleurs, c'est juste à côté d'une écurie, dans la paille, que l'on retrouve le cadavre d'une femme.

Jacques Baudou,
critique littéraire, essayiste

Il me semble que vous êtes connu à Vitry. Dites-moi pourquoi.

Premièrement, parce que je suis marinier ; ils aiment bien causer avec un marinier. Mais aussi parce que j'ai fait du cinéma avec ma péniche, j'ai tourné plusieurs films. Le premier, *Le Charretier de la Providence*, d'après un livre de Simenon, a été tourné en 1979 avec, entre autres, Monsieur Jean Richard.

Comment vous a-t-on contacté ?

À l'époque, j'avais appris qu'ils cherchaient pour le film une péniche en bois, ce qui n'était pas fréquent. La mienne était à moitié en bois, à moitié en fer et cela a suffi à les convaincre. C'est comme ça que ma péniche a été sélectionnée, puis chargée et remplie d'orge pour faire le film. Le tournage s'est réalisé entre Couvrot et Vitry-le-François, et après on est allé à l'écluse Saint-Étienne.

Vous avez joué dans ce film ?

Oui, j'ai un souvenir assez drôle d'une scène où ils avaient mis un acteur qui jouait un noyé. Je devais repêcher le macchabée depuis une barque. Et je me rappelle qu'il avait fallu au moins treize prises. Je l'ai fait treize fois, le ramener sur la berge !

L'année suivante, j'ai eu l'occasion de jouer dans *Arcole ou la terre promise*, un film qui racontait l'histoire des colons en Algérie. Pas moins de cinquante artistes, dont Jean-Marc Thibault, avaient été engagés pour ce projet. C'était un tournage impressionnant, comme celui de *Germinal* d'ailleurs, même si, dans ce dernier film, la séquence de la péniche tirée par les chevaux pour laquelle j'avais été retenu, a été finalement coupée au montage.

Après ça, j'ai fait quelques courts-métrages. Je me souviens d'ailleurs d'un plateau dans le Nord, où les gens m'appelaient Depardieu !

Michel Dubois, ancien batelier

le chantier naval de Vitry-le-François

Noël Garnier,
gérant de l'entreprise SARL Garnier fils, chantier naval de Vitry-le-François

"Le Vitry historique trouve naissance dans un hameau de mariniers."

Mon grand-père paternel est né à Sainte-Marie-du-Lac, un village d'agriculteurs. À cette époque, il avait deux frères et il était convenu que l'aîné reprendrait la ferme. Mon grand-père s'est donc orienté vers une autre voie et, en revenant de la guerre de 1914, il a été engagé sur un chantier à Vitry-le-François, où se construisaient des bateaux en bois. Il y occupait le poste de charpentier. Par la suite, mon père a travaillé avec lui. Il a connu alors les bateaux de bois mais aussi l'apparition des bateaux métalliques. En sortant de l'école à quatorze ans, j'ai fait une formation de deux ans en chaudronnerie, et puis j'ai commencé ma carrière sur le chantier Maubacq. Finalement, j'ai abandonné la chaudronnerie pour travailler sur un chantier Landy à Vitry-le-François où j'ai fait trois ans d'apprentissage diéséliste. Après avoir travaillé quelques années dans un garage poids lourds, j'ai pris la décision de revenir aux bateaux, et cette fois à mon compte, sur le chantier naval de Vitry. Cela va faire quatre générations que nous travaillons sur les bateaux. Il y a donc beaucoup de gens qui nous connaissent, apprécient notre travail et qui du coup viennent nous voir, parfois même de très loin, d'Angleterre, d'Amérique même !

Jean-Pierre Bouquet, maire de Vitry-le-François, conseiller général de la Marne, président de la communauté de communes de Vitry-le-François

au chantier naval

Évelyne Manouvrier, présidente de l'Amicale de la batellerie, et Gismond Manouvrier, famille de bateliers

Où sommes-nous, Monsieur le maire ?
Nous sommes à Vitry-le-François. Vitry est une ville d'eau ; d'ailleurs, l'implantation même de Vitry-le-François, par François Ier, a été faite à la confluence des canaux de la Marne et de ceux de la Saône, pour des raisons de géographie et de topologie. On se trouve en effet à la conjonction de deux cours d'eau assez importants qui sont des affluents de la Seine.

Pour assurer la défense de la ville, on a choisi de construire Vitry sur ce lieu, situé un peu plus en hauteur, dans le Perthois. Dès ses origines, la ville de Vitry-le-François est liée à la présence de ces rivières. L'eau permettait la formation d'une sorte de marécage autour de Vitry, des zones humides qui, en 1500, à l'époque de la balistique, facilitaient sa protection. Et c'est aussi l'eau qui irrigue les courants économiques puisque la ville était au départ bâtie autour d'un port fluvial à partir duquel on faisait du flottage de bois, tout particulièrement dans un secteur appelé le Bas-Village. C'est à cet endroit qu'a maintenant été implantée une station d'épuration. Le Vitry historique trouve donc naissance dans un hameau de mariniers.

À quand remonte la création de la ville ?
La ville a été créée en 1545 par François Ier qui lui donna son nom, Vitry-le-François, et ses armes, une salamandre. Repère historique simple : François Ier, c'est 1515, Marignan.

Nommée avant la guerre de Trente Ans Vitry-en-Perthois, la ville était adossée à la « cuesta de Champagne », donc à la colline de craie, rupture naturelle avant la plaine du Perthois. Vitry-en-Perthois ayant été totalement détruite par Charles Quint en 1544, il a donc fallu reconstruire une nouvelle ville sur un site proche, dans cette zone intermédiaire comportant un point haut et entourée de rivières, véritables atouts pour assurer sa protection. La cité alors érigée par l'architecte italien Girolamo Marini va se présenter sous la forme d'un carré de six cent douze mètres de côté avec des rues rectilignes et qui se coupent à angle droit.

Parlez-moi de la destruction de Vitry-le-François et de la Marne durant la Seconde Guerre mondiale.
La destruction de la ville s'est faite en deux temps : d'abord en 1940, puis en 1944. En 1940, ce sont les Allemands qui l'ont réduite en cendres par un bombardement au phosphore. Une attaque classique qui, à cette époque, semait la terreur dans les populations. La ville était sinistrée à quatre-vingt-dix pour cent.

Le bombardement de 1944 est de nature différente. Il utilisait la technique du rouleau compresseur, qui consistait en un tapis de bombes mis en place par les forces anglo-américaines. Ce sont précisément les Anglo-Canadiens qui nous ont bombardés cette fois-ci. Une attaque longue, colossale, réalisée par plus de six cents avions, à cinq mille mètres, avec des bombes de deux cent cinquante à cinq cents kilos. La rivière n'était pas l'axe d'attaque, c'était la voie ferrée qui était visée.

C'est tout de même un sort curieux... Vitry était une ville construite en bois, le premier bombardement l'a entièrement brûlée. Il ne restait donc qu'un amas de cendres recouvert de terre et d'un peu de végétation. Quatre ans plus tard, les Anglo-Canadiens l'ont bombardée à haute altitude. Le carré historique de la ville, encore recouvert de cendres, a dégagé un immense nuage de fumée, tel qu'on n'y voyait rien ! En fait, le bombardement est passé à côté de son objectif stratégique, qui était la destruction des voies de communication et en particulier de la gare.

Le canal a été la cible indirecte de ces bombardements, une victime parmi les autres. Aujourd'hui encore, ses rives, ses berges présentent des faiblesses qu'il faut constamment consolider. Des bombes y sont tombées, elles l'ont mis à sec. Le canal, lui aussi, a souffert de la guerre.

Nous sommes bateliers depuis cinq générations. Nous étions bateliers et nos enfants le sont devenus à leur tour. Mes grands-parents avaient leur port d'attache à Saint-Dizier, dans la région Nord-Est. Ils construisaient des radeaux avec un petit habitacle dans lequel ils logeaient, fait de rondins de bois. Et ils descendaient ensuite la Marne, au fil du courant, jusqu'à Paris, pour y vendre les rondins à des marchands de bois. C'est comme cela que notre famille est entrée dans la marine.

Comment considérait-on les mariniers autrefois ?
Ils étaient considérés comme des voleurs de poules, ils étaient traités comme des pestiférés et, pour toutes ces raisons, la ville leur était interdite. Ils s'étaient donc rassemblés dans un petit endroit à l'écart, qu'on appelait le Bas-Village.

Quels sont les principaux problèmes que vous avez rencontrés dans votre métier ?
Les principaux problèmes que l'on rencontre en tant que batelier sont liés à la présence de glace dans les canaux et au brouillard. À l'époque, lorsque les canaux gelaient, on n'avait pas d'autre possibilité que d'attendre. En 1962-1963 par exemple, nous étions alors jeunes mariés, on venait d'acheter un bateau et, pris dans les glaces, nous sommes restés coincés cent sept jours d'hiver. On avait aussi quelques frayeurs quand une chaîne de gouvernail lâchait en plein milieu d'une rivière avec beaucoup de courant. Mais on oublie vite les problèmes pour ne garder que les bons souvenirs.

Est-ce que vous trouvez que le monde de la batellerie a beaucoup changé ?
Oui. Aujourd'hui, les nouveaux bateaux sont bien plus gros, ils font la taille de quatre péniches. Du coup, il y a moins de travail. Avant, il passait par ici une quarantaine de bateaux par jour, maintenant il y a des journées sans que l'on n'en voie un seul. Le tunnel d'Heuilley-Cotton était une véritable autoroute. Je me souviens que, pour éviter que le bateau ne frotte sur les côtés, on installait des rondins de bois ; il n'y avait pas les glissières, ni toute cette lumière d'ailleurs. Les moteurs dégageaient beaucoup de fumée, et, quand vous passiez le tunnel derrière une péniche, c'était l'asphyxie ! Parfois, la fumée était si épaisse qu'on allumait nos phares de projecteurs comme pour traverser le brouillard.

UMBRARUM CINERES REVERERE VIATOR

la Chapelle Saint-Nicolas.

À Vitry, autour
de la chapelle
Saint-Nicolas
édifiée par
les mariniers

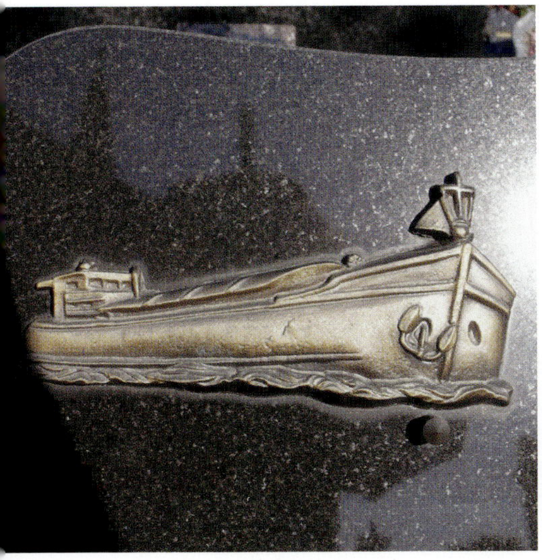

à la fin
du XVIIe siècle,
le cimetière
du Bas-Village

Major lemaguet

Saint-Exupéry à Orconte et la base de Saint-Dizier

Laurent de Mianville,
président de l'association du Parc du Plessis

Nous sommes donc à Orconte : pourquoi ce parc ?
En ouvrant le Parc du Plessis il y a deux ans, je voulais évoquer les personnages illustres qui y sont passés et y ont séjourné. Parmi eux, Napoléon. Il passa à Orconte la nuit du 22 au 23 mars 1814, dans la demeure familiale, préférant dormir au rez-de-chaussée qu'à l'étage. Il faut comprendre que, pour lui, dormir à l'étage, c'était être fait prisonnier d'avance. Il y eut également Antoine de Saint-Exupéry qui, fin novembre 1939, avait obtenu l'autorisation de rejoindre la base du 33ᵉ Escadron de reconnaissance d'Orconte, à la suite d'une visite médicale. Saint-Exupéry, quant à lui, voulait avoir une vue sur la cuisine, dont les odeurs et les mets que l'on y servait l'inspiraient beaucoup. De plus, il trouvait, dans le bavardage des uns et des autres, matière à écrire entre deux vols de reconnaissance. C'est d'ailleurs durant les huit mois qu'il passa à Orconte qu'il écrivit le livre *Pilote de guerre*.

Laurent de Mianville

Jean Lemaguet,
major dans l'Armée de l'air

Nous sommes entre l'écluse de Güe et celle de Marnaval. Nom, prénom, fonction.
Je m'appelle Monsieur Jean Lemaguet. je suis major honoraire et historien de la base aérienne n° 113 « Commandant Antoine de Saint-Exupéry ».

Pouvez-vous nous en dire plus sur le passage de Saint-Exupéry à Orconte ?
Saint-Exupéry est un personnage qui a toujours bercé mon enfance et que j'aime beaucoup. Il est affecté en décembre 1939 à Orconte au groupe de reconnaissance 2/33. Il a été accueilli à l'époque par les officiers réservistes Gavoille, futur commandant de la base de Saint-Dizier, et Jean Israël. Saint-Ex a d'abord mené des missions de combat et de reconnaissance sur l'Est et le Nord de la France, puis, avec son groupe basé alors à Orly, il a effectué une mission dans le secteur d'Arras, d'où son livre *Flight to Arras*, qui parut en France sous le titre *Pilote de guerre*. Dans les années cinquante, le colonel Gavoille devenu commandant de la base de Saint-Dizier, fit deux choses : il baptisa le cercle de l'Air qui se trouve en ville, « Antoine de Saint-Exupéry » et donna également le nom de son ami à la base bien que celui-ci n'y ait jamais été affilié.
J'ai découvert l'écrivain à onze ans lorsque ma sœur m'a offert *Courrier Sud*, il y a donc un peu plus d'une cinquantaine d'années. Je ne l'ai pas rencontré personnellement, mais j'ai l'impression de le connaître grâce à ses livres, en particulier *Citadelle*, ses photos... De plus, mes études m'ayant un jour ramené à Saint-Dizier, j'ai eu la chance de faire la connaissance de René Gavoille et Jean Israël qui ont été à la fois ses compagnons d'armes et ses supérieurs. Et il y a le témoignage de John Phillips, grand reporter et grand ami de Saint-Exupéry. Il l'a photographié en 1943, lorsqu'il a rejoint le groupe du 2/33 en Afrique du Nord, jusqu'à son dernier vol en 1944. En fait, Saint-Exupéry ne devait plus voler parce qu'il avait atteint la limite d'âge et avait endommagé trop d'avions. Mais beaucoup de gens avaient intercédé en sa faveur auprès du général Eaker de la 8° Air Force pour qu'il puisse à nouveau piloter. Or, s'il était sans aucun doute un excellent écrivain, il était un bien mauvais pilote. Il avait sept mille heures de vol mais c'était un mystique, un rêveur. Pour illustrer ce propos, Philips raconte dans ses textes qu'en revenant d'une mission au mois d'août, Saint-Exupéry, soulagé de trouver un terrain au nord de l'Italie, s'empressa de s'y poser. C'est seulement une fois sur la piste qu'il remarqua qu'autour de lui, il n'y avait que des avions allemands ! Il a donc rapidement remis les gaz sur son P-38 et a rejoint la Corse. On peut dire qu'il était un peu tête en l'air !
Ce qui m'avait beaucoup marqué pour ma part et qui n'est pas forcément évoqué dans les livres de John Phillips, c'est la possibilité que Saint-Ex se soit suicidé.
Voici ce que l'on raconte. Sa dernière mission débute le 31 juillet 1944. Il décolle de Bastia-Borgo à 9h du matin, passe sur Agay, remonte la vallée du Rhône, passe sur Lyon, sur Nantois, sur Saint-Maurice-de-Rémens, tous les lieux de son enfance. À midi moins cinq, des radars allemands qui se trouvaient dans le Piémont le repèrent et c'est à ce moment précis que la légende de Saint-Exupéry commence. Parti à bord d'un Lightning P-38 pour une mission de reconnaissance en vue de préparer le débarquement de Provence, il n'est jamais revenu.

Comment voit-on la Marne du haut d'un Rafale ou d'un Jaguar ?
C'est une chose que peu de gens connaissent à part les pilotes et puis quelques mécaniciens qui ont volé. Comme j'ai fait quelques tours de vol depuis Saint-Dizier, en Jaguar, en T-33 et en Fouga-Magister, j'ai pu observer la Marne des airs. C'est une rivière qui serpente et on est étonné du nombre de lacs et de gravières que l'on trouve aux alentours. C'est assez impressionnant ! Au printemps ou après les blés, lorsque le soleil donne bien, on voit beaucoup de sites et de tombes mégalithiques. La région a été longtemps occupée par de nombreuses peuplades et, du ciel, on repère facilement dans le paysage les traces un peu plus claires qui marquent l'emplacement d'anciens villages ou de cimetières. Lorsqu'on a la chance de piloter un avion, on peut profiter de panoramas exceptionnels et, en Jaguar, je pouvais voler à basse altitude et m'approcher réellement de la rivière. Bon, bien sûr, les missions de combat ne nous permettaient pas toujours de suivre la Marne mais, en général, le retour se faisait depuis Joinville jusqu'à Saint-Dizier et après, de l'autre côté, vers Perthes, en remontant vers Vitry-le-François et il était alors facile de suivre le cours de la rivière. C'était un repère. Par un temps comme aujourd'hui, elle scintille et on peut la remarquer à peu près à trente nautiques, c'est-à-dire environ à quarante kilomètres. En volant, on s'aperçoit aussi que la région étant extrêmement boisée et cultivée, il y a donc un contraste très fort entre l'eau, la terre et les arbres.
Dans cette vision d'altitude, quelques points de repère ponctuent le paysage, comme le pont

de Chaumont que l'on voit de loin, le terrain de Mussey, la colline de Colombey-les-Deux-Églises et la croix de Lorraine. Et puis on voit de grandes forêts, comme celle du côté du sud haut-marnais, si chère au général de Gaulle.

Quelle est la place d'une rivière dans la stratégie militaire ?

Dans la stratégie aérienne, elle a peu d'impact. C'est surtout un obstacle pour les gens à terre. Pour ceux de l'aviation, les rivières et les canaux sont des repères utiles et peuvent être des objectifs de combat. Aussi, on entraîne souvent les pilotes de chasse, dans l'appui tactique conventionnel, à détruire un pont, une écluse.

Que pouvez-vous me dire sur le rapport entre Saint-Dizier et la Marne ?

À l'époque de l'occupation allemande, entre juin 1940 et août 1944, il y avait sur la rivière et le canal des péniches et des bateaux pour loger les mécaniciens et les pilotes de chasse allemands. Ici, c'étaient des groupes de chasse de nuit, ils ont fait des ravages parmi les avions anglais et américains, surtout les avions anglais de la Royal Air Force. Ils ont abattu vingt et un engins en Haute-Marne.

Saint-Dizier avait-elle un rôle particulier pendant la Première Guerre mondiale ?

Peu de gens le savent mais Saint-Dizier a été la première gare régulatrice du monde. Des convois et des milliers de wagons alimentaient le front de Verdun en 1916. En effet, contrairement à ce qu'on pense, la Voie Sacrée ne commence pas à Bar-le-Duc mais à la gare de Saint-Dizier, plus précisément dans deux petits villages qui s'appellent Sommelonne et Baudonvilliers.

Comment voyez-vous l'avenir de la région, de Saint-Dizier et de la rivière Marne ?

Aujourd'hui, à mon sens, on est en train de faire fausse route. Ce sentiment n'engage que moi, mais je remarque qu'on a laissé de côté des aspects intéressants concernant le transport fluvial. Une péniche, c'est peut-être vingt camions de moins sur les routes, et pour une consommation dix fois moindre. Mais je pense que tôt ou tard le bon sens reviendra. L'avenir, il est là, il est sur l'eau.

Vous entendez les Rafale qui vous saluent, ils saluent votre passage sur notre péniche !

C'est le bruit de votre liberté !

Il donna le nom de son ami à la base 113.

Miko, une histoire de famille

Le Canal à Saint-Dizier

Nicole Ortiz, née Wagner,
ancienne propriétaire de l'usine Miko

Comment êtes-vous arrivée chez Miko ?
J'ai commencé à travailler assez tôt dans l'entreprise de transport de mon père à Vitry-le-François. À l'époque, nous avions dû quitter l'école à la demande de mes parents qui avaient besoin de quelqu'un pour les aider. Rapidement, nous avons beaucoup travaillé pour l'entreprise Miko de Saint-Dizier, et c'est comme cela que j'ai connu mon mari, Joseph Ortiz. L'entreprise Miko s'est développée principalement quand les frères Ortiz sont partis soldats. Mon mari, lui, n'a pas été mobilisé. Comme il était soutien de famille, il a pu obtenir son permis de conduire à seize ans, ce qui lui permettait d'assurer les livraisons de glaces. Il allait les vendre à bord de triporteurs dans toute la région, et quand il se rendait dans la vallée de la Blaise, dans les entreprises de métallurgie, il prévenait les gens de sa venue et tous accouraient à son arrivée. La famille au complet se mobilisait aussi pour vendre des glaces lors des courses ou encore durant toutes les manifestations et fêtes de village.
L'entreprise est née en quelle année ?
Mes beaux-parents ont commencé à produire de la glace à Saint-Dizier en 1921. Ils fabriquaient leur stock la nuit et le revendaient le jour à la sortie des cinémas. Ils avaient comme activité annexe la vente d'oublies, une sorte de petite gaufrette qu'ils proposaient dans les parcs. À l'époque, le vendeur portait sur l'épaule un appareil de fer sur lequel était planté un tourniquet qui faisait office de loterie. On ne se sert bien sûr plus de cet appareil aujourd'hui dans le travail, mais on le conserve précieusement à la maison.
Quelle est l'importance de l'entreprise aujourd'hui ?
L'entreprise compte maintenant six mille trois cents employés pour un chiffre d'affaires de cinq milliards d'euros. Le groupe a donc gagné en importance au fil des années et a pu se diversifier en proposant des produits surgelés comme le poisson. L'entreprise possède effectivement, pour développer ce service, la *Grande Hermine*, un bateau de pêche basé à Saint-Malo qui surgèle directement le poisson en mer.
Quelle est l'histoire de la tour Miko ?
La tour Miko était au départ un château d'eau affecté à l'ancienne brasserie du Fort carré à Saint-Dizier. Le développement de l'entreprise nous a permis de racheter une partie du site de la brasserie. Cette partie acquise était séparée du reste du bâtiment par un mur, nous l'appelions entre nous « le mur de la honte ». Aujourd'hui, l'usine a laissé place à un complexe. Ce qui était notre plus grande salle de fabrication est devenu le hall du cinéma et la tour Miko, devenue un musée, est éclairée chaque soir comme un symbole de la ville de Saint-Dizier.

Nicole Ortiz

Saint-Dizier entre Marne et canal

L'histoire de la Marne est chère à Saint-Dizier, tant elle se confond avec elle pour des raisons géographiques, historiques et économiques. Le transport du bois par flottage vers Paris commence à Saint-Dizier dès le XVIe siècle. Les marnois, bateaux à fond plat transportant entre autres blé, bois à brûler, foin, charbon de bois et la production des hauts-fourneaux des vallées de la Marne et de la Blaise, font vivre tout le quartier de La Noue et ses célèbres mariniers... Progressivement, l'activité de la Marne bascule vers celle du canal de la Marne à la Saône avec autant d'engouement de la part des Bragards. Ainsi, le 17 juillet 1861, la signature du décret impérial ordonnant l'exécution des travaux donne lieu à une fête populaire au Jard. Le canal participera activement au développement industriel de Saint-Dizier et de toute la Haute-Marne. Par exemple, en 1895, plus de cinq mille bateaux ont circulé sur le canal, les trois quarts de leur tonnage émanant de l'industrie métallurgique... Aujourd'hui, la ville de Saint-Dizier, qui poursuit son renouvellement urbain, met l'accent sur la valorisation de l'eau dans le cadre de l'extension de son centre historique. Du côté de la Marne, une promenade sur les berges permet aux visiteurs de découvrir les charmes de la rivière. Du côté du canal, le projet prévoit l'aménagement paysager des quais dans une conception qui fera écho aux atouts naturels du lac du Der et à son environnement privilégié. À travers notamment une halte fluviale qui constituera une nouvelle porte d'entrée touristique dans la ville, l'objectif poursuivi est de faire de ce site un atout majeur en cœur de ville, et de renforcer l'attractivité de Saint-Dizier.

François Cornut-Gentille,
maire de Saint-Dizier, député de la Haute-Marne

L'Attente, l'Oubli, et le Petit Paris

François Larcelet, libraire.

Nous sommes à l'écluse de Perthes. J'aimerais connaître votre nom, votre prénom, et votre fonction.
Je me nomme François Luc Larcelet et j'exerce exceptionnellement aujourd'hui la fonction de batelier libraire.
Je suis installé à Saint-Dizier depuis une vingtaine d'années à peu près.
C'est un choix? Vous êtes originaire de la Haute-Marne?
Je suis originaire de Saint-Dizier en Haute-Marne. On peut parler d'un vrai choix de vie à partir du moment où on est fasciné par ce monde de l'écrit, de la littérature, et qu'on décide de monter une librairie telle qu'on la rêve à Saint-Dizier plutôt qu'à Lyon, Paris, Lille ou Marseille. Saint-Dizier est une ville de vingt-cinq mille habitants, sans faculté ni pôles culturel et intellectuel importants. C'était un peu un défi personnel que de démarrer mon projet ici.
Mais il se trouve que le projet a trouvé sa place et que cela fonctionne. On a toujours voulu que cette librairie soit un lieu de convivialité, d'échange, on a donc rapidement ouvert une sorte de petit café qui fait qu'on peut organiser des rencontres, des expositions, des concerts.
Ma fascination a toujours été la poésie. On ne peut pas dire que ce soit ce qu'il y a de plus facile à vendre, mais il y a tout de même un rayon de poésie conséquent qui trouve ses lecteurs. Et d'ailleurs, ma librairie s'appelle «L'Attente, l'Oubli» en référence à un récit de Maurice Blanchot, qui n'est pas le plus accessible des écrivains.
Ma filiation littéraire, ce sont au départ les poètes, et puis Char, Jabès, Blanchot, Bataille, tous ces grands noms, et cela crée un melting pot intéressant.
Les fonds régionaux sur la Haute-Marne sont certes moins fournis que sur la Marne qui profite de la présence du champagne, mais on trouve tout de même des ouvrages concernant ce département qui touchent au cœur de l'imaginaire haut-marnais, à savoir la fonte, la batellerie et le bois.
Quel est votre rapport à la Marne?
Ce que je trouve particulièrement intéressant dans la Marne, c'est que c'est une rivière qui remonte six départements et qui les traverse de part en part. Si on l'imagine autrement que comme un simple cours d'eau, c'est une véritable colonne vertébrale, quelque chose qui anime et qui fait vivre tous ces départements.
La Marne, c'est un espace temps qui me fascine beaucoup. C'est une lenteur qui ne nous appartient plus et je trouve que le cours d'une rivière nous apprend beaucoup sur notre condition d'être humain. Il est quelquefois nécessaire et suffisant pour remettre son esprit en ordre.
Pouvez-vous me parlez rapidement du Petit Paris?
Le Petit Paris est une façade d'art brut qui a été réalisée par Marcel Dhièvre. Au départ, le Petit Paris était un magasin de confection qu'il avait monté pour son épouse. La devise de Dhièvre était : «J'ai commencé, les autres n'ont qu'à en faire autant.» Il s'était mis à décorer sa façade avec des assiettes, des peintures, et on retrouve sur ce mur, sous forme de vignettes, à la fois *Le Corbeau et le Renard,* l'Arc de Triomphe et la Tour Eiffel. La ville s'en est donc portée acquéreur il y a peu de temps et a sans doute pour idée de le restaurer. Ce qui serait d'ailleurs une bonne chose car c'est un lieu d'art brut connu dans le monde entier par les personnes qui s'intéressent un peu à cette mouvance.

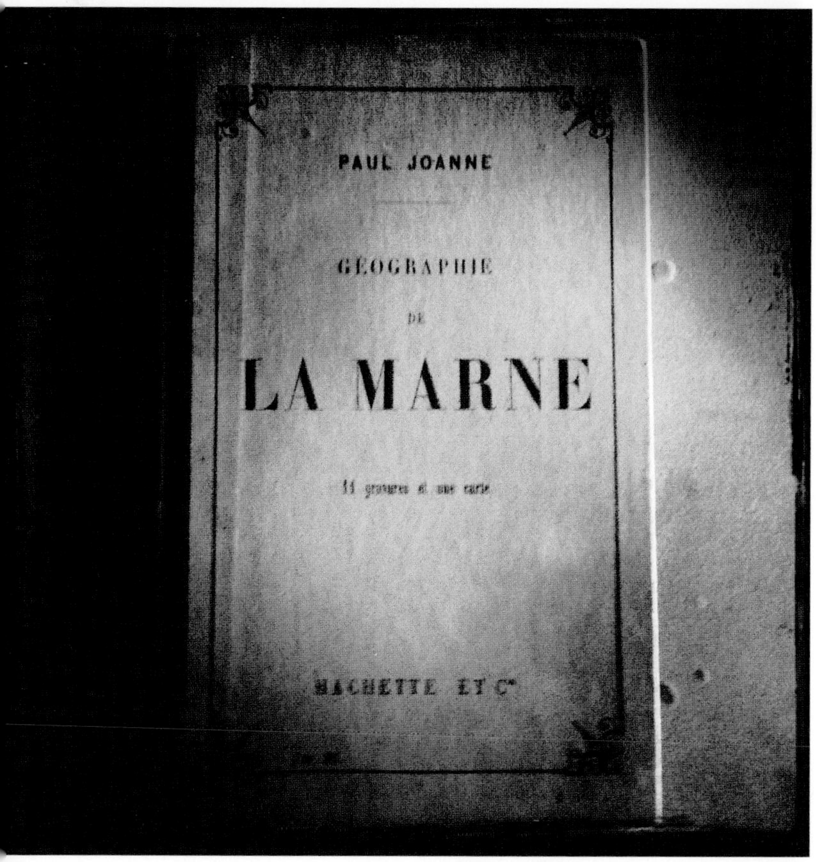

La Marne à Moeslains, en amont des Côtes Noires.

La ville de Meaux, Louis XIV et le canal de Chalifert

Denis Vassigh,
directeur du patrimoine à la ville de Meaux

On tourne de plus en plus le dos à nos rivières, le même phénomène se passe-t-il à Meaux ?

Les choses s'améliorent depuis une quinzaine d'années. Ici, on a divorcé d'avec la rivière au XIXe siècle lorsqu'on a réalisé nos quais. Dans le schéma traditionnel ancien, toutes les rues aboutissaient de façon perpendiculaire à la rivière, ce qui était normal puisqu'on avait besoin de s'alimenter en eau pour laver son linge ou se baigner... Au XIXe siècle, la construction des jolis quais bien structurés qui, en fait, vont être dédiés à l'automobile – on les a même transformés en quatre-voies – fait que l'on tourne le dos à la rivière. Les promenades le long de la Marne ont disparu à cette époque-là. À partir des années 1990, les choses ont évolué. Ce sera l'époque des premières tentatives pour dépolluer les eaux de la Marne : elle était si polluée que les baignades étaient interdites depuis pas mal d'années, alors qu'on avait encore le souvenir des plages de Meaux des années 1950 et 1960, où les enfants pouvaient encore nager dans la rivière. Il fallait donc réaménager cette zone naturelle qui devenait une véritable décharge publique, mais de façon modérée, car il s'agit aussi d'une zone de protection faunistique en tant qu'elle se trouve sur le parcours des oiseaux migrateurs. Donc un des projets des élus municipaux a été, depuis les années 1990, de reconquérir cette zone naturelle et de lui donner une forme adéquate. Sur ce point-là, il y a eu des avancées puisque la pêche a enfin été réouverte il y a un peu plus de cinq ans, et que la zone naturelle est aujourd'hui partiellement réaménagée en parc : elle est accessible aux habitants avec des aménagements, des terrains pour les enfants et des sentiers balisés pour la randonnée. Une surveillance assurée par la brigade équestre va permettre aussi de sécuriser cette zone dans laquelle personne n'osait d'abord entrer. Il n'y avait que les pêcheurs qui y allaient, parce qu'il y avait des étangs de pêche exceptionnels, qui sont d'ailleurs toujours là. De plus, tout en aménageant la zone naturelle avec respect de cet espace qui devait rester dédié aux oiseaux migrateurs, il y a une autre partie que l'on a délibérément laissée à l'état sauvage, en enlevant seulement tous les objets et détritus que la civilisation humaine avait abandonnés dans ces lieux. Aujourd'hui, on a fait renaître cet endroit en liaison avec la Marne, et le rêve que les élus ont caressé et que les habitants aimeraient bien voir un jour se réaliser, c'est que l'on puisse avoir une navette, un accès par la rivière, entre cette zone naturelle et le centre-ville de Meaux.

Connaissez-vous des anecdotes à propos de la Marne ?

Le jeune Louis XIV, qui n'était pas encore personnellement roi, avait fait partir l'évêque pour s'installer dans le palais épiscopal de Meaux. Or on vint l'avertir que les ouvriers chargés des transbordements de marchandises en bord de Marne organisaient une joute navale sur la rivière, et qu'il pouvait y assister. Notre jeune roi non seulement se précipita pour regarder ce qu'il s'y passait, mais se jeta à l'eau et alla participer aux joutes navales, admiré par tout ce peuple qui était rassemblé des deux côtés, sur les quais et sur la rivière elle-même.

Cette anecdote souligne l'importance de la rivière au XVIIe siècle dans la vie locale de Meaux.

Nous croisons actuellement un bras de Marne.

C'est le canal Cornillon, creusé au XIIIe siècle pour désendiguer le passage vers la ville. Puisque les moulins obstruaient le passage, les comtes de Champagne, plus précisément Thibaud IV le Chansonnier, le grand poète, a creusé ce grand fossé ici pour permettre justement à la navigation de regagner le bras de la Marne de l'autre côté. Donc quatre cents mètres plus loin on retrouve la Marne, et ceci permettait d'éviter de passer par la ville et donc d'ennuyer les meuniers qui se trouvaient sur les berges. Depuis la construction du canal de Chalifert, on n'y passe plus.

Pouvez-vous nous rappeler ce qu'est le canal de Chalifert ?

Il répond à une nécessité pour les mariniers d'avoir un canal de dérivation. Il s'agissait non seulement de shunter la ville de Meaux et ses moulins, mais aussi d'éviter environ soixante kilomètres de méandres de la rivière d'ici à Chalifert, dans un secteur de surcroît assez sableux où la navigation était très difficile. C'est ainsi qu'au XIXe siècle on a décidé de creuser ce canal qui fait une vingtaine de kilomètres, afin d'éviter cette partie devenue pratiquement non navigable. Vous comprenez pourquoi, entre Meaux et Chalifert, on ne navigue plus sur la Marne.

Vous me parliez tout à l'heure d'une ancienne station de dirigeables ?

C'est vrai. Vous étiez tout à l'heure amarrés au niveau du barrage des Basses-Fermes, installé sur la rivière au XIXe siècle, et démantelé en 1920 quand on a réorganisé la totalité du réseau hydrographique de la Marne. En face de ce barrage, sur la rive droite de la rivière, nous avons une grande usine chimique qui a une histoire sympathique puisqu'à l'origine c'est l'armée française, après la guerre de 1870 et avant la Première Guerre mondiale, qui va choisir le site de Meaux pour installer une station de ballons dirigeables ainsi qu'une usine de fabrication d'hydrogène, indispensable pour ces ballons à l'époque. L'objectif de ces dirigeables était tout bonnement d'aller espionner la frontière allemande, c'est-à-dire autrefois la Lorraine. Cela va durer jusqu'à la Première Guerre mondiale, à la fin de laquelle l'armée considère que ce site n'est plus indispensable. La station disparaît alors, elle deviendra une usine de fabrication d'hydrogène puis une usine de produits chimiques, répondant notamment aux besoins d'engrais de cette région agricole.

“Et tout d’un coup, il est mort.”

Je vois que nous naviguons en aval de Meaux. Qu’est-ce que vous évoque cette ville ?
C’est très émouvant pour moi d’être à Meaux parce j’aime beaucoup Bossuet. Il fut évêque de Meaux, c’est un magnifique auteur du XVIIe siècle. Il usait d’une langue très drapée. C’est un écrivain à la fois de la grandeur et du sacré et l’auteur d’un texte superbe qui est *Méditation sur la brièveté de la vie*. Revenir vers Bossuet, vers cette langue si oubliée, c’est toujours source d’une grande émotion.
Bossuet est un écrivain français dont le nom, certes connu, est aujourd’hui coquille vide. Plus personne ne lit ses *Sermons*. On connaît encore à la rigueur ses mots, comme celui sur la reine d’Angleterre : « Madame se meurt, Madame est morte. » Mais à notre époque de bruit et de fracas, je crois que c’est un auteur délaissé. Pourtant, la langue, si belle, parfois si haute et parfois hautaine, ne peut que nous toucher. Et puis c’est un homme évidemment religieux, qui s’éloigne de la vie profane et mondaine et qui est de plain-pied dans le sacré. Il faut revenir de temps en temps à ces grands sermons. On ne les connaît pas tous, puisque beaucoup ont été perdus, mais ceux qui restent sont de toute beauté, sur la grandeur et la vanité de l’âme.

Olivier Frébourg

C’est une étrange faiblesse de l’esprit humain que jamais la mort ne lui soit présente, quoiqu’elle se mette en vue de tous côtés, et en mille formes diverses. On n’entend dans les funérailles que des paroles d’étonnement de ce que ce mortel est mort. Chacun rappelle en son souvenir depuis quel temps il lui a parlé, et de quoi le défunt l’a entretenu ; et tout d’un coup il est mort. Voilà, dit-on, ce que c’est que l’homme ! Et celui qui le dit, c’est un homme ; et cet homme ne s’applique rien, oublieux de sa destinée ! Ou s’il passe dans son esprit quelque désir volage de s’y préparer, il dissipe bientôt ces noires idées ; et je puis dire, Messieurs, que les mortels n’ont pas moins de soin d’ensevelir les pensées de la mort que d’enterrer les morts mêmes.

Bossuet, *Sermon sur la mort*, 1662.

“La Marne, à Meaux, fait une très belle boucle. Et il y a là quelque chose de presque solennel, comme si la Marne empruntait le style de Bossuet. J’ai beaucoup d’admiration pour Bossuet. Quelquefois, je me récite à moi-même certains passages et regrette que l’on ait perdu le sens de cette langue, très noble, dans le bon sens du terme.
Ce qui est drôle quand on visite Meaux, c’est cette boucle de la Marne, mais surtout l’ensemble épiscopal. Il y a, en effet, l’ancien palais épiscopal, qui est devenu le musée Bossuet, et une très belle église, la cathédrale Saint-Étienne. Il y a aussi le Vieux-Chapitre et tout un ensemble, unique en France, de petits jardins à la française entourés de tilleuls, qui ont beaucoup d’allure. L’édifice de l’église est tout particulièrement réussi ; c’est très émouvant d’y voir, à côté de l’autel, le tombeau de Bossuet. Ici repose, en attendant sa résurrection, le corps de Jacques-Bénigne Bossuet qui a dit : « Le bonheur est fait de tant de pièces qu’il en manque toujours une.”

Jean-Paul Kauffmann

"le bonheur est fait de tant de pièces qu'il en manque toujours une"
Jacques-Bénigne Bossuet

le Parc du Pâtis,
sur les bords de Marne,
à Meaux.

"Deux quartiers qui se regardent, avec la rivière qui les sépare."

Meaux était une petite ville de sept mille habitants jusqu'à la Révolution, et comme il s'agit d'une ville épiscopale avec un évêché au centre, un tiers de sa population était composé d'ecclésiastiques. La présence du patrimoine religieux est donc très importante. On a eu une bonne quinzaine d'églises, entre les églises paroissiales, les églises de couvent, de monastères et d'abbayes, qui constituent aujourd'hui le fonds de notre patrimoine, puisque, même si une bonne moitié de ces édifices ont disparu sous la Révolution, les sites en question existent encore. En même temps, Meaux est une ville qui présente géographiquement des entités tout à fait différentes puisque la Marne est une rivière qui va partager la ville en deux. Deux quartiers qui se regardent, avec la rivière qui les sépare, et qui présentent des caractéristiques urbaines tout à fait différentes : un quartier commerçant d'un côté, un quartier « vieille ville », un peu bourgeois, de l'autre. Cette séparation entre les quartiers était visible déjà historiquement, et pour vous donner un exemple, la rive gauche, commerçante et artisanale, va basculer au XVIe siècle vers le protestantisme, alors que la vieille ville, bien rangée autour de sa cathédrale, va rester fermement catholique. Le contraste se ressent également dans les bâtis urbains, puisqu'on a des parcellaires qui sont différents, à savoir plus populaires dans le quartier du marché, mais beaucoup plus seigneuriaux dans la vieille ville. Et finalement, cette opposition va se retrouver sous forme de guerre civile de 1567 à 1594.

Aujourd'hui, on a une deuxième dichotomie qui est venue s'ajouter à notre patrimoine : depuis la fin des années 1950, Meaux s'est ouverte à l'urbanisation contemporaine ; nous avons, à côté de notre ville ancienne, un quartier qui a été conçu de toutes pièces, réalisé dans les années 1960, avec toutes les caractéristiques architecturales de l'époque. Ce sont de grands ensembles qui aujourd'hui se modifient, se transforment et s'humanisent en quelque sorte. Marcel Lods a été l'un des principaux architectes de ces derniers quartiers, mais on a eu aussi Jean Ginsberg, qui était un des élèves de Le Corbusier. Le Corbusier lui-même avait été à l'origine de tous les projets concernant Meaux. C'est lui qui s'était proposé pour la première réalisation, mais son programme n'a pas pu aboutir car il a eu un certain nombre d'empêchements et de désaccords avec le ministère de l'époque.

Il avait prévu une Cité radieuse, avec des bâtiments pour célibataires séparés des bâtiments pour des familles, un projet assez utopique en somme, mais en même temps très représentatif de ce que pouvait être la mentalité des architectes de l'époque.

Denis Vassigh

À Meaux, voir la Cathédrale Saint-Etienne, le vieux Chapitre, demeure des chanoines de la cathédrale, le musée Bossuet ainsi que le jardin dessiné par Le Nôtre. Terminer par les anciens remparts.

À Châlons-en-Champagne, sur le Mau et le Nau.

à Epernay, la tour du Champagne de Castellane.

Ici la source Castellane jaillit,
C'est un mince filet qui nourrit ;
La poésie ici est affaire de bras :
Donne cinq francs et bois et chante...

Piotr Viazemski (1792-1878)

Le Mau, le Nau, la Slavia et les abattoirs

Bénédicte Hernu, animatrice de l'architecture et du patrimoine de la ville de Châlons-en-Champagne

Parlez-nous de Châlons-en-Champagne.
Il y a beaucoup de choses très intéressantes à Châlons-en-Champagne, notamment en lien avec la présence de l'eau qui a toujours eu une importance historique. D'autres cours d'eau, en plus de la Marne, vont jalonner la ville, comme le Mau et le Nau. Notons la présence aussi des maisons à pans de bois. Ce bois venait de l'Argonne ou de la forêt du Der dans la Meuse. Ces grands troncs circulaient donc dès le Moyen Âge sur des bateaux pour être utilisés ensuite dans la construction de ces maisons.
Le Mau et le Nau ont été recouverts par des rues ou des places pour permettre d'agrandir le centre-ville de Châlons à la fin du XIXe siècle. On peut y circuler, on peut passer sous ces endroits en barque et on ressort du côté du Jard. L'office du tourisme organise d'ailleurs l'été des promenades en barque où l'on est à la fois sur les ruisseaux à l'extérieur et sous les rues puisqu'il existe toujours des arches, notamment sous la rue du Michelet ou la place Godart, pour rendre la circulation possible.

Pouvez-vous me dire un mot sur Notre-Dame-en-Vaux ?
Notre-Dame-en-Vaux est une collégiale qui a été construite en bordure du Nau au XVIIe siècle. Cette collégiale, qui était à l'époque également une église paroissiale, était un important centre de pèlerinage à la Vierge. C'est un bâtiment très lumineux qui se trouve sur les chemins de Compostelle. C'est pour cela entre autres qu'il a été classé il y a quelques années au Patrimoine mondial de l'UNESCO.

Comment tout a commencé

Il y avait à peine plus de deux ans que la brasserie de la Comète avait tiré son dernier brassin lorsque nous avons signé l'acquisition d'une maison au 1, rue de la Comète à Châlons-sur-Marne. Lors de nos visites, nous avions été frappés de rencontrer de nombreuses personnes qui vendaient, soit parce qu'elles se retrouvaient au chômage à la suite de la fermeture de la brasserie, soit parce qu'elles étaient mutées à Marseille ou à Drancy. J'entrepris rapidement des travaux de réhabilitation de cette maison, et alors que je chargeais un camion de gravats, un voisin (par ailleurs ancien camarade de lycée que j'ai retrouvé à cette occasion), me demanda

Sortie vers le Jard

s'il pouvait profiter du camion pour se débarrasser de vieilleries. Parmi ce dont il souhaitait se séparer, il y avait... une ancienne bouteille de la brasserie de la Comète. Conscient de ce que représentait cette bouteille au regard de l'histoire de cette brasserie, cœur ouvrier de la ville et de la « rive gauche », je l'ai immédiatement sauvée d'une mort certaine et de l'oubli. À partir de cette date, je n'ai eu de cesse de chercher à collecter des objets, documents ou témoignages sur l'histoire de cette brasserie, dernier témoignage du riche, et méconnu, passé industriel de Châlons-sur-Marne.
Et la Marne dans tout ça, allez-vous me dire ! Eh bien, même si elle n'est pas le seul élément qui a contribué au choix de l'implantation de cette brasserie à Châlons, elle a néanmoins joué un rôle essentiel dans ce choix. En effet, il n'y a pas de bonne bière s'il n'y a pas une eau de grande qualité. L'eau de la Marne, naturellement filtrée par les « sables de Marne » allait permettre de fabriquer celle qui n'allait pas tarder à s'appeler la Slavia et qui allait être distribuée dans le monde entier.

Gérard Sigal, « cométologue », collecteur de mémoire et d'objets sur l'histoire de la brasserie la Comète

Jean-Marie Songy, directeur artistique du festival Furies à Châlons-en-Champagne

“Pour la vingtième édition du festival, nous avons créé un spectacle sur l'eau. La Marne est une rivière un petit peu compliquée, elle n'est pas très aménagée ; et c'est justement ce qui fait son charme, mais pour les besoins du spectacle, nous nous sommes installés sur le bras mort du canal, dans le grand Jard à Châlons. C'est ici que la compagnie *Îlotopie* a présenté un spectacle très poétique, surréaliste.”

Jean-Marie Songy

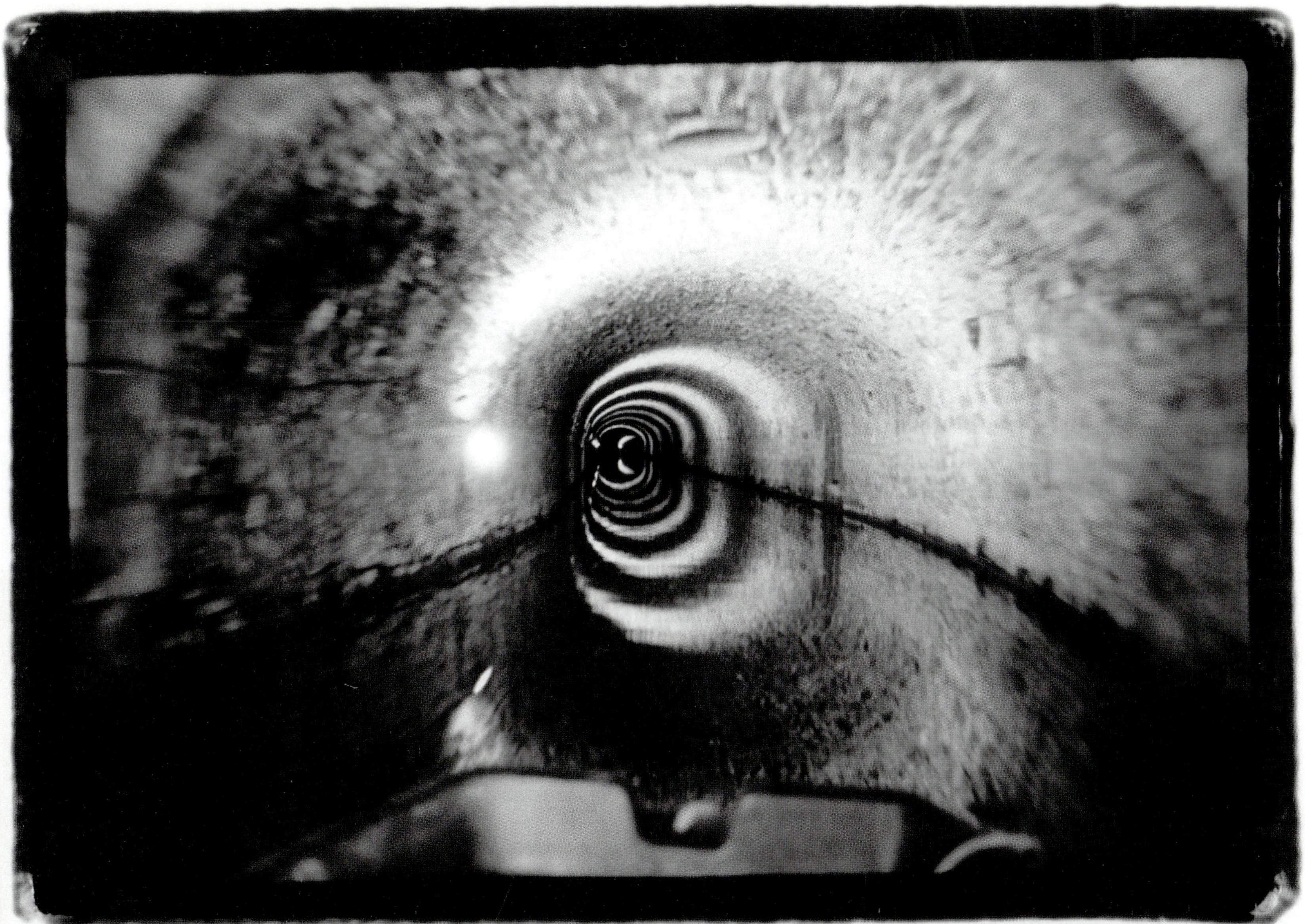

le pont des Sept-Moulins, le pont de Putte-Savate, l'arche Mauvillain, à Châlons-en-Champagne, balade sur le Mau et le Nau.

Comme dans toutes les cités du Moyen Âge, les abattoirs à Châlons-en-Champagne se situent « hors les murs » (étymologie de « faubourg ») : au terrain clos dénommé la Tuerie, établi faubourg Saint-Antoine, succède en 1824 un abattoir public qui évite la traversée de Châlons par des animaux vivants ; la proximité du canal facilite l'évacuation des eaux usées ; l'absence d'habitations est un atout supplémentaire. Comme dans le reste de Châlons, les matériaux utilisés dans la construction sont la brique et le calcaire. Les architectes ont attaché un grand soin à l'organisation générale des bâtiments, pour faciliter le dépeçage des animaux, et aux détails, par exemple l'entrée de la grande halle est ornée de deux têtes de bovidés. L'apparition de l'industrie frigorifique précipite le déclin et la fermeture de cet abattoir situé non loin des lieux de consommation.

C'est en 1986 que le ministère de la Culture a fait l'acquisition du terrain pour y établir la Direction régionale des affaires culturelles (DRAC), service déconcentré du ministère. Pendant dix ans se succèdent les travaux pour réhabiliter les bâtiments en piteux état, les compléter par de nouveaux pour abriter les différents services de la direction, copie gémellaire de l'administration centrale. Au titre du « un pour cent » artistique, Gérard Titus-Carmel réalise un grand triptyque en hommage à Olivier Messiaen, dont le nom est donné à la grande halle servant aujourd'hui de salle de réunion. Et, en 2010, Bruno Peinado a été sollicité pour réaliser une autre « œuvre d'art déguisée en instrument de communication », cette fois extérieure : des nuages roses clignotant plus ou moins en fonction de la luminosité surmontent le bâtiment d'accueil... Souvenir de l'ancien fondoir surmonté d'une cheminée ? Ou bien allusion à une administration qui phosphore ?

1560, la date de l'ancien pont.

Marc Nouschi, DRAC Champagne-Ardenne

Jean Cabut dit Cabu

"J'ai le souvenir de bonnes sœurs à collerettes qui s'envolaient en passant la passerelle."

Cabu,
dessinateur, caricaturiste

Où sommes-nous ?
Nous sommes au Grand Jard. On voit la passerelle où j'ai le souvenir de bonnes sœurs à collerettes qui s'envolaient en la passant. Les sœurs de Saint-Vincent-de-Paul avaient des grandes collerettes. C'était comme des oiseaux.
Pour toi, c'était un passage obligé, le Jard ?
Oui, quand on réussissait à passer le Jard avec une demoiselle, c'était déjà bien. Et quand on allait jusqu'au bois de l'autre côté, c'était encore mieux, c'était transformé ! Châlons est la ville des premières fois, c'est la raison pour laquelle on y est attaché.
On retrouve la topographie de Châlons dans tous tes albums. Peux-tu nous expliquer, quand tu sortais de chez toi, le circuit où tu flânais...
Figure-toi que je suis né tout près du « pont des fainéants ». Ce sont donc les premières visions que j'ai eues. À l'époque, il n'y avait pas beaucoup de chômeurs, mais il y avait déjà du monde sur le pont des fainéants ! Je me rappelle qu'il y avait un légionnaire qui y passait ses après-midi. J'ai beaucoup utilisé ce que j'ai vu à Châlons, c'était une sorte de microsociété qui m'intéressait beaucoup. Mais c'était aussi une ville de pouvoir parce que la préfecture, les administrations, le palais de justice y étaient établis. Il y avait des modèles, des archétypes, et un dessinateur cherche des archétypes. J'avais trouvé par exemple, un patron de bistrot, le Bistrot du Marché, qui avait des moustaches que j'ai retrouvées sous le nez d'autres patrons de bistrots quand je suis arrivé à Paris.
La fille du proviseur fréquentait les bains de Châlons ?
La fille du proviseur, tu sais que c'était à Épernay. À Châlons, le proviseur n'avait pas de fille. Un dessin, c'est comme un roman, on peut mélanger plusieurs lieux et plusieurs personnages pour en faire des héros.
Quels ponts de Châlons retrouve-t-on dans tes dessins ?
Le pont des fainéants, je l'ai souvent dessiné. Le pont de la Marne, je ne l'ai pas dessiné mais je me rappelle une vision terrible. C'était pendant la guerre, il a été cassé en deux. Je me souviens avoir traversé la rivière sur une passerelle en bois construite par des soldats américains et située parallèlement au pont. Pour un enfant, c'était une vision apocalyptique. C'était en 1944, je crois ; j'avais six ans ; j'ai toujours gardé cette image terrible en tête.
Nous sommes donc le samedi 13 mars et nous quittons Châlons-en-Champagne, anciennement Châlons-sur-Marne. La prochaine écluse est celle de Juvigny. Quel effet ça fait de quitter Châlons sur une péniche ? Est-ce qu'on a l'impression de quitter sa ville ?
Je sais que c'est la ville des premières fois mais tout a changé, on ne peut plus garder l'œil qu'on avait à dix-sept ans. « On n'est pas sérieux quand on a dix-sept ans », comme disait Aragon. Maintenant, mes parents, tous ceux que j'aimais et qui me rattachaient à Châlons, ont disparu. Je suis un peu un orphelin de Châlons. Mais grâce au dessin, j'ai des traces. J'ai surtout eu la chance de naître dans cette société en réduction qui était un laboratoire idéal pour un dessinateur en quête de personnages.
Rappelle-nous les personnages que t'a inspirés Châlons.
Il y a d'abord le Grand Duduche. Il n'existait pas physiquement mais il était inspiré d'un lycéen qui s'appelait Duché, que je dessinais à ma manière et qu'on appelait déjà Duduche. Et puis mon Beauf, qui était patron du café du Marché et qui avait une moustache et des yeux bordés de jambon. Il y avait aussi Marie-la-Lune, c'est un épisode assez triste. C'était une clocharde qui habitait Châlons, derrière la rue Clovis-Jacquiert. Elle avait une cabane et les enfants lui jetaient des pierres. J'ai fait une petite bande dessinée où je la représentais. Mais je me suis aperçu que plus je la dessinais, plus elle recevait des pierres. C'est curieux, ça a fait l'effet contraire de ce que j'espérais. Un jour où elle avait vraiment été blessée à la tête, je suis allé la voir à l'hôpital. J'étais triste parce qu'au lieu de la protéger, mes dessins excitaient les gosses. J'ai donc arrêté de la dessiner. Comme quoi, le dessin, ça sert juste à faire sourire ou rire, mais ça ne peut pas beaucoup changer les choses. Je ne l'ai jamais souhaité d'ailleurs.
C'est avec ces dessins de Marie-la-Lune que j'ai été publié pour la première fois dans le journal *L'Union*. J'avais quinze ans.
Pourrais-tu citer quelques artistes des bords de Marne ?

à Châlons, la passerelle du grand Jard

C'est très rare qu'on me parle de Pierre Dac le Châlonnais. Pourtant il est né ici, tout comme Villette, un dessinateur montmartrois, qui était au Chat noir, au début du XXe siècle. Il a créé quelques personnages : on lui doit notamment la reprise de Pierrot et Colombine. Il a laissé sa marque à l'hôtel de ville de Paris où j'ai vu certaines de ses peintures sur les murs. C'était un grand dessinateur comme Steinlen, comme Forain, toute cette époque de *L'Assiette au beurre*. Je connais aussi Solé, un bon dessinateur qui vit à Dormans.

De la musique sur les bords de Marne?

Charles Trenet habitait, je crois, en face de l'île d'Amour, sur la Marne, à La Varenne-Saint-Hilaire. Pour moi, il est toujours le chanteur français le plus fantastique. C'est un personnage unique dans la chanson française puisqu'il a réussi à chanter la joie de vivre sans être cucul. C'était un mélodiste. Tout le monde peut fredonner les chansons de Trenet. Et puis, c'est une poésie familière qui touche tous ceux qui l'entendent. Lui était catalan, et pourtant ses chansons résonnaient si justement en moi, alors adolescent à Châlons. À part cela, il y avait une guinguette où j'allais il y a une vingtaine d'années, mais elle est complètement fermée maintenant. Elle se trouvait sur l'île des Cormorans, je crois. Pendant certaines soirées, on s'y déguisait en zazous et on dansait le be-bop !

Le Père Serge Bonnet

Soupçonné d'espionnage, Heinrich von Kleist est enfermé à la prison de Châlons-sur-Marne

"La Champagne ! Plaine blonde étendue sous le ciel, immaculée, tant de fois blessée, toujours vivante, et belle ! La Terre promise était le pays où devaient couler le lait et le miel : la Champagne, elle, est le pays du pain et du vin.
À Châlons-sur-Marne, je me souviens que je n'aimais pas plus l'école laïque que le catéchisme enseigné dans l'église Sainte-Thérèse puis dans l'église Saint-Jean. J'étais un petit galopin. Le curé de Sainte-Thérèse m'a mis à la porte. Grâce à ma pieuse grand-mère, Ida Cabaret, j'ai été repêché par le curé de l'église Saint-Jean qui m'a vite jugé et a déclaré : « Il ne fait rien à l'école, il ne fait rien au catéchisme, il ne fera rien dans la vie. » Mes parents qui n'avaient aucune pratique religieuse et critiquaient les prêtres devant leurs enfants ne manquaient pas de me citer le curé de Saint-Jean pour me tancer. Je garde un souvenir reconnaissant au brave curé de Saint-Jean."

Serge Bonnet

Patrick Mouze,
professeur, écrivain

Ici, à Châlons, je mène une vie aussi solitaire qu'à K [önigsberg]... Il n'y a personne à qui j'aimerais me lier : personne parmi les Français... Récemment, j'étais assis sur un banc du Jard, une promenade publique mais peu fréquentée, et il commençait à faire sombre, lorsqu'un inconnu m'adressa la parole avec une voix telle que je crus entendre celle de P [fuel]. Je ne puis vous décrire la tristesse qui s'empara alors de moi...

Heinrich von Kleist, *Lettre à Marie von Kleist*, juin 1807, le Jard de Châlons-sur-Marne

Je vois que vous avez dans les mains un livre de Kleist, vous pouvez m'en parler ?
Ce sont des lettres écrites par Heinrich von Kleist qui, soupçonné d'espionnage par l'état-major français, fut arrêté à Berlin en 1807 puis conduit à la prison de Châlons-sur-Marne. La prison de Châlons comptait alors deux mille deux cents prisonniers prussiens. Durant sa réclusion, Heinrich envoya de nombreuses lettres à sa fiancée et à sa sœur pour tenter d'apaiser leurs angoisses. Il y racontait les conditions de sa détention qui, compte tenu de son grade de lieutenant, étaient plutôt confortables. En effet, il n'était pas obligé, comme les autres soldats, de creuser le canal pour gagner un peu d'argent puisqu'il continuait à recevoir sa solde versée par Napoléon. Il passait donc son temps à se promener le long du Jard, se morfondant quelque peu en attendant sa libération qu'il espérait la plus proche possible. Il resta prisonnier à Châlons-sur-Marne six mois durant.
Connaissez-vous d'autres anecdotes sur sa vie ?
Kleist était un grand voyageur qui adorait par-dessus tout faire de longues marches. Rêveur avec une forte tendance suicidaire, il était atteint d'une maladie qui n'a jamais réellement pu être diagnostiquée, même si les médecins de l'époque pensaient à une forme de mélancolie morbide. Aussitôt fiancé à Wilhelmine, il partit pour Würzburg d'où il lui écrivit d'émouvantes lettres pour qu'elle ne s'inquiète pas. On s'est souvent interrogé sur les raisons de ce mystérieux voyage qu'il avait entrepris seul. Peut-être était-ce simplement pour se faire opérer d'un phimosis, maladie d'origine infectieuse qui rendait difficile chacun de ses rapports sexuels.

Lagny-sur-Marne, Léon Bloy et le journal de sa captivité

Léon Bloy, un homme totalement fâché avec son époque.

Frédéric Vitoux

Puisque nous sommes encore aux environs de Lagny, savez-vous que Léon Bloy y a vécu ? En avez-vous quelques souvenirs ? Il a tout de même écrit un livre qui s'appelait *Cochons-sur-Marne*…

Léon Bloy est un écrivain considérable. J'aime les hommes totalement fâchés avec leur époque ; et s'il y en a vraiment un, c'est bien Léon Bloy. En cette fin de XIXe siècle à la fois matérialiste, salace, non religieuse, il était un imprécateur, un individualiste. Dans une prose somptueuse émaillée d'insultes à l'emporte-pièce, il ose vomir à la fois un matérialisme totalement dénué de spiritualité et l'étroitesse religieuse de son époque. C'est un homme qui rêve d'un catholicisme invraisemblable, médiéval et gothique. Il rêve non pas du passé, mais d'un temps qui n'a jamais existé. C'est un homme qui peut être d'une injustice totale et qui se permet tous les débordements, comme par exemple lors de cette affreuse tragédie de l'incendie du Bazar de la Charité qui causa des dizaines et des dizaines de morts tragiques. Il a écrit sur ce drame, dans je ne sais plus quel livre, que c'était une bénédiction ! Comment avait-on osé associer le mot « bazar » avec celui, sublime, de « charité » ? La malédiction résonnait comme une vengeance divine ! Quand j'avais vingt ans, j'ai lu *La Femme pauvre*, *Le Désespéré*… Et, d'un seul coup, cette prose incroyable, cette violence incandescente et tragique de cet homme seul, m'avait, je me souviens, énormément marqué. En même temps, c'est un homme qui avait des délires sur Napoléon. Bloy, il faut le dire, avait des côtés peu sympathiques, comme lorsqu'il écrivit *Le Mendiant ingrat*.

C'est un homme qui vivait dans une grande misère. Il tapait sur tout le monde, et tapait aussi ses amis pour survivre, mais il n'hésitait pas dans ses articles à les traîner dans la poussière. Je me rappelle tout particulièrement d'un journal qui s'appelait *Le Pal*, dont le titre se passe de commentaires. Comme si c'était pour lui un jeu d'empaler ses adversaires ! Naturellement, s'il n'y avait pas à l'époque de procès pour ce genre de choses, on provoquait par contre très souvent le pauvre Léon Bloy en duel. Et, bien sûr, il refusait de se battre. Il envoyait alors son rédacteur en chef le sortir de ce mauvais pas, ce qui n'est pas le comble du courage ! Bloy n'était certes pas un homme très courageux, mais il compte tout de même pour moi parmi les grandes figures qui ont marqué son temps. Je sais par exemple que Jorge Luis Borges lui vouait une très grande admiration et qu'aujourd'hui encore il y a des bloyistes… des bloyens… je ne sais plus quel dérivé adjectival convient, mais toujours est-il qu'il était l'un des plus grands prosateurs, l'un des plus grands pamphlétaires de la fin du XIXe siècle, et – encore une fois, j'insiste – un des romanciers les plus incendiaires du moment.

Olivier Frébourg

Nous sommes juste à côté du pont Foch, à Meaux. Quel livre avez-vous dans les mains ?

Quatre ans de captivité à Cochons-sur-Marne, qui couvre les années 1900-1902 pour le premier tome, 1902-1904 pour le deuxième tome, publié aux éditions du Mercure de France. Léon Bloy, ce grand écrivain, est surtout connu pour son livre *Le Désespéré*, c'est l'écrivain fin-de-siècle le plus emblématique. On appelle « fin-de-siècle » ces écrivains qui ont été, comme Bloy, hantés à la fois par le divin et par le catholicisme. Ce sont des pamphlétaires et des écrivains de la colère, des écrivains qui

Thorigny-sur-Marne, vers Dampmart et le canal de Chalifert.

ont eu des vies souvent terribles, tourmentées par la pauvreté et la solitude. Léon Bloy, que l'on dit décadent, était un écrivain habité par l'histoire de France. Il a été selon moi l'un des meilleurs stylistes de tempérament et d'humeur de ces fin-de-siècle.

Le titre *Quatre ans de captivité à Cochons-sur-Marne* est une référence à quoi?

C'est une référence à son séjour à Lagny-sur-Marne, entre 1900 et 1904. C'est tout à fait étonnant car il s'agit d'un journal à la fois de travail, d'écrivain, et en même temps sur sa solitude. Ce serait une œuvre à rééditer aujourd'hui.

20. – Les pauvres n'ont jamais le choix. Forcés de déménager en avril, il faut nous contenter, à quarante kilomètres de Paris, d'un appartement quelconque dans une rue de province, avec vue sur un tout petit bordel et sans l'apparence même télescopique d'un jardin. Il est vrai que le maire de Cochons-sur-Marne est notre propriétaire.

Léon Bloy, *Quatre ans de captivité à Cochons-sur-Marne*, t. I, 1900-1902.

Éric Gilliard, éclusier-barragiste sur l'écluse n° 10 à Saint-Jean-les-Deux-Jumeaux

"Le courant raconte toujours ce qui s'est passé en amont."

Comment devient-on éclusier-barragiste ?
Je suis né sur l'écluse de Méry-sur-Marne, où j'ai passé mon enfance car mon père y travaillait. Il était contrôleur à Méry-sur-Marne, ce qui consiste à gérer trois écluses en même temps, avec une équipe d'agents dont trois éclusiers. Le temps passant, au moment où les Voies navigables de France ont commencé à faire rentrer les gens sur concours, mon père m'a poussé à prendre le service.

Quel est votre premier regard sur la Marne, le matin ?
C'est la couleur de l'eau. Le courant raconte toujours ce qui s'est passé en amont, et on peut savoir à la couleur de la Marne s'il y a eu des orages ou pas. Elle charrie aussi des bouts de bois, des bûches très longues, ou toutes sortes d'objets comme des barques mal accrochées, des pontons qui ont pu tomber dans l'eau à cause du vent... On peut alors se laisser aller à deviner tout un tas de choses qui ne sont peut-être pas vraies, mais c'est le regard que moi, chaque matin, je porte sur la rivière.

Y a-t-il encore beaucoup de trafic dans votre écluse ?
J'ai la chance d'avoir à La Ferté-sous-Jouarre, avant l'écluse de Saint-Jean-les-Deux-Jumeaux, des silos, des céréales, alors que plus en amont le transport ferroviaire a pris le dessus sur le transport fluvial. En aval, l'écluse d'Isles-les-Meldeuses travaille encore plus grâce aux sabliers. Et c'est vrai que ça fait toujours plaisir quand un collègue éclusier annonce un bateau. Quand j'ai commencé, je les guettais pour les voir arriver de loin, et je les photographiais tous. Aujourd'hui, on travaille beaucoup plus avec des bateaux de plaisance. On a le sentiment que la Marne va devenir une rivière plaisancière... Ce qui est ennuyeux, c'est de se dire que le métier de marinier est amené à disparaître. Ce sont des gens qui sont nés sur un bateau, à qui l'on retire une raison de vivre alors qu'ils sont souvent beaucoup plus sereins que les gens à terre.

Y a-t-il un jargon des mariniers ?
Les mariniers emploient beaucoup d'expressions qui peuvent être marrantes. Par exemple, le marinier qui veut arriver avant la tombée de la nuit va dire qu'« il voudrait arriver avant le noir ». Il y a des petites expressions comme celles-là.

Que peut-on dire des relations entre éclusiers et mariniers ?
Les mariniers, c'est comme une grande famille qui vit sur l'eau. C'est une vie qui est très différente de la nôtre. Il arrive que l'on discute avec les mariniers le temps d'une bassinée, un petit quart d'heure suivant le dénivelé de l'écluse. Ils pestent toujours un peu, ça a toujours été ainsi, mais c'est de bonne guerre. On essaie tous de se respecter. Finalement, un éclusier vit sur son écluse vingt-quatre heures sur vingt-quatre, comme le marinier sur son bateau... Voilà le point commun entre un marinier et un « gars d'à terre » comme ils disent. Mais je pense que les relations ont été beaucoup plus conviviales à l'époque où les écluses étaient encore à manivelle, au temps où les éclusiers avaient besoin des mariniers. Aujourd'hui, faire passer des messages, poster des lettres, tout cela a évolué.

Vous avez donc un barrage à votre écluse.
Sur la Marne, toutes les écluses ont un barrage. Cela sert à donner un renfoncement sur la rivière, ce qui permet aux bateaux qui ont parfois un mètre quatre-vingts d'enfoncement de passer des biefs de dix à quinze kilomètres, suivant le dénivelé, avec une profondeur adéquate. Moi, j'ai la chance d'avoir un « barrage Desfontaines », c'est-à-dire qu'il crée mécaniquement la pression de l'eau. Cela crée un certain bruit, et je me souviens que, petit, quand je passais la nuit chez quelqu'un d'autre, il y avait un manque.

“À Jouarre, quarante sœurs sont encore cloîtrées dans leur monastère.”

Claire Migeot, guide à l’office du tourisme de Jouarre

Parlez-nous de l’abbaye de Jouarre…
C’est une des plus anciennes que l’on trouve en France. L’abbaye a été fondée au VIIe siècle et, après quatorze siècles traversés avec plus ou moins de bonheur ou de vicissitudes, le fait marquant est qu’elle est toujours en activité. Il y a encore quarante sœurs qui sont cloîtrées à Jouarre dans leur monastère. C’est une abbaye régie par la *Règle* de saint Benoît, et les moniales y sont donc vêtues de noir avec un voile beige. À Jouarre, elles ont cependant trouvé que, pour le travail, le jean était plus commode. On les croise donc, c’est une particularité locale, soit en jean noir, soit en robe noire particulièrement élégante avec un voile beige. Le jean ne dispense jamais du voile, porté en permanence. Elles sont cloîtrées, mais depuis le concile Vatican II, c’est une clôture un peu plus « spirituelle », dans le sens où elles ont droit à toutes sortes de formations qui sont autant de bonnes raisons de sortir. Elles sont malgré tout circonscrites à l’enceinte du monastère, mais c’est moins strict que cela n’avait pu l’être auparavant.

La Marne a-t-elle joué un rôle économique à La Ferté-sous-Jouarre ?
Ici, c’est le pays de la meulière. Assez excellente du point de vue de la qualité, sa dénomination renvoie aussi bien à la pierre servant à faire une meule qu’à la roche elle-même. On s’est rendu compte au XVIe siècle que les pierres de meulière ne pouvaient pas être extraites de n’importe quelle roche, auquel cas elles s’effritaient trop : cette époque marque le début de l’essor des carrières locales qui fournissaient de la meulière très dure et de bien meilleure facture. La Ferté-sous-Jouarre est alors devenue le port de départ des meules, jusqu’à la fermeture dans les années 1960 de la Générale Meulière, société qui exploitait de manière quasi industrielle cette roche. Par la suite, la ville a même été déclarée capitale mondiale de la meulière.

J’ai l’impression que vous aimez cette ville et ses alentours…
Ce coin de pays est très favorable aux randonnées, car tout y est très vert, et le patrimoine naturel est conséquent. Il existe une promenade très agréable de presque trois kilomètres le long de la Marne juste sous Jouarre. Le dimanche matin, les randonneurs arrivent en masse par le train, et c’est un vrai bonheur : ils partent à la recherche des vestiges de moulins, comme celui qui est un peu plus loin sur la Dhuys, le fameux affluent de la Marne. Il y a aussi, au Gouffre, un moulin qui était une ancienne usine de billets de la Banque de France. Jouarre est un petit bourg très rural, perché dans la verdure, où il fait bon vivre, à la confluence de la vallée de la Marne et de la vallée du petit Morin, qui en font un coin plaisant.

Traversée de la Ferté-sous-Jouarre

"Le nom 'Mareuil' en gaulois se dit 'maro-ialo', ce qui signifie 'grande clairière'."

Marie-Thérèse Pauvèle et Bernard Gille,
spécialistes de l'histoire de Mareuil-sur-Aÿ

J'aimerais connaître votre nom, votre prénom, votre fonction.
– Marie-Thérèse Pauvèle, je suis jeune retraitée, et nous travaillons avec Bernard sur l'histoire de Mareuil.
– Je m'appelle Bernard Gille. Je suis né et j'habite à Mareuil-sur-Aÿ et je travaille dans une célèbre maison de champagne, Billecart-Salmon.

Que représente la Marne pour Mareuil-sur-Aÿ?
Marie-Thérèse Pauvèle. – La Marne est le lieu de vie de notre commune. Nous avons le coteau sur la rive droite et la plaine sur la rive gauche : Mareuil est ainsi une grande clairière. D'ailleurs, le nom « Mareuil » en gaulois se dit *maro-ialo*, ce qui signifie justement « grande clairière ».
Bernard Gille. – Mareuil était une ville commerciale. Vous savez qu'à une époque très reculée, il n'y avait pas d'autre voie de communication que les voies « navigables ». Beaucoup de transports étaient faits entre la région de Vitry-le-François, Mareuil et Épernay, jusqu'à Paris. J'en veux pour preuve le transport sur la Marne de vins, de pièces de fonderie en provenance de Charleville-Mézières. On utilisait à l'époque des bateaux à fond plat, les bannais, construits à Vitry-le-François. On descendait ensuite la rivière en suivant une ligne droite jusqu'à Paris, mais non sans régler des droits de péage ! On a d'ailleurs retrouvé un acte officiel de passage de bateaux à Mareuil-sur-Aÿ. L'homme qui faisait payer le passage était un Billecart, une famille très ancienne de la commune. Je crois que cela date de 1651. À Saint-Dizier, ces embarcations sont appelées des brêles. Elles servaient en particulier à desservir les forges de la ville. À Mareuil, ce sont les bannais.

Quelles sont les qualités des vins de Mareuil ? Les vins de votre maison ?
Bernard Gille. – La maison Billecart-Salmon produit un blanc de blanc absolument formidable. Les millésimes sont tout simplement fabuleux. À part cela, à Mareuil, il y a très peu de vin blanc. On plante essentiellement du pinot meunier. C'est un vin fruité, très charpenté, solide, qui sert de structure de base au champagne. Depuis plusieurs siècles, on fait aussi du vin rouge. Si on en produit à Luzy ou à Cumières, Mareuil peut aussi revendiquer son propre rouge qui est d'excellente qualité et qui est fait par de très bons producteurs !
Marie-Thérèse Pauvèle. – Nous venons juste de passer devant la distillerie Goyard qui, pour faire de l'alcool, utilise des « aignes ». Les « aignes » sont les résidus restant après pressurage du raisin, qui sont composés des rafles, des pépins et des peaux.

Ne pensez-vous pas que les Champenois ont beaucoup détruit leurs villages ?
Bernard Gille. – Absolument. Au point de vue architecture, on a mis du béton partout depuis ces cinquante dernières années. Alors que le style de la maison champenoise, c'est du crépi, légèrement gris-blanc, avec des soubassements en pierre et des entourages en briques ; les cours carrées, avec de grands porches soit en ogives, soit avec des poutres. Et on avait tous les matériaux à disposition à l'époque : la grève de marbre, pour faire le crépi, la craie, les briqueteries de Dizy... J'attache une grande importance au style champenois parce que je m'occupe de l'entretien des bâtiments de la maison Billecart-Salmon, et on construit systématiquement selon l'architecture champenoise.

Alors je vois que nous passons sur la commune d'Aÿ, une frontière très importante...
Marie-Thérèse Pauvèle. – Entre les messieurs de Mareuil et les gens d'Aÿ !

Expliquez-moi.
Marie-Thérèse Pauvèle. – Dans les siècles derniers, la population d'Aÿ était plus ouvrière qu'à Mareuil où les propriétaires vignerons étaient présents en grande majorité. C'est de là que vient cette expression. Mais les rapports sont très bons entre les deux communes. Du reste, beaucoup de familles ont des parents à la fois à Mareuil et à Aÿ.
Bernard Gille. – Il y a encore une chose que je souhaiterais ajouter. En 1944, à la Libération, le 28 août plus précisément, les Américains avec l'armée Patton sont entrés dans Mareuil. Le pont de la Marne ayant sauté le 27 au soir, ils ont traversé la Marne sur des radeaux afin de faire une reconnaissance. Les Allemands étaient toujours là, mais il n'y eut ni mort, ni même de coups de feu échangés. Le lendemain, les Américains ont construit un pont de débarquement. Et là, mon père me l'a raconté, s'est écrite une page importante de l'histoire du village. Un jeune homme, natif de Mareuil-sur-Aÿ, engagé volontaire dans le 9e Régiment de Dragons en 1944, avait rejoint les Américains. Il deviendra général dans sa région vingt-cinq ans plus tard. Ce jeune homme, c'est le général Philipponnat à qui l'on doit un immense respect pour les actions qu'il a accomplies.

Quelles sont ou quelles étaient les industries en bord de Marne ?
Bernard Gille. – Avec l'essor du champagne s'est créée toute une activité annexe. À l'époque, il y avait beaucoup de caisseries à Mareuil et à Aÿ. Il y avait aussi des fabriques de capsules de surbouchage, de paillons et, à Tours-sur-Marne, existe toujours la cartonnerie Socar qui doit son développement en partie aux ventes de champagne. Vous aviez aussi à Épernay des fabriques de muselets. Toutes les industries annexes au champagne ont vécu et certaines vivent encore.
Marie-Thérèse Pauvèle. – Un peu en retrait de la rivière Marne, la fabrique de bouteilles de champagne à Saint-Gobain est toujours en activité et donne du travail aux habitants de la région. Toutes ces industries font partie de la vallée de la Marne.

Expliquez-nous ce que sont les muselets et les paillons.
Bernard Gille. – Les muselets sont de petits fils de fer qui servent à maintenir le bouchon de liège sur la bouteille de champagne grâce à une capsule qui, elle, évite que le fil de fer ne coupe le liège. Quant aux paillons, ce sont des emballages de bouteilles tissés entre eux avec une corde pour éviter qu'elles ne se cognent et qu'elles n'éclatent durant les expéditions. Cette pratique a duré jusque dans les années 1970 à peu près, maintenant ce n'est plus qu'une décoration.

Sur les coteaux de Mareuil-sur-Aÿ.

Le Clos des Goisses et son reflet dans le canal qui forme une bouteille de champagne.

Denis Hubert,

conseiller technique à la Chambre d'agriculture de la Marne

On choisit en général d'enlever un arbre de la rivière en fonction de sa position, du remous qu'il provoque et qui peut occasionner des dégradations de la berge ou faire tomber d'autres arbres. Par contre, s'il est dans des eaux relativement calmes et qu'il ne fait courir aucun risque à ses confrères, il est très bénéfique.

Vers Chartèves, Manuel dos Santos, artisan maçon.

Yves Chauvé,

écrivain

Chaque fois que je viens au-dessus d'Hautvillers en passant par Fismes et que le soir, je vois tout le bassin d'Epernay, j'imagine toujours qu'il y a la mer un peu plus loin et je me crois en Crète, je ne sais pas pourquoi.

Christian Lapie, sculpteur,

Sophie Lapie, professeur d'art plastique

Si je devais installer une de mes œuvres sur la Marne, je penserais spontanément à deux endroits : sa source et l'endroit où elle se jette dans la Seine. J'aime jouer sur l'intervalle.

Jean-Marc Chevalier,

responsable du service juridique de la Caisse mutuelle marnaise d'assurance

Nous sommes implantés au bord de l'eau sur une bonne partie de la rivière : Vitry-le-François, Châlons-en-Champagne, Épernay et bientôt Château-Thierry. Or, la Marne représente comme un trait d'union entre les villes qu'elle traverse, et la confiance que leurs habitants nous accordent repose en partie sur une histoire commune. Tous les riverains sont susceptibles d'être touchés par votre projet « Un bateau sur la Marne », et nous nous sommes sentis particulièrement concernés par une telle initiative.

Corinne Marsault, chanteuse-danseuse,

Serge Marsault, animateur-chanteur et leur fils Alexandre

Notre répertoire est assez vaste, mais notre préférence va plutôt vers les guinguettes et les vieilles chansons : Mistinguett, Piaf ou même du Joséphine Baker...

Jean-Max Jalin,

comédien, metteur en scène, propriétaire de la Cristal Canal

Ma première fonction c'est de faire du théâtre à bord de mon bateau, dans lequel est aménagée une salle de cent places, et d'y faire un maximum de créations pour amener le théâtre un peu partout en France.

Christian Harbulot,

directeur de l'École de Guerre économique de Paris

Au début des années soixante, la ville de Lagny avait la particularité de compter parmi ses habitants les repris de justice interdits de zone à Paris. C'était surprenant de voir mon père, directeur d'une agence bancaire, cohabiter avec des anciens braqueurs, qui n'attaquaient pas les banques à Lagny car c'était là où on leur donnait l'autorisation d'habiter.

Anna Météyer,

épouse de vigneron

Je suis d'origine polonaise. Toute ma famille est restée en Pologne, à côté de Cracovie, mais mon cœur est à Trélou.

Jean-Marie Bedel,

Agent VNF en Haute-Marne

Notre travail consiste essentiellement à écluser les bateaux, puisque les quarante écluses de notre secteur sont encore manuelles. Nous sommes également chargés de l'entretien des berges et des maisons éclusières qui font partie du patrimoine des VNF. Le travail comprend aussi l'entretien des mécanismes, par exemple : boîte à quille, soudure, électricité, etc.

Gérard Péron,

photographe à *L'Union*

Pour *L'Union*, je suis allé faire un reportage sur l'épisode de Maigret *Le Charretier de la Providence* qui a été tourné en face du vendangeoir de Sainte-Hélène, à l'écluse de Dizy.

Les Italiens de Soulanges,

rencontrés le 24 février 2010

Après 1945, de nombreux immigrés italiens sont arrivés à Soulanges pour travailler, notamment à l'usine de ciment de Couvrot, qui se trouve à quelques kilomètres d'ici. Soulanges, on l'appelle, la « Petite Italie » !

Denis Hallauer, rencontré entre Soulanges et Couvrot

Le grand bâtiment en pierre que vous voyez là, au bord de l'eau, c'est l'ancienne usine de chaux de Klopstein.

André Gérard,
retraité des usines de fonderie de Bayard, et Annick, son épouse

Au début, les fonderies de Bayard étaient tenues par Monsieur et Madame Chatel, puis elles ont été reprises et sont devenues les usines de Pont-à-Mousson. Le père de monsieur Luc Chatel était amiral et possédait le château de Bayard. Luc Chatel s'est d'ailleurs marié ici.
On arrive maintenant vers le bout de Bayard et, juste à l'endroit où l'on navigue en ce moment, un Lancaster de la Royal Air Force s'est crashé, dans le pré d'à côté. C'était en 1944. Sept aviateurs sont morts.

Sébastien Martin,
instituteur

Tout en restant dans l'Éducation nationale, j'ai décidé en 2007 de louer un bateau pour faire visiter la région au fil de la rivière. La demande augmentant rapidement, j'ai investi dans un bateau allemand de cinquante places.

Emmanuel Fanet,
agent VNF

Je fais partie de la subdivision de Saint-Dizier et de l'agence d'exploitation de Chaumont. Nous sommes actuellement sur un secteur où circulent les bateaux de commerce, les trente-neuf mètres. Le jour où cette activité s'arrêtera, je pense que ce sera un grand frein pour notre canal.

Jacques Valentin,
journaliste à *L'Union*

De grands événements sportifs ont eu lieu grâce aux clubs de Châlons qui ont d'ailleurs eu la chance de compter dans leurs rangs un vice-champion olympique, Gilbert Bozon, médaille d'argent en 1952 à Helsinki, dans le cent mètres dos.

Christine Castagnat, adjointe au maire de Bayard-sur-Marne
et conseillère municipale à la ville de Gourzon

Fille de pêcheur, j'ai des souvenirs qui concernent les ouvertures de pêche. Deux fois dans l'année, c'était une source d'effervescence dans ma famille.

Éléonore Jock, secrétaire d'avocats, Marcel Jock, retraité,
Gabrielle Keller, secrétaire comptable,
Delphine Oswald, éducateur sportif

Nous pratiquons la marche active sur les rives du canal de Chalifert.

Olivier Varin, chargé de mission pour le festival
de la photographie animalière et de nature de Montier-en-Der

L'aventure du festival a commencé il y a quatorze ans.

Gaston Crette, ancien ouvrier à l'usine de Condé.

Jack Magnen, ancien responsable
de l'usine de relèvement des eaux de Condé-sur-Marne

Cette station est constituée de trois pompes immergées de 350 KVA qui, en 1985, étaient les trois plus grosses pompes immergées d'Europe. Elles ont été construites par la société Flygt et tournent encore aujourd'hui. Pour moi, le site de Condé pourrait être inscrit au patrimoine industriel local puisque l'usine est tout de même passée de l'énergie hydraulique à l'énergie fossile puis, finalement, à l'énergie électrique pour actionner ses pompes.

Michel Grzeszczak,
architecte à Châlons-en-Champagne

J'ai construit l'extension d'une maison ancienne dans une sorte d'île entre la Marne et le canal latéral. Je suis d'origine vertusienne. J'ai choisi d'habiter cet endroit de Châlons-en-Champagne, car il est particulier, il est resté sauvage.

Christophe et Chantal Falvy, et leur fille Fanny, famille de Chassins

Je me baigne très peu car j'ai une phobie de l'eau. Par contre, nous nous promenons souvent en famille sur la rive droite de Trélou.

Jacques Royer, ancien architecte, courtier en vins de champagne

La tour de Castellane, construite au tout début du XXe siècle par Marius Toudoire, l'architecte de la gare de Lyon à Paris, est placée en bordure de Marne et représente un peu le phare d'Epernay.

Roland Toussenel, premier adjoint au maire de Foulain

Je suis originaire de Chaumont et je suis arrivé dans la petite commune de Foulain en 1980. Une petite commune qui compte tout de même cinq cent seize habitants. J'ai rassemblé, au fil des années, une collection importante de cartes postales et de prises de vues du village.

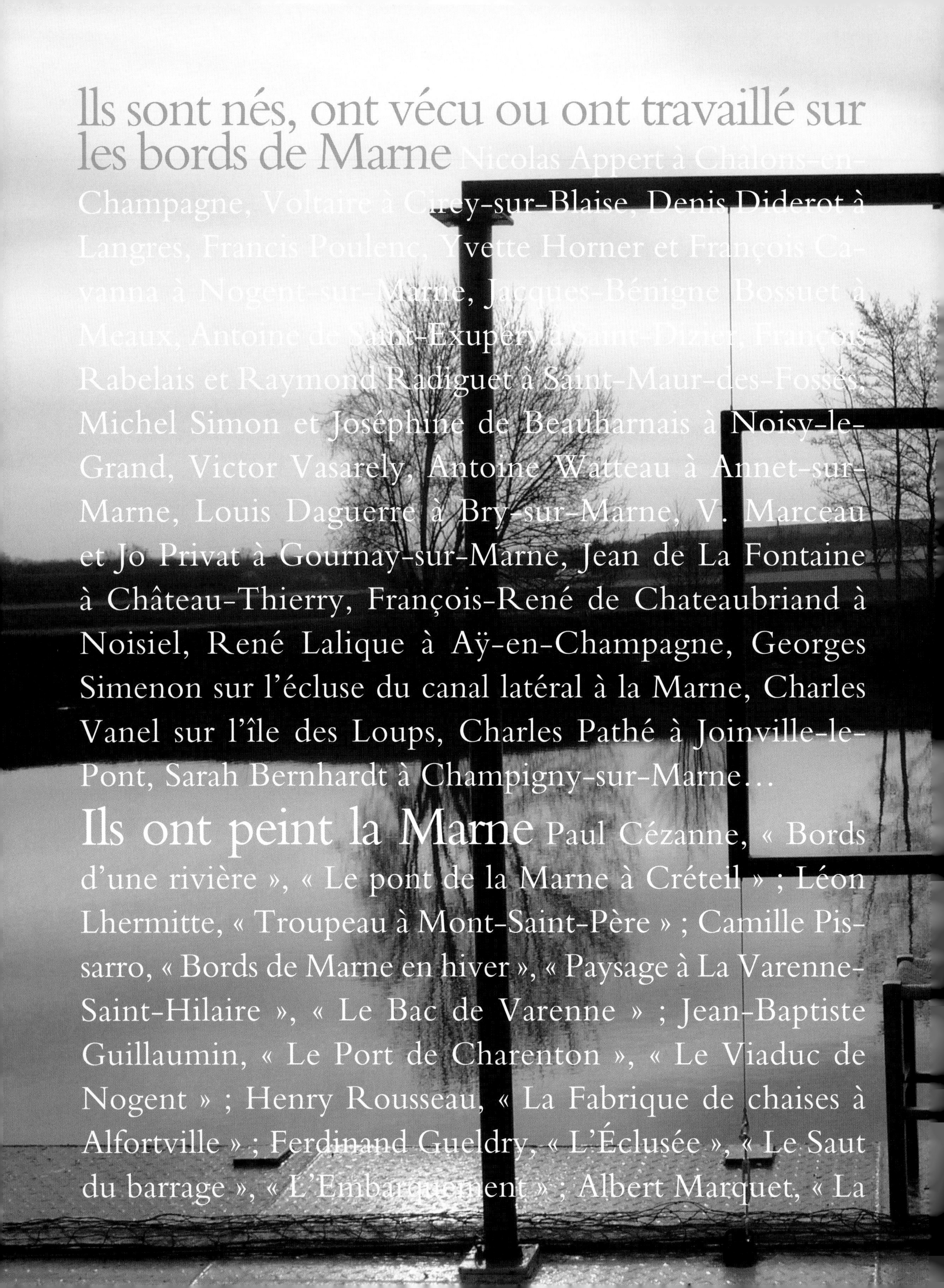

Ils sont nés, ont vécu ou ont travaillé sur les bords de Marne Nicolas Appert à Châlons-en-Champagne, Voltaire à Cirey-sur-Blaise, Denis Diderot à Langres, Francis Poulenc, Yvette Horner et François Cavanna à Nogent-sur-Marne, Jacques-Bénigne Bossuet à Meaux, Antoine de Saint-Exupéry à Saint-Dizier, François Rabelais et Raymond Radiguet à Saint-Maur-des-Fossés, Michel Simon et Joséphine de Beauharnais à Noisy-le-Grand, Victor Vasarely, Antoine Watteau à Annet-sur-Marne, Louis Daguerre à Bry-sur-Marne, V. Marceau et Jo Privat à Gournay-sur-Marne, Jean de La Fontaine à Château-Thierry, François-René de Chateaubriand à Noisiel, René Lalique à Aÿ-en-Champagne, Georges Simenon sur l'écluse du canal latéral à la Marne, Charles Vanel sur l'île des Loups, Charles Pathé à Joinville-le-Pont, Sarah Bernhardt à Champigny-sur-Marne…

Ils ont peint la Marne Paul Cézanne, « Bords d'une rivière », « Le pont de la Marne à Créteil » ; Léon Lhermitte, « Troupeau à Mont-Saint-Père » ; Camille Pissarro, « Bords de Marne en hiver », « Paysage à La Varenne-Saint-Hilaire », « Le Bac de Varenne » ; Jean-Baptiste Guillaumin, « Le Port de Charenton », « Le Viaduc de Nogent » ; Henry Rousseau, « La Fabrique de chaises à Alfortville » ; Ferdinand Gueldry, « L'Éclusée », « Le Saut du barrage », « L'Embarquement » ; Albert Marquet, « La

Marne à La Varenne » ; Raoul Dufy, « Canotiers, bords de Marne », « Nogent, pont rose et chemin de fer » ; Lucien Genin, « Le Casino Tanton » ; André Dunoyer de Segonzac, « La Marne à Chennevières » ; Albert Capaul, « Le Moulin de Champigny » ; Camille Corot, « Luzancy, Essômes-sur-Marne », « Petites Maisons au bord de l'eau », « Le Pont de Joinville-le-Pont » …

Ils ont tourné sur les bords de Marne

Jacques Becker, « Casque d'or » ; Claude Autant-Lara, « Le Diable au corps » ; Julien Duvivier, « La Belle Équipe », « Pot-Bouille » ; Jacques Tati, « Mon oncle » ; Jean-Luc Godard, « Bande à part » ; Marcel Carné, « Nogent, eldorado du dimanche » ; Jean Dréville, « À La Varenne » ; André Hunebelle, « L'Impossible Monsieur Pipelet » ; Marc Allégret, « Le Bal du comte d'Orgel »… À Joinville Charles Pathé, « Le Passage à niveau de Joinville-le-Pont » ; Julien Duvivier, « Pépé le Moko » ; Louis Daquin, « Nous, les gosses » ; Marcel Carné, « Les Visiteurs du soir », « Les Portes de la nuit » ; Jean Renoir, « La Règle du jeu », « French Cancan », « Le Déjeuner sur l'herbe » ; Marcel L'Herbier, « L'Argent »… À Saint-Maurice André Hunebelle, « Les Trois Mousquetaires », « Le Bossu », « Le Capitan » ; Claude Autant-Lara, « La Traversée de Paris » ; Jacques Tati, « Playtime » ; Gérard Oury, « Le Cerveau », « La Folie des grandeurs »…

Alain-Charles Martin, éclusier VNF

Vous connaissez tout le cours de la Marne jusqu'à Paris ?
Non, non. Je connais juste mon petit coin.
C'est-à-dire ?
Je connais très bien la rivière, de sa source à Balesmes jusqu'à Poulangy, à proximité de l'écluse n° 16 du canal. Pourquoi je la connais ? Parce que j'ai été impliqué dans la restauration de l'aménagement hydraulique, qui était financé par le syndicat intercommunal. J'ai été amené à assurer la maîtrise d'œuvre de ces travaux, je connais donc les moindres problèmes qui se sont dégagés de la rivière.
Quels sont les affluents ou les sous-affluents ?
Les affluents qui agissent principalement à Rolampont sont le Val-de-Gris déjà grossi par la Coudre, et la Mouche en provenance d'un lac réservoir, et ensuite ce sont d'autres petits affluents et sous-affluents qui vont contribuer à donner une importance au phénomène de crues.
Quelles sont les caractéristiques de la rivière ?
Les caractéristiques techniques sont relativement simples, parce que cette rivière est petite. Des embâcles se créent, il faut les réduire. Son débit d'étiage est ici de l'ordre d'un mètre cube par seconde maximum, mais il peut être beaucoup plus important en hiver, avec les crues, avec les lâchers de réservoir. Il faut savoir que l'eau des réservoirs est stockée en amont, puis en aval, ce qui permet de diminuer les risques vis-à-vis des riverains. On provoque alors un phénomène d'écrêtement. Il y a aussi les travaux du syndicat qui ont permis d'améliorer les conditions d'écoulement et d'évacuation des crues, sans trop augmenter la vitesse de la rivière.

Alain-Charles Martin, éclusier VNF

"Les écluses qui m'ont occupé à mes débuts aux Voies navigables : on commence au n° 21, Foulon de la Roche, l'écluse n° 20 Val des Écoliers de Verbiesle, le pont-levis de Luzy, la n° 19 de Luzy, la n° 18 du Pêcheux, l'écluse n° 17 de Foulain, l'écluse n° 16 de la Boichaulle, l'écluse n° 15 de Pré-Roche, l'écluse n° 14 de la Pommeraye, l'écluse n° 13 de Marnay, l'écluse n° 12 de Vesaignes, l'écluse n° 11 de Thivet, l'écluse n° 10 des Prées, l'écluse n° 9 de Rolampont, l'écluse n° 8 de Saint-Menge, et l'écluse n° 7 de Chanoy."

Entre Balesmes et Vitry-le-François, nous avons passé 71 écluses. L'histoire de celle de Provenchères est singulière : située entre l'écluse n° 36 (Froncles) et la n° 38 (Villiers), elle porte le numéro 4. Ce faux numéro a été inscrit pendant la guerre pour tromper les Allemands, et la plaque n'a pas été changée depuis.

“Le brise-glace n’écarte pas la glace, il la chevauche et vient l’écraser.”

Henri Garressus,
chef d’équipe VNF

Je suis chargé de l’entretien du canal, des berges, des chemins de halage, des maisons éclusières, de tout ce qui dessert le canal. Mon secteur commence à Bologne, écluse n° 30, et s’étend jusqu’à Vesaignes, écluse n° 12, entre Chaumont et Langres.

On m’a dit que vous étiez un spécialiste du brise-glace.

Je m’occupe aussi du cassage des glaces. En hiver, en période de grand froid, dès que le canal est bloqué et que les péniches ne peuvent plus naviguer, on affrète le brise-glace et on part à leur rencontre. Il ne faudrait pas qu’elles se retrouvent immobilisées en pleine nature, alors on essaie de les regrouper, soit vers une ville, soit vers un village.

Lorsque l’on conduit un brise-glace, on prend en général le maximum de vitesse pour réussir à bien évoluer sur l’eau. Mais tout dépend bien sûr de l’épaisseur de la couche de glace. Avec dix centimètres par exemple, on parvient assez facilement à circuler, mais au-delà on perd en puissance et on est obligé d’avancer et reculer plusieurs fois pour créer un passage.

Le brise-glace en lui-même n’écarte pas la glace, il la chevauche et vient l’écraser. Et pour cela, il faut compter sur un moteur de trois cents chevaux lancé au maximum de sa capacité.

Pas besoin de stage au Canada pour apprendre à piloter un brise-glace, mais il faut reconnaître que c’est assez impressionnant quand l’embarcation commence à trembler de toutes parts. Ça craque, mais ça passe toujours !

“Je me souviens d’un drame survenu il y a un ou deux ans vers le port de Chaumont. À cette époque, les brise-glace étaient encore tirés par des tracteurs, et un câble qui s’était pris dans le gouvernail avait fait basculer le véhicule dans le canal. Le conducteur du tracteur et l’homme qui tenait le gouvernail avaient tous les deux trouvé la mort dans cet accident. Depuis ce temps-là, on ne travaille plus qu’avec des automoteurs pour briser la glace sur la rivière. Il y a beaucoup moins de risques avec cette méthode.”

Michel Bornay,
ancien agent VNF au service de l’équipement

Tout dépend, bien sûr, de l'épaisseur de la couche de glace.

Christian Bizot, à Aÿ en 1990

À Châlons, quelques élèves de l'école des Arts et Métiers. Ils doivent maintenant avoir une quarantaine d'années.

Chez lui, à Paris, l'ami Willy Ronis,

un habitué des bords de Marne.

Après un séjour dans le maquis, Bernard de Nonancourt termine la seconde guerre mondiale dans la division Leclerc. En 1955, il crée la cuvée "Grand Siècle" pour Laurent-Perrier.

Sur le pont de Reuil, les frères Lecomte.

A Cumières, le pressureur n'en finit pas de retrousser le raisin avec sa fourche. La sculpture

d'acier est d'Eric Sléziak.

Jean Robinet, l'auteur du très documenté "La Marne pas à pas"

Bernard Frank remontant les coteaux de Chassins.

"Cerdan sortait avec Édith Piaf. Ils avaient des rendez-vous amoureux dans une tour à côté de Pavant."

Anne Bellouin,
directrice du musée du Chemin des Dames, la Caverne du Dragon

Expliquez-nous tout d'abord ce qu'est la Caverne du Dragon.
C'est un drôle de lieu, un lieu historique, une ancienne carrière souterraine située sur le Chemin des Dames qui va devenir un lieu d'accueil des soldats pendant la Première Guerre mondiale, surtout des soldats allemands, mais aussi des soldats français, et ce sont les soldats allemands qui vont l'appeler la « Caverne du Dragon » en 1915. Le Chemin des Dames s'étend sur environ trente kilomètres d'est en ouest, entre la vallée de l'Aisne et la vallée de l'Ailette, à une trentaine de kilomètres au sud de Laon. On a coutume de le faire commencer à Laffaux, lieu tristement célèbre auquel Aragon rend hommage dans un très beau poème *Plus belle que les larmes* : «Voyageur, souviens-toi du moulin de Laffaux». Ce morceau de territoire a été le théâtre d'épisodes sanglants de l'histoire. Aujourd'hui, c'est un lieu de mémoire.
Peut-on établir un rapport entre le Chemin des Dames et cette rivière Marne?
On peut trouver un rapport à la fois historique et territorial entre la Marne et le Chemin des Dames. En effet, on commence à parler de la première bataille de la Marne en 1914, en disant justement que l'avancée allemande est stoppée au niveau de la rivière. Cette année-là, les Allemands ont traversé la Belgique très rapidement après le déclenchement de la guerre, avant de parcourir tout l'Aisne. Ainsi, on peut dire qu'à ce moment-là leur progression vers Paris, dont ils ne sont plus séparés que par cent trente kilomètres, se joue entre le Chemin des Dames et la Marne. Les Allemands n'ont pas réussi à franchir la rivière, ils se sont arrêtés là, et ont reculé jusqu'au Chemin des Dames qu'ils vont occuper tout le reste de la guerre. Avec l'interruption qu'on connaît en 1917, l'offensive Nivelle, une tentative malheureuse!
On raconte ensuite à nos visiteurs la déferlante allemande en 1918 qui chasse les armées alliées de la vallée de l'Aisne, et la nouvelle bataille de la Marne, qui va de nouveau mettre un coup d'arrêt à son avancée. À la première bataille de la Marne, ce sont les chevaux, avec l'épisode des taxis de la Marne. À la seconde bataille, ce sont les chars et les avions. Et même si l'on est alors entré dans une autre phase, celle des guerres contemporaines, c'était en quelque sorte le même scénario : c'est au niveau de la Marne que le front a buté, et que la progression a été stoppée.
Nous passons sous un pont... Ils ont tous sauté durant la guerre. Comment faisaient les gens pour traverser? Dans quelles situations la rivière a-t-elle pu devenir un avantage stratégique?
Les ponts étaient remplacés par des ponts de fortune mis en place grâce à des bateaux. Cela nous renvoie à des images magnifiques et inquiétantes à la fois : comment arrivait-on à faire passer des hommes, des munitions, des armes sur ces installations? On mettait simplement des barges qui supportaient des passerelles de bois et qui remplaçaient ainsi les ponts. Ces installations étaient parmi les premières cibles alliées ou allemandes. Finalement, les rivières représentaient des frontières fortes qu'il fallait essayer de franchir avant l'ennemi. D'autres enjeux concernaient les navires-hôpitaux stationnés à proximité du front et qui avaient l'avantage d'être mobiles. Ils étaient stationnés sur le canal, juste sous le Chemin des Dames. Certains se trouvaient au plus près des troupes, mais sans être particulièrement exposés.
En évoquant la Caverne du Dragon, je ne peux pas m'empêcher de penser à Yves Gibeau...
Yves Gibeau, oui, l'auteur d'*Allons z'enfants*. Il était né à Bouzy dans la Marne mais, à la fin de sa vie, il a choisi de s'installer dans le presbytère de Roucy. De là, il partait très souvent sur le Chemin des Dames pour y redécouvrir le paysage et son histoire. Il a d'ailleurs collecté énormément de matériaux, des films, des tonnes de journaux sur beaucoup de sujets, avec une obsession constante qui était de collecter des traces de cette guerre. Il a collectionné tous ces petits bouts de mémoire, tout en étant habité d'un profond antimilitarisme. Tout cela donna naissance à une œuvre complexe et magnifique sur ce rapport à une histoire personnelle, familiale, passionnelle. Conformément à son désir, il est enterré dans l'ancien cimetière de Craonne, ce qui était particulièrement symbolique et donc très émouvant.
Alors que nous sommes en train de naviguer sur ce bateau, que vous inspire la rivière, notamment en rapport au devoir de mémoire qui est le vôtre?
Quand on parle des événements du Chemin des Dames, qui se sont déroulés il y a maintenant plus de quatre-vingt-dix ans, cela évoque nécessairement le temps qui passe. Or je trouve que l'eau figure admirablement cette notion, dont la teneur nous échappe souvent. C'est justement le temps qui s'écoule, le temps qui passe différemment ailleurs. C'est vraiment l'endroit pour parler de la mémoire, de ce qui s'éloigne, s'efface et ne reste pas. Il me revient en tête cette phrase du philosophe présocratique Héraclite : « On ne se baigne jamais deux fois dans le même fleuve.»

Jacques Lane, quincaillier
Jean-Louis Remiot, agriculteur

– Marcel Cerdan venait avec Édith Piaf au restaurant Le Manoir à Romeny-sur-Marne. Il s'entraînait alors avec Jacques Royer-Crécy, un boxeur de bonne renommée du boxing-club de Château-Thierry. Cerdan sortait donc avec Édith Piaf. Ils avaient des rendez-vous amoureux dans une tour à côté de Pavant. Cette tour s'appelle la tour du Fou, il s'agit d'un ancien relais de télégraphe.

– Je me rappelle bien Édith Piaf, parce qu'elle était très pieuse, et tous les jours elle faisait dire la messe à sept heures du matin. Moi, j'étais enfant de chœur, et tous les jours à sept heures, j'allais, à sa demande, à la messe. Je peux vous dire que le pourboire était royal!

Elle était formidable. J'aimais cette dame. Je l'ai vue tous les jours pendant deux ou trois mois, tous les jours, le temps de leur idylle. Je me souviens de l'inauguration de la place Marcel-Cerdan à Romeny : on faisait un combat de boxe devant Marcel, parce qu'il n'y avait que la boxe, la boxe et encore la boxe; et, ce jour-là, j'avais mis une bonne praline à un copain et Marcel Cerdan m'avait levé le bras!

Parlait-on de Piaf et Cerdan dans le village? Est-ce que c'était un événement?

– C'était important. Lui parlait aux gens, il était très facile. Piaf était plus réservée, parce qu'elle faisait toujours toute petite à ses côtés. Ça amenait beaucoup de monde, la présence de Marcel Cerdan, ses entraînements. Il allait s'entraîner dans la nature autour de Romeny et un tas de gens le suivaient tout en faisant leur footing.

Aymeri Pasté de Rochefort,
directeur du château de Condé, à Condé-en-Brie

Y a-t-il une signification au mot «Condé»?

«Condé» vient du mot *condatum* qui veut dire «confluent» et signifie par conséquent que l'on se trouve dans une zone de confluence. C'est pour cela qu'en France beaucoup de lieux commencent par «Condé». On a des Condé-sur-Marne, des Condé-en-Brie, des Condé-sur-Aisne... Il s'agit souvent d'un lieu qui est associé à l'eau.

Racontez-nous l'histoire du château de Condé.

L'histoire du château de Condé est extrêmement ancienne. C'est un lieu qui a toujours été habité depuis les temps les plus reculés, et c'est d'ailleurs l'une des premières traces de pierres anciennes taillées par l'homme datant de l'époque romaine. Au départ, c'était certainement une grande ferme ou une villa gallo-romaine. Et puis, au fur et à mesure, la villa s'est transformée en une place forte du temps de Jean de Montmirail, simple chevalier qui avait sauvé son roi Philippe-Auguste au cours de la bataille de Gisors (1110) et fut ainsi nommé baron de France. Ce qui est amusant chez ce seigneur devenu immensément riche, c'est qu'il a terminé sa vie comme simple moine à l'abbaye de Longpont. Sa fille, devenue l'épouse d'Enguerrand III, venait plus volontiers à Condé qu'au château de Coucy appartenant à son mari car elle trouvait l'endroit plus calme. Je fais un bond dans le temps et passe à la période la plus intéressante parce que la plus honorifique pour le château, c'est-à-dire quand Condé a appartenu à Louis Ier de Bourbon, principal chef du parti protestant et oncle du roi Henri IV. C'est lui qui, le premier, a pris le titre de prince de Condé. Toute la lignée de princes de Condé débute donc à Condé-en-Brie au XVIe siècle, et donnera un peu plus tard, en 1621, naissance au Grand Condé, c'est-à-dire Louis II de Bourbon. La principauté reste dans la Maison de Bourbon jusqu'en 1624, date à laquelle Marie de Bourbon-Condé s'unit au prince Thomas de Savoie-Carignan, qui deviendra donc le nouveau seigneur du château. Et c'est précisément parce que le château a appartenu tour à tour aux princes de Condé puis aux princes de Savoie que l'on a qualifié Condé de «demeure des princes».

“C’est comme ça que j’ai pu rencontrer le général de Gaulle en 1949.”

Jean Leriche, ancien maire de Dormans, photographe

Pouvez-vous me parler du pont de Dormans ?
On parle déjà au XIIe siècle du pont de Dormans, dont le péage revenait à Henry de Sorcy et le moulin au chevalier Guy. Il s’agit donc d’une construction très ancienne qui avait sur une de ses arches un moulin qui fonctionnait avec l’eau de la Marne.
Le pont de Dormans était fait en bois et a tenu jusqu’à la fameuse bataille de Dormans en 1575, où il a été brûlé par les habitants du village qui craignaient une offensive des protestants et des reîtres allemands ramenés par Thoré. Ce qu’il y a de tragique, c’est que cette décision fut lourde de conséquences par la suite car la ville s’est retrouvée sans moyen de communication d’une rive à l’autre pendant plusieurs siècles. Un bac avait certes été mis en place, mais on ne pouvait naturellement y faire passer toutes les marchandises, les troupes, etc. Tout cela a eu une incidence sur le commerce et l’expansion même de la ville. Ce n’est qu’après de longues palabres au XIXe siècle qu’un nouveau pont de Dormans a été construit, permettant ainsi de rétablir le commerce entre le nord et le sud.
Le pont a donc été un élément essentiel dans le développement de la ville ?
Certainement, car nous étions finalement coupés de la Haute-Marne, de la Basse Marne et de la Seine-et-Marne où se trouve Montmirail. Je pense que si le pont n’avait pas été détruit, Dormans serait un lieu de communication très important et le nombre de ses habitants serait sans doute plus grand aujourd’hui.

A-t-on des traces de la navigation en provenance par exemple de la Haute-Marne ?
On sait que Dormans était un des points incontournables pour le flottage du bois. On flottait le bois partout, sur tous les coteaux de la Marne, partout où il y avait un ruisseau, une petite rivière. Tout le bois descendait pour être recueilli dans le village à un endroit qui s’appelait autrefois « la plage des Dames », ainsi nommé car les Dames de France s’y seraient, paraît-il, un jour baignées.
J’ai entendu parler des souterrains de la ville…
Depuis des siècles, Dormans a été, comme toutes les villes de la vallée de la Marne, un emplacement propice aux invasions. Les habitants du village, pour se protéger des envahisseurs, ont pris l’habitude très tôt de vivre sous terre, de « s’enterrer » en quelque sorte dans leurs caves. Tout le sous-sol de Dormans est ainsi truffé de caves, de réduits, de petites loges dans lesquelles les gens venaient s’abriter. On trouve d’ailleurs, à ces emplacements, des traces d’aménagements rudimentaires, des éviers taillés dans le tuf avec des conduites d’eau qui redescendaient vers la Marne par exemple.
Je viens d’apprendre que vous étiez photographe. La Marne est-elle très présente dans vos photographies ?
J’ai photographié les différentes crues bien sûr, des concours de pêche et sinon la Marne me servait de décor. J’étais très influencé par la rivière et j’aimais dénicher un petit coin champêtre. Beaucoup de jeunes mariés ont leur photo sur le bord de Marne.

Avez-vous photographié quelques personnalités ?
Dormans, avec son mémorial, a toujours attiré des personnalités soit politiques, soit militaires qui, symboliquement, venaient assister à l’anniversaire de la bataille de la Marne. Et c’est comme ça que j’ai pu rencontrer le général de Gaulle en 1949.
Je me souviens que nous avions voulu faire voir le mémorial au Général. Nous y sommes donc montés, le général de Gaulle, ses accompagnateurs et les photographes. Et une fois parvenus au mémorial, pas de clé : aucune porte n’était ouverte ! Le président du mémorial, Monseigneur Pierrard à l’époque, a fait envoyer tout de suite quelqu’un pour réparer cette erreur. Le moment est d’ailleurs immortalisé par une photographie prise par un habitant de Montmirail, où on le voit lever la main, avec en commentaire apporté par l’auteur de la photo : « La clé, s’il vous plaît ». Le Général avait pris très gentiment ce petit incident qui reste un souvenir mémorable pour Dormans.

Le Mémorial de Dormans, gravé sur un magnum de champagne Blin par Jean Le Follezou, graveur talentueux et maire de Vincelles.

Saint-Dizier, des hommes et des ressources naturelles

André Robert-Dehault,
président des aciéries Hachette & Driout

Gérard Laurent, artisan fabricant de charbon de bois

Quelle est l'origine de votre entreprise ?
Cette entreprise, créée par mon grand-père en 1868, est une entreprise familiale depuis maintenant quatre générations. Elle fut installée ici en raison de l'important marché de la sidérurgie qui existait en Haute-Marne et qui a généré de nombreuses activités de sous-traitance. Ma famille n'est, malgré tout, pas véritablement l'héritière des maîtres de forges qui sont à l'origine de l'activité sidérurgique de la région. En effet, si mon arrière-arrière-grand-père était président des forges de Marnaval, fief de la sidérurgie, ce qui a permis en réalité de développer cette activité dans la région, ce sont surtout les hommes et les ressources naturelles. À l'époque, l'importance de ces ressources était d'ailleurs à l'origine de vives concurrences. Toutefois, cette compétition a cessé lorsque s'est développé le minerai de fer lorrain qui a entraîné dans son essor le déclin de l'activité marnaise. Il a donc fallu rebondir, et mon entreprise s'est rapidement imposée sur un marché différent de celui de la sous-traitance : une activité de fonderie assez proche de la sidérurgie.

Quelle est votre situation actuelle et quel est votre rapport à l'Europe ?
Aujourd'hui, le bassin est resté très riche en ce qui concerne les activités métallurgiques. Il a même mieux résisté que beaucoup d'autres. En fait, lorsque l'on regarde la situation en 2010, on réalise que ce sont les entreprises à structure familiale qui ont su perdurer, à la différence de toutes celles qui avaient été générées par l'industrie lourde, qui ont fermé ou sont en voie de disparition. La raison pour laquelle ces entreprises familiales sont encore présentes sur le marché est qu'elles ont su privilégier le long terme et développer des activités d'exportation. Ainsi, si au départ l'exportation se faisait dans les pays limitrophes de la France, il a fallu s'étendre progressivement vers l'Europe puis le monde. Et c'est cela qui nous a permis de traverser cette crise.

Est-ce que vous pensez que le travail de mémoire sur la métallurgie a une importance aujourd'hui ?
Un travail de mémoire sur la métallurgie est une chose très importante qu'il ne faut pas négliger. C'est même ce que l'on peut appeler un devoir. Lorsque l'on appartient à un territoire comme le nôtre, il est impératif de l'entretenir. En effet, nous ne pouvons pas savoir quel intérêt porteront les générations futures sur ce patrimoine, mais il est essentiel de leur laisser un héritage économiquement viable et de faire en sorte qu'il y ait toujours ici la possibilité de trouver une activité professionnelle, surtout quand on sait les menaces de désertification qui pèsent sur la Haute-Marne. La chance de Saint-Dizier est d'avoir su profiter de sa pérennité pour y associer un culte de la mémoire des entreprises qui sont à l'origine de cette activité économique florissante.

Des souvenirs personnels autour de la Marne ?
Pour ma part, je garde de mon enfance un souvenir très net des débordements de la Marne. Nous habitions à l'époque tout près de la rivière ; et, petits, nous attendions avec impatience le temps des inondations. Aussi, nous installions des piquets pour en surveiller les crues en espérant que les eaux monteraient le plus haut possible. Il arrivait d'ailleurs par moments que les débordements de la rivière soient si importants que notre cave se retrouvait totalement inondée. Nous devions alors arrêter le chauffage et allumer des poêles dans toute la maison... C'étaient des moments particuliers que nous appréciions tous beaucoup. Des moments qui arrivaient, au mieux, deux fois par an, pour la crue d'hiver et celle du printemps.
Mais ce n'est pas la Marne qui cause les inondations, c'est l'Ornel. L'Ornel est un affluent important de cette rivière puisqu'il traverse la ville de Saint-Dizier. C'est lui qui, autrefois, en alimentait les fossés. En effet, sous Charles Quint, lors du siège de la ville en 1544, ce cours d'eau fut détourné pour passer sous les douves, créant aujourd'hui la déviation de Saint-Dizier.

Où sommes-nous actuellement ?
Nous nous trouvons dans le port principal, appelé le Panama. Ce sont les ouvriers qui lui ont donné ce nom en raison des larges péniches qui pouvaient soit y prendre des matières premières, soit en livrer. Si on observe le bord du canal, on remarque qu'il est maçonné. Sur ces rivages, on voit en effet des estacades qui démontrent bien les nombreux déchargements de charbon et de minerais qui avaient lieu ici.

La Marne est-elle déjà navigable à Saint-Dizier ?
La Marne prend sa source sur le plateau de Langres et descend en ligne droite tout le département comme une épine dorsale. Entre Marnaval et Saint-Dizier, la Marne fait une

et Eugène Guiffant, exploitant forestier en Haute-Marne.

coudée à angle droit pour se diriger ensuite vers Paris. Elle n'est pas navigable jusqu'à Saint-Dizier, mais elle le devient un peu après ce coude-ci. On s'aperçoit qu'à partir de là, elle a été rétrécie pour permettre la navigation des marnois et des trains de brêles. La Marne ayant été rendue navigable entre le XVe et la fin du XIXe siècle, les métallurgistes haut-marnais pouvaient alors livrer leurs produits à Paris par la rivière.

Parlez-moi de ces radeaux qui partaient vers Paris.

Les transports en direction de la capitale se faisaient de deux façons différentes, la plus ancienne et la plus curieuse étant le flottage. Comme le département est très boisé, on coupait de grands fûts d'arbres que l'on rassemblait pour en faire des radeaux. Ces constructions formaient un train de radeaux que l'on appelait un train de brêles. Ensuite, ces embarcations, conduites par des brêleurs, transportaient des produits métallurgiques en partant du port de Saint-Dizier jusqu'à Paris où toute la cargaison y compris le radeau était vendue. Outre les trains de brêles, il y avait également les marnois. Ces bateaux à fond plat, sur lesquels on chargeait des produits métallurgiques, étaient fabriqués à Saint-Dizier dans un quartier qui s'appelle le quartier de La Noue, bastion des mariniers. Au XIXe siècle, il y eut jusqu'à deux mille personnes qui y travaillaient pour la construction et le transport. Les maisons de ces mariniers sont d'ailleurs des habitations très typiques, couvertes de voliges en bois et de clous. Aujourd'hui encore, ce lieu reste très bien aménagé.

La ville de Saint-Dizier a beaucoup changé autour du canal, quel est votre sentiment?

Quand on voyage et qu'on voit des régions qui n'ont pas de rivières, on apprécie d'autant plus notre situation et le plaisir que procure la présence de l'eau. Personnellement, je suis très sensible à cela.

Christophe Pointet, couvreur zingueur

J'aimerais connaître votre nom, votre prénom et votre fonction.
Je m'appelle Christophe Pointet, et je suis couvreur-zingueur. Je suis installé à Jaulgonne, un petit village à côté de la Marne, dans l'Aisne. J'ai appris à travailler chez les Compagnons où on nous enseigne le respect des autres, le respect de soi-même, la cohésion, la finesse, l'amour de notre travail. Et surtout, on nous apprend à être passionnés.

“J’ai appris à travailler chez les Compagnons où on nous enseigne le respect des autres, le respect de soi-même, la cohésion, la finesse, l’amour de notre travail. Et surtout, on nous apprend à être passionnés.”

La Marne entre Nanteuil et Luzancy

Vous travaillez principalement dans la vallée de la Marne ?
Oui. Je travaille à Passy-sur-Marne, Marcilly, Rosay, Trélou-sur-Marne, Dormans, Chassins, Mareuil-le-Port, en remontant jusque sur Épernay.
L’eau a-t-elle une grande importance pour vous ?
Oui, je vais la voir tous les jours. Mais j’ai plutôt envie de vous parler de l’eau dans les toitures, et surtout des gouttières. Il y a plusieurs sortes de gouttières : la demi-ronde, la havraise, la lyonnaise, la nantaise avec une sous-goutte en tuile ou en ardoise, c’est ce qui nous permet de pouvoir récupérer les eaux pluviales ; on a aussi des chéneaux qui font des grosses cuvettes en zinc pour récupérer les eaux et les évacuer en dehors des habitations, etc.
Quand vous faites des toits et des gouttières, vous pensez aux moments de tempête ? Vous n’avez pas peur le soir, à chaque fois que vous entendez le vent, la pluie, pour tous les travaux que vous avez accomplis ?
On prévoit toujours le pire. On essaie donc d’assurer le maximum de fixation. Parce qu’il faut savoir qu’une charpente, ça se dilate et ça travaille deux fois plus avec du vent et de la neige comme on en a eu cet hiver d’ailleurs.
Est-ce que vous pourriez m’énumérer vos outils familiers ?
Alors, nous avons des marteaux à garnir, des marteaux à débosseler, des maillets bois, des battes, des boursaults, des rechasses, des marteaux ardoisiers avec une enclume, qui nous servent à tailler l’ardoise ; on a le marteau de charpentier pour enfoncer des clous, la jauge, des cisailles coupe-trou, à droite et à gauche, des cisailles Pélican, des marteaux à gorge, des griffes à carbure, et puis toutes les petites scies égoïnes, scies à métaux.
Avez-vous une signature sur le zinc ?
Oui, ce sont des étoiles à quatre branches. On les soude, on les pointe sur nos rives sans qu’il y ait de trou dans le zinc.
Cette étoile à quatre branches a-t-elle une signification ?
Non, je l’aime bien, c’est tout.
Cela vous arrive-t-il de faire des girouettes ?
Oui, je suis en train d’en terminer une pour un client. Il voulait une sorcière sur un balai avec un chat ! Donc, on lui a fait sa girouette, avec sa sorcière, son chat, son croissant de lune. Faire une girouette, c’est très intéressant, ça demande précision, finition, que ça soit propre, et surtout que ça tourne !

Virginie Lapoire et Paul Supper,
élèves au lycée d'horticulture et d'osiériculture de Fayl-Billot

Quels sont les arbres qui poussent en bordure de rivière, en bordure de canal ?
Il doit y avoir les aulnes, les peupliers, le saule marsault. Le saule marsault est une variété de saule qui pousse à l'état spontané. C'est un saule sauvage, à la différence des osiers qui sont utilisés pour du tressage ou de l'architecture florale. On ne pourrait pas faire de la vannerie avec du saule marsault, ce serait beaucoup trop dur. Alors on n'y touche pas. On le laisse simplement pousser librement, tranquillement, en bordure de rivière. C'est difficile dans notre métier de ne pas aimer les arbres. Mais les espèces qui ont notre préférence sont celles qui poussent spontanément, au bord de l'eau, les espèces encore sauvages.

L'eau et l'osier

Je suis professeur pour le bac professionnel « aménagement travaux paysagers » au lycée horticole de Fayl-Billot. Mes élèves se destinent au métier de paysagiste et les cours que j'assure concernent des domaines aussi divers que la maçonnerie paysagère, la plantation des arbres d'ornement et l'association du végétal et du minéral.
L'école Fayl-Billot tire son nom d'un village éponyme qui est considéré comme la capitale de la vannerie depuis le XVIIe siècle. Profitant de ce patrimoine exceptionnel, notre lycée horticole est le seul de France à avoir une école d'osiériculture.
Tout votre travail tourne autour de l'eau. Quel rapport entre l'eau, l'osier et la vannerie...
Si Fayl-Billot est devenue capitale de la vannerie et si on y travaille en particulier une plante que l'on appelle « osier », c'est tout simplement parce que nous sommes dans une région où les sols sont relativement argileux et où la présence d'eau est assez importante. Aussi, lorsqu'on parcourt les rivières, les ruisseaux, on y voit s'installer spontanément des plantes comme le saule marsault ou les osiers d'hiver.
L'osier, qui est au départ un saule, a besoin de beaucoup d'eau et d'un terrain fertile pour se développer, et nous avons la chance d'être dans un secteur qui nous offre absolument toutes ces caractéristiques. Nous travaillons en particulier certaines variétés qui peuvent servir à la vannerie, mais aussi à des activités bien plus modernes comme le génie végétal ou l'architecture végétale.
La Marne, pour vous, est une rivière qui a de l'importance ? Est-ce que vous l'aimez ? Est-ce que vous la pratiquez ?
Je la pratique peu et, d'ailleurs, je suis assez contente d'être avec vous aujourd'hui car ça me donne l'occasion de la découvrir. Maintenant, par définition, l'eau est un élément très important en termes de paysages, et tout particulièrement dans notre métier. L'eau modifie, donne du mouvement, elle crée du bruit. Elle participe à tout ici : elle est présente dans notre décor. En tant que paysagiste, la présence d'eau, qu'elle soit sous la forme calme d'un étang, d'un lac, ou d'une rivière avec un fort courant ou encore d'une cascade, donne toujours vie à l'aménagement qu'on va créer.

Stéphanie Delmas,
enseignante à Fayl-Billot

Roger Deniziot, osiériculteur vannier en Haute-Marne

Serge Hourdry,
viticulteur à Charly-sur-Marne

“Serge, tu vas descendre le ru, tu vas descendre la Marne, puis la Seine et puis tu vas arriver au Havre et la vie sera devant toi.”

C'est une région qui a été historiquement énormément marquée. Je vais même remonter très loin, au temps de l'occupation par les Anglais de la ville de Nogent-l'Artaud où nous allons nous arrêter un petit moment. Le lieu était particulièrement étroit et l'on y avait mis en place un poste douanier où il fallait à l'époque payer une taxe appelée la gabelle. C'est aussi l'endroit le plus joli au niveau des blancs entre les deux coteaux.

La Marne n'a jamais été statique, elle a varié. Aujourd'hui elle se trouve ici, mais il y a encore quelques siècles elle se trouvait à plus de deux cents mètres du côté de Pavant. Ce mouvement est sans doute dû aux changements permanents de cap du vent, ainsi qu'aux sols limoneux qui ne sont évidemment pas très stables. Quand il n'y avait pas encore ces phénomènes d'écluses, la Marne était traversable à maints endroits, son débit étant très faible. Et aujourd'hui, lorsqu'elle est complètement en étiage et qu'on arrête les écluses pour l'entretien, on retrouve par endroits des vestiges du passé absolument hallucinants : des gués naturels par exemple, comme il en existait autrefois, des ponts, ou encore des moulins à vent qui ont tous disparu à l'exception de celui de Nogent, dont seule la maison est encore présente, les bains, les vestiges des plaisirs d'antan.

Savez-vous pourquoi on trouve une usine de verre juste derrière nous?

Pour en comprendre l'implantation à Nogent-l'Artaud au début du XXe siècle, il faut se pencher sur la géologie de la vallée de la Marne. En effet, c'est ici qu'on trouve la silice la plus fine et la plus pure du Bassin parisien, et même de France. À l'époque, on s'était rendu compte que, pour faire du verre, de base mais aussi de très grande qualité comme celui exigé pour les appareils d'optique, il fallait utiliser cette silice-là. C'est pour cela qu'au village il y a une usine qui s'appelle l'Optique commerciale qui fabrique, entre autres, des microscopes et des jumelles pour l'Éducation nationale. Évidemment, aujourd'hui, le sable n'est plus extrait sur place mais est amené par camion de carrières situées à quelques centaines de kilomètres d'ici. Mais autrefois, tout se faisait à Nogent, il suffisait de taper dans la butte pour obtenir le matériau.

Vous dites que vous êtes né en bordure de rivière?

Mieux que ça. Je suis né dans une ferme séparée par un mur féodal du ru de Vergis, un petit ruisseau qui se jette dans la Marne. J'adore ce ru, j'y ai passé mon enfance. Tous les jours, j'y allais, pieds nus, et j'en revenais souvent la goutte au nez parce qu'évidemment j'avais attrapé mal. Je pêchais les poissons-chats, les loches. C'était un plaisir. Ce ru, je le connais par cœur depuis sa source jusqu'à l'étang du Vergis, à cinq kilomètres à peine du village. Il est assez dangereux, parce que très encaissé. Sur son cours, il y avait un pont magnifique construit par les Allemands en 1870, mais malheureusement démoli il y a trente ans pour des raisons de voirie...

Cette enfance passée au bord du ru puis de la Marne, a eu une influence sur votre vie?

Petit, lorsque je m'endormais le soir, je me disais : « Serge, tu vas descendre le ru, tu vas descendre la Marne, puis la Seine et puis tu vas arriver au Havre et la vie sera devant toi. Tu prendras le premier bateau et là, c'est la chanson d'Aznavour, *Emmenez-moi au bout de la terre*.» Je suis tenace, j'y suis arrivé, je suis allé au bout de ce rêve. Je suis sorti de l'école de la marine marchande avec le diplôme de lieutenant et j'ai navigué quelques années. Mais, quand j'ai eu vingt-deux ans, une grave crise a secoué la marine marchande française. Tout devenait matière à complaisance ; l'école que j'avais faite à Paimpol avait fermé ; tous mes copains étaient au chômage. Je me suis alors dit : « Serge, tu es un gars de la nature, la mer ou la terre, tu ne sais rien faire d'autre.» Et je suis revenu à la terre, à la vigne. Comme mes parents arrivaient à l'âge de la retraite, j'ai, par chance, pu reprendre leur activité viticole. Je suis donc devenu vigneron.

Racontez-moi un peu la marine marchande.

En Afrique, j'ai travaillé dans le transport de grumes. On les chargeait, énormes, dans des ports comme Abidjan en Côte-d'Ivoire, Libreville au Gabon ou Port-Harcourt au Nigeria, et on les ramenait dans des ports français. Les ports à bois se trouvaient à Nantes, Bordeaux et puis La Rochelle via Rochefort. Plus tard, j'ai changé de compagnie et j'ai fait du cabotage pétrolier en Méditerranée. Les bateaux partaient de Sète pour aller à l'étang de Berre, en Corse et en Italie. Et ensuite, j'ai fait l'Atlantique, le Pacifique, et là, ça a été vraiment magnifique.

La Marne à Nogent l'Artaud

“Nous sommes ici au point kilométrique zéro de la Marne.”

Yves Bouron,

conseiller en communication à la Caisse mutuelle marnaise d'assurance

Vous êtes conseiller pour la Caisse mutuelle marnaise d'assurance, qui est l'ancienne caisse des incendiés de la Marne. Pouvez-vous m'en parler plus en détail? A-t-elle un rapport direct avec la rivière?
Elle a été créée en 1774 par l'évêque de Châlons. Cet évêque, qui était très malheureux de voir les incendies ravager les hommes, détruire les villages et leurs quartiers de maisons à pans de bois, a instauré des quêtes qui ont été mutualisées. Les quêtes de l'Église ont donc été conservées, récupérées puis gérées dans le but d'aider le mieux possible les sinistrés de 1774. On peut dire en quelque sorte que ce sont les communes riveraines qui ont permis de financer les caisses des incendiés de la Marne. La Caisse mutuelle marnaise a aujourd'hui succédé à la caisse des incendiés de la Marne. La rivière Marne jouait le rôle de boulevard réunissant toutes les communes, et en particulier les premières qui ont été victimes de l'incendie. Il y a donc un rapport direct, une sorte de lien affectif entre les habitants de ces communes et la rivière.
Avez-vous gardé le même lien avec vos sociétaires?
Nous essayons, mais cela n'est pas toujours facile car les communes riveraines sont maintenant davantage tournées vers l'intérieur que vers la rivière. Elles se concentrent à présent plus sur les vignobles, les exploitations et leurs activités sinistrées économiquement parfois. Malheureusement, la rivière ne joue plus pour eux un rôle aussi important qu'à l'époque.
Et vous-même, avez-vous une affection particulière pour les rivières?
Oui, particulièrement pour le fleuve Saint-Laurent. Il est spectaculaire. Il s'y organise une course de canoë-kayak entre Québec et Sainte-Foy, qui consiste à traverser le fleuve sur des blocs de glace enchevêtrés. C'est assez surprenant. Et quand vient l'été, on y voit défiler des cargos et des paquebots. Toute une dimension que l'on ne connaît pas en France.
Dites-nous comment est né chez vous cet amour de l'eau, autour de laquelle toute votre carrière semble avoir été bâtie.
Je suis fils de marin, né au bord de la mer. J'ai toujours voyagé de port en port. J'ai connu Brest, j'ai connu Lorient et même, quand j'étais enfant, les ports d'Afrique du Nord. Il y a donc toujours eu dans ma vie ce fil rouge, cette relation très forte à la mer.

Maddy Lecyn,

capitaine du bateau « Night and Day », musicien et ingénieur du son

Nous venons de passer l'écluse de Dizy, et nous sommes maintenant devant votre bateau.
Mon bateau, le *Night and Day*, est un gabarit Freycinet de trente-huit mètres cinquante de long, construit en 1939 en Belgique, que j'ai acquis il y a un an. Quand je l'ai acheté, c'était vraiment une coque vide car il avait été détruit par un incendie. Pendant une dizaine de mois, j'ai entrepris tous les travaux afin d'en faire le lieu qu'il est devenu. Je le définis comme un pôle de création et de diffusion artistique. C'est un espace dans lequel les musiciens viennent enregistrer, et je leur offre aussi la possibilité de pouvoir diffuser leurs œuvres ici, ou ailleurs.
Votre bateau est situé juste à côté de l'écluse de Dizy, à l'exacte intersection du canal et de la rivière. Pouvez-vous nous parler de cet endroit particulier?
Nous sommes ici au point kilométrique zéro de la Marne – en termes de navigation, évidemment, puisque sa source est bien plus loin en amont. Mais disons qu'à partir de l'écluse de Dizy, la Marne devient navigable... Nous nous trouvons aussi au carrefour européen de la navigation, en quelque sorte, parce qu'on peut aller vers Paris directement, ou choisir de descendre vers Lyon et le Sud de la France si l'on repasse par Vitry-le-François. L'accès à la Belgique et donc aux Pays-Bas n'est pas très loin non plus...
Quel est votre projet?
À partir de 2012 est prévu un projet de navigation à travers toute l'Europe, dont le concept consiste à proposer une scène itinérante et un lieu de création pour les artistes. Je vais donc naviguer à travers l'Europe jusqu'en Pologne en faisant des étapes à Lille, Berlin, Francfort, Varsovie et Cracovie.
Qu'est-ce qui vous attire dans le fait d'habiter sur l'eau?
Depuis que j'habite sur l'eau dans une péniche, ce qui me marque le plus est cette impression de perdre la notion du temps. C'est vraiment frappant. Lorsque je monte sur mon bateau, je quitte un monde pour un autre, et c'est alors que tout se transforme : je porte un regard différent sur tout, sur ces berges, ces arbres, ces quais, et me rends compte que l'espace se conçoit vraiment différemment. Les repères se bousculent en quelque sorte, et je n'arrive plus à garder une notion normale, ou disons habituelle, du temps.

"Je m'appelle Michèle Daché, je suis éclusière en retraite, originaire du nord de la Haute-Marne, à Fontaine-sur-Marne. Éclusière, c'était un métier qui nous permettait d'accompagner les péniches sur un certain kilométrage. À l'époque, on les accompagnait en mobylette."

Michèle Daché, ancienne éclusière

Agriculture et voies navigables

Francis Walbaum,
président de la fondation Alfred-Gérard

J'aimerais connaître votre nom, votre prénom et votre fonction.
Mon nom est Walbaum, mon prénom est Francis. Je suis le président de la fondation Alfred-Gérard ou Cercle agricole rémois. Avant cela, j'étais dans l'agriculture. J'ai fait une école d'agriculture près de Reims. Après avoir vendu des yaourts, je suis rentré à la Providence agricole de la Champagne qui est devenue le groupe Champagne Céréales. Par ailleurs, j'aime les livres anciens, et j'aime surtout un homme qui s'appelle Henri Louis Duhamel du Monceau (1700-1782).
J'ai beaucoup d'admiration pour cet homme, par rapport au métier que j'ai fait, parce que c'est quelqu'un qui, dès 1753, dans la préface de son *Traité de la conservation des grains*, pose les fondamentaux de la Politique agricole commune (PAC).

les anciens fours à chaux de Soulanges du baron de Klopstein.

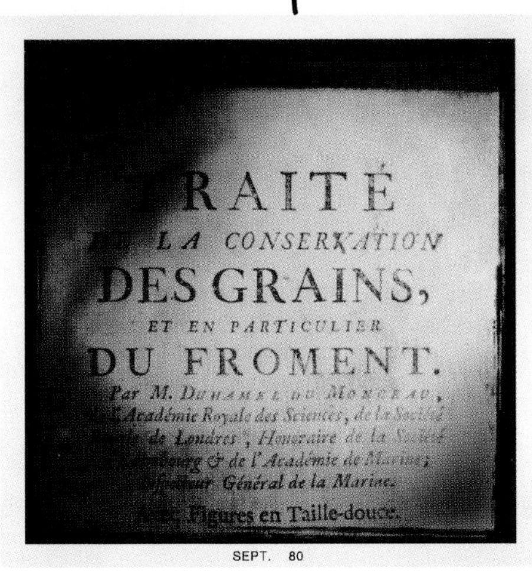

Y a-t-il un rapport avec la Marne ?
Très éloigné. La Marne c'est l'eau. Et l'eau, ce sont les moulins, le blé, la farine. Les rivières et les fleuves contribuent largement à l'alimentation des terres quand la pluie ne suffit pas. L'eau, c'est aussi une voie de communication. J'ai vécu l'explosion de la construction des silos, dans le dernier quart du XXe siècle. Et à chaque fois qu'on construisait un silo, on essayait d'équilibrer : un tiers au bord des routes, un tiers au bord des voies ferrées, et un tiers au bord des voies d'eau.

Est-ce qu'il y a une architecture particulière des silos ?
L'architecture dépend du terrain sur lequel on pose le silo. On est dans du vertical. Mais le vertical coûte cher, alors aujourd'hui on a tendance à revenir à l'horizontal, c'est-à-dire des dalles de ciment sur lesquelles on fait simplement une gaine d'air sur le sol pour ventiler. En ce qui concerne la construction des silos à grain au bord de l'eau, il faut battre des pieux pour permettre d'élever des cellules verticales.

"Sur la Marne, le transport de champagne était un vrai métier de marin."

Fabienne Moreau,
repsonsable du patrimoine de la maison Veuve-Clicquot

Pouvez-vous tout d'abord nous préciser les enjeux de votre fonction dans la maison Veuve-Clicquot ?
Il se trouve que cette maison, fondée en 1772, a conservé toutes ses archives, ce qui représente un volume important de documents écrits, de lettres et de factures, ainsi que des documents plus précieux comme les livres de caves et les livres du vignoble. Cela représente une trace historique précieuse de l'activité de cette maison depuis sa création jusqu'à nos jours.
Existe-t-il un rapport particulier entre cette grande maison de champagne et la rivière Marne ?
Je crois que toutes les maisons de champagne ont eu, à un moment donné, un rapport avec la Marne, puisqu'avant le milieu du XIXe siècle et l'avènement de la voie ferrée dans le paysage champenois, on utilisait la rivière pour transporter d'abord les fûts, puis les bouteilles, en paniers ou en caisses. Le coût du transport fluvial étant alors nettement moindre que celui du transport terrestre, la Marne fut utilisée pour transporter les vins vers Paris ; le chargement partait même au-delà par voie d'eau, vers Rouen et Le Havre avant de traverser l'Atlantique ou d'être redirigé en mer du Nord, pour fournir l'Europe du Nord et la Russie.
Si je vous suis bien, on a pu commencer à boire du champagne à New York grâce à la Marne... Les caisses de vin partaient-elles toutes du port d'Épernay ?
Il y avait en fait plusieurs points de départ, et on en a identifié quelques-uns, dont Mareuil. Ce qui est sûr est que le transport de champagne était un vrai métier de marin sur la Marne et que cette activité était concentrée sur quelques familles seulement. Souvent, plusieurs membres d'une même famille, bateliers de métier, étaient appelés des « commissionnaires de champagne » car leur travail consistait à transporter les vins vers Paris.
Les vins ont donc d'abord été transportés dans des fûts, puis dans des bouteilles. Parlez-nous de l'organisation des transports.
À l'époque du vin tranquille, on utilisait de grosses barriques pouvant contenir environ deux cent cinq litres, mais cela pouvait varier d'un fût à l'autre et suivant les crus. Puis, lorsque la Champagne s'est mise à produire des vins effervescents, l'enjeu majeur a été d'obtenir l'autorisation de transporter le vin en bouteilles. Car la bouteille de verre n'est pas seulement le contenant du champagne, mais aussi un outil indispensable pour garantir la prise de mousse et l'effervescence qui font la magie de ce vin. Le changement s'est ainsi opéré vers la fin du XVIIIe siècle mais, le verre rendant le transport plus délicat, les tarifs des barges aptes à transporter ce type de produit ont augmenté. Il faut savoir qu'à l'époque on ne maîtrisait pas encore la fabrication du verre, qui s'effectuait essentiellement en Argonne et dans le Nord. Les toutes premières bouteilles étaient faites d'un verre opaque et avaient la forme d'un oignon, avec un goulot fin et une panse ventrue. Finalement, l'évolution vers la bouteille champenoise, telle qu'on la connaît aujourd'hui, s'est faite relativement lentement, alors qu'elle était pourtant décisive, notamment pour augmenter la résistance du verre et pouvoir ainsi réduire tous les problèmes de casse. S'il arrivait que cela se produise en cave, les problèmes de réaction en chaîne d'une bouteille qui éclate devaient d'autant plus ressurgir au moment du transport sur les bateaux. Donc, pour éviter que les chocs ne deviennent des catastrophes, on avait recours à la paille, et c'est justement la raison pour laquelle les caisses qui en étaient bourrées se faisaient appeler des « paillons ».
Quels sont les cépages que l'on rencontre le plus couramment dans la vallée de la Marne ?
Nous ne possédons pas de vignobles en propre dans la vallée de la Marne, ce qui ne nous empêche évidemment pas de nous approvisionner auprès des vignerons, qui y plantent essentiellement du pinot meunier. Or ce cépage apporte énormément à nos cuvées, car s'il se trouve que la maison Veuve-Clicquot aime le pinot noir, on y retrouve également du pinot meunier appréciable pour tout ce qu'il va apporter de rondeur, de suavité, de gourmandise à nos vins. Ce cépage, dont on retrouve une quantité non négligeable dans les vins de la cuvée que l'on vend le plus, n'apporte pas les valeurs de garde mais énormément d'arôme, de douceur et de rondeur.
Vous baignez-vous dans la Marne ?
Pas encore, mais j'espère que ce sera bientôt possible... Il me semble que beaucoup de gens sont dissuadés de le faire, ne serait-ce que pour des questions de propreté de l'eau. Et figurez-vous que les questions environnementales sont une préoccupation permanente pour les maisons de champagne. Chez Veuve-Clicquot, dans le cadre d'un engagement global pour la protection de l'environnement, certaines actions sont régulièrement menées visant à la fois à économiser les ressources en eau et à assainir les eaux des affluents de la Marne. Nous sommes de gros consommateurs d'eau, non pas pour irriguer nos parcelles puisque cela est interdit, mais pour nettoyer les cuves et les pressoirs, surtout au moment des vendanges. Or ce problème de consommation est aussi directement lié à un souci de forte pollution par le vin. J'ai été étonnée d'apprendre qu'un litre de vin pollue l'eau autant que la vaisselle et les douches de quatre habitants au cours d'une journée. Pollution organique certes, puisqu'il ne s'agit pas là de souillures chimiques, mais pollution quand même si l'on entre dans le cadre d'un écosystème. C'est pourquoi nous veillons actuellement à ce que toutes les eaux de rinçage passent soit en station d'épuration, soit dans des systèmes de décantation, avant de retourner vers les affluents et leurs rivières, en l'occurrence ici, la Marne.

Dans la vallée de la Marne, on trouve surtout du pinot meunier

Un écrivain de marine sur la Marne

Olivier Frébourg

Je m'appelle Olivier Frébourg. Ma maison d'édition s'appelle Les Équateurs et publie des documents, des livres de littérature, et des livres d'histoire telles les rééditions intégrales de l'*Histoire de France* de Michelet ou de Lavisse. Il y a d'ailleurs un livre qui conviendrait parfaitement à cette promenade sur la Marne. Il s'intitule *Petit traité sur l'immensité du monde*, de Sylvain Tesson. Il y a aussi *Aphorismes sous la lune et autres pensées sauvages*, du même auteur.

Je dois dire que ces livres font partie de notre bibliothèque éphémère du bateau sur la Marne. Avez-vous vous-même écrit des romans ?

J'ai écrit des récits de voyage, des biographies, quelques romans, des ouvrages sur Guy de Maupassant, des livres autour de Lisbonne et du Portugal et puis une biographie de Roger Nimier. Également des livres sur la Normandie, dont je suis originaire... comme quoi la Seine peut rejoindre la Marne. Je travaille actuellement sur un livre autour de Gustave Flaubert, qui reprend le chemin décrit dans le récit *Par les champs et par les grèves*, qu'il a emprunté avec son ami Maxime Du Camp lorsqu'ils quittèrent Rouen pour aller des pays de la Loire à la Bretagne jusqu'à Saint-Malo. Flaubert n'est donc pas passé par la Marne, mais il est originaire, par la branche paternelle, de la Champagne. On considère souvent Flaubert comme un écrivain normand, mais on oublie cet aspect champenois qui apparaît notamment au début de *L'Éducation sentimentale*. Le livre s'ouvre en effet sur un vapeur qui se trouve justement à Nogent-sur-Marne, rappelant toute cette filiation de l'Est de la France, qui n'est pas sans influence à la fois sur l'œuvre de Flaubert et sur sa vie. Cette ouverture de *L'Éducation sentimentale* est, pour le lecteur, l'occasion de la rencontre avec Frédéric Moreau qui va être le héros du roman. À cet instant, il s'apprête à voir pour la première fois Madame Arnoux. Il est sur le bateau et Madame Arnoux est à quai, avec sa petite fille qui pleure et son mari, Monsieur Arnoux, une sorte de bourgeois commerçant satisfait de lui-même. C'est là que se met en place toute la dramaturgie flaubertienne.

Je crois aussi que vous êtes écrivain de marine. Je vois même que votre bagage est un sac de la Marine nationale.

C'est à la fois mon bureau et ma maison. La Marine nationale, j'y suis attaché parce que j'ai le plaisir et l'honneur de participer au groupe des écrivains de marine. C'est un groupe d'écrivains qui va parler de la mer et de toutes les formes de marine, même de la marine fluviale.

C'est pour moi la possibilité, même quand je mène une vie sédentaire, d'accepter une invitation au voyage et d'embarquer à bord d'un bateau de la Marine nationale pour partir à l'autre bout du monde. Être écrivain de marine, c'est parler de la marine, qu'elle soit au long cours, qu'elle soit nationale, qu'elle soit la marine navale. C'est une vraie joie, je dirais même une vraie grâce, que de pouvoir embarquer sur tous les bateaux de la Marine nationale, à tous moments, où qu'ils soient, et de pouvoir se rendre dans des lieux qui sont en dehors des grandes voies de communication touristique, d'atteindre des points où, habituellement, d'autres bateaux ne vont pas. C'est évidemment un luxe magnifique pour un écrivain.

Il faut toujours garder à l'esprit qu'écrivain et marin, c'est le même métier. Que tous deux veillent, rêvent, méditent, essayent toujours de tenir un cap. Oui, c'est vrai, je suis un homme des mers davantage que d'un fleuve ou d'une rivière, mais monter sur un bateau, quel qu'il soit, est toujours une émotion. Larguez les amarres... On ressent immédiatement cette impression de grand calme qui nous envahit, que l'on soit sur un fleuve, ou sur une rivière, ou à bord d'un bateau prenant la mer.

Parlez-nous de vos voyages qui suivent cette idée, une frontière, une rivière.

Tout livre est nécessairement une quête vers un pays imaginaire, et en effet, errer à la recherche d'une frontière ou d'un Finistère est toujours, je dirais, le fil conducteur de l'écrivain. Il m'est arrivé de longer un pays comme le Portugal, du nord au sud, par sa côte et par sa façade atlantique. Il m'est arrivé de partir sur un cargo italien le long des côtes d'Afrique de l'Ouest, atteignant un pays improbable comme la Sierra Leone. Le propre du cheminement littéraire, c'est justement de savoir se perdre. Nous sommes dans un monde où nous ne savons plus nous perdre, car nous redoutons toujours. Nous avons toujours besoin d'être encadrés par

des destinations précises et par des points de certitude. L'effort de l'écrivain est peut-être d'accepter à la fois ce « lâcher prise » et cette errance qui lui permettent justement d'être dans un temps suspendu, dans une rêverie qui n'est autre que le début de l'écriture. De plus en plus, il faut savoir emprunter ces chemins buissonniers, et il ne s'agit pas nécessairement d'un voyage géographique. Ce sont ces fleuves, ces rivières, ces canaux afférents qui nous permettent justement de nous inscrire dans le monde de l'imaginaire.

Mais avez-vous autant de plaisir à le faire ici qu'au bout du monde ?

Oui, bien sûr ! Tout de suite, lorsque nous avons appareillé, je suis entré dans un temps suspendu qui est à la fois celui de l'absence et en même temps celui qui nous permet de regarder d'un point de vue décalé la nature et les rives de la Marne. Pour cela, le voyage n'a pas besoin de se situer à l'extrémité du monde. Il commence simplement lorsque nous quittons la terre ferme.

Vous avez vu, là ? Nous croisons une péniche qui s'appelle *Pacifique*.

Pacifique ! Tout est rêverie et invitation au voyage à bord d'un bateau. Pacifique, le nom c'est évidemment l'océan et c'est aussi instantanément partir vers l'ailleurs. J'ai sans arrêt des noms de bateaux qui me trottent dans la tête. *Pointe des Colibris*, *Faubourg-Chartrain*, *Fort Royal*, *Antilles*, *France*, *Flandres*, *Île-de-France*, autant de noms de bateaux qui me hantent toujours.

Olivier Frébourg,

écrivain de marine, éditeur

“Jean s’en alla comme il étoit venu.”

M. de La Fontaine
de Château-Thierry

Jean s’en alla comme il étoit venu,
Mangeant son fonds après son revenu ;
Croyant le bien chose peu nécessaire.
Quant à son temps, bien sut le dispenser :
Deux parts en fit, dont il souloit passer
L’une à dormir, et l’autre à ne rien faire.

Épitaphe de M. de La Fontaine,
faite par lui-même, 1659.

Que vous évoque Château-Thierry ?
Château-Thierry est pour moi lié à un souvenir familial. Un souvenir d’ailleurs assez abstrait puisque tout ce que je sais de cette époque est que mon grand-père y était professeur, vingt ans avant de devenir médecin. Il avait dû être instituteur à Château-Thierry en 1880, une ère mystérieuse. Mon grand-père est un homme qui avait simplement fait des études et qui s’est retrouvé là-bas pour y enseigner les sciences physiques. Il deviendra d’ailleurs, par la suite, une sorte de vulgarisateur scientifique qui écrira des livres et des brochures sur les sujets les plus variés. Ce n’est qu’ensuite, vers sa quarantième année, qu’il fera des études de médecine. J’ajoute encore que, trop vieux pour être soldat en 1914, il a été engagé comme médecin dans les hôpitaux militaires au bord de la Marne.
J’aime beaucoup Château-Thierry. D’abord, j’aime le nom de cette ville qui pour moi sonne bien ; j’aime aussi le souvenir de La Fontaine qui y est associé. Dans sa maison natale, devenue un musée, on sent l’origine bourgeoise de sa famille, à la fois cossue et qui ne se pousse pas du col. Pour gagner cette très jolie demeure, il faut sortir de la cité et se rendre au pied de l’immense forteresse, quelque peu détruite par les années ; c’est comme une présence qui surplombe la ville.
La Fontaine représente pour moi un des sommets de la littérature française : c’est un modèle d’élégance, de précision, d’intelligence. C’est l’âge d’or de la perfection dans le laconisme. Je suis touché aussi par la personnalité de La Fontaine, à la fois libertin et tendre. J’ajouterai qu’il a toujours montré un grand courage intellectuel et une grande fidélité en amitié. Comment ne pas penser à son attachement pour Fouquet avec qui il est resté proche malgré l’arrestation et le bannissement de ce dernier ? Ce comportement lui a d’ailleurs valu quelques ennuis avec le roi Louis XIV. Mon regret est de ne pas être dans la succession du fauteuil de La Fontaine.
Je pourrais aussi parler pendant des heures de La Fontaine et de son rapport avec les chats,

En amont de Château-Thierry

puisque j'ai écrit un livre sur ces animaux. Il les traitait de manière absolument abominable, car il les jugeait fourbes et hypocrites. À ses yeux, ils réunissaient à eux seuls tous les défauts du monde. Bien sûr, les chats étaient pour le fabuliste prétexte à parler des hommes. Le chat se retrouve donc au cœur de superstitions ou traditions populaires qui lui attribuent un côté dissimulateur et bon apôtre. Ainsi est né le personnage de Raminagrobis, qu'on trouve déjà dans le *Roman de Renart*. Voilà, en même temps, il y a une certaine contradiction à parler des chats quand on est au bord de l'eau, et qu'on sait que les chats, à quelques exceptions près, sont totalement aquaphobes. La manière dont La Fontaine parle des chats m'amuse, m'enchante, et si l'on se fie à sa vision de ce petit félin domestique, il avait bien raison d'affubler les hommes de son époque d'un costume de chat. Par ailleurs, parler des chats est un sujet si vaste qu'il nous faudrait le commencer à Langres pour terminer à Charenton !

Frédéric Vitoux

Monique Collard et Philippe Droullé,
membres fondateurs du cercle d'histoire locale du Pays Châlonnais

Joinville, saint Ephrem, Urbain II et les croisades

Philippe Delorme

Que diriez-vous sur Joinville?
Joinville a connu ses heures de gloire à l'époque des ducs de Guise au XVIe siècle, comme capitale d'une principauté. C'était aussi une véritable petite capitale métallurgique, puisque l'ébauche de chambre de commerce de la Haute-Marne a été créée à Joinville dans les années 1840 et que l'on trouvait là les maîtres de forges qui étaient parmi les plus représentatifs d'une certaine aristocratie de l'époque : une aristocratie qui a toujours été ouverte aux gens qui venaient de la France d'en bas. Il faut dire que dans ce milieu on commençait souvent comme marchand de bois, avant de devenir un jour négociant en bois, puis de se lancer dans la forge qui était le couronnement de cette carrière sociologique.

J'aimerais que vous me parliez de saint Ephrem.
Saint Ephrem est né à Nisibe qui se trouve dans l'actuelle Turquie mais qui était, avant que les frontières n'évoluent avec les siècles, une province romaine de Mésopotamie. À la suite de l'invasion perse de cette région, saint Ephrem préféra franchir la frontière et fonder son école, à Édesse. Il resta une dizaine d'années dans ce qui fut appelé l'école des Perses jusqu'à sa mort. À la fin de sa vie, saint Ephrem aurait, paraît-il, soigné les lépreux qui étaient nombreux parmi les Croisés, souvent atteints de maladies de peau. On raconte qu'Isambert aurait bénéficié d'une guérison miraculeuse en se rendant sur le tombeau de saint Ephrem et, pour cette raison, il en aurait ramené le culte à son retour à Jâlons. Tout cela reste bien sûr teinté de mystère, mais nous avons appris il y a quelques années de cela, à Paris, par un prêtre de rite syriaque, donc rattaché à Rome bien qu'il s'agisse d'un rite oriental, qu'il s'était tenu à Ligugé, près de Poitiers, un colloque international sur saint Ephrem. Et lors de ce colloque, tous les grands spécialistes internationaux ont conclu que le culte de saint Ephrem à Jâlons, seule paroisse d'Europe dédiée à ce saint, remontait vraisemblablement aux Croisades.

Quelle a été l'importance de la vallée de la Marne dans les Croisades?
Urbain II, né à Châtillon-sur-Marne et qui est ensuite devenu pape, a initié la première Croisade. Il faut bien sûr, à ce moment-là, faire le lien avec les évêchés de Châlons et de Reims, et puis les comtes de Champagne. Beaucoup de comtes et de Champenois ont dû quitter leurs terres lors de la première Croisade. Ce devait être quelque chose d'extraordinaire, toute cette foule qui est partie combattre. Les gens partaient bien sûr de tous les endroits pour rejoindre les Croisés, mais cela devait être particulièrement impressionnant dans la vallée de la Marne où, comme dans toute vallée proche d'une rivière, la densité de population était plus importante. Je pense aussi que Pierre l'Ermite a également contribué à faire en sorte qu'il y ait beaucoup de Champenois ou de gens de la vallée qui partent pour la première Croisade, tout comme saint Bernard qui prêchait au Jard à Châlons, au bord de la Marne.

Un autre fait historique concernant Jâlons?
L'invasion de Charles Quint et le camp de Jâlons! Les armées du Dauphin, de François Ier en fait, étaient stationnées à Jâlons. Ils avaient installé leur campement dans la vallée, sans doute parce qu'ils y trouvaient de l'eau en quantité, et également de quoi nourrir leurs chevaux et que tout cet espace était de la pâture. Quarante mille hommes quand même, c'est quelque chose. Il fallait bien pour les accueillir ce territoire qui devait s'étendre sur deux cent cinquante hectares. Il reste encore à Jalons ce que l'on appelle la place d'armes en souvenir des soldats qui, à l'époque, venaient y rendre leurs armes.

à Châtillon-sur-Marne, le pape Urbain II

A Epernay, le temple d'amour

à Chaumont, le viaduc de 1855

A Vitry, la collégiale Notre-Dame.

Sur les bords du canal,
le silo de Frignicourt.

L'Abbaye de Trois-Fontaines, fondée en 1118 par Bernard, abbé de Clairvaux

Et le roi dit : “Je suis Henri, sire d’Aÿ et de Gonesse.”

Dominique Lévèque,
maire d’Aÿ, conseiller général de la Marne

Parlez-moi de votre commune, des grands faits historiques qui l’ont traversée.
L’histoire de la commune d’Aÿ est très liée à la présence de la vigne que l’on trouva dans la région dès son occupation par les Romains. Assez tôt, grâce aux foires de Champagne et ensuite à la présence de la Cour à quelques dizaines de kilomètres d’ici, les vins d’Aÿ ont été connus et reconnus. Ils ont ainsi participé au développement économique de ces territoires, et notamment à l’élaboration de ce qui est devenu leur célébrité, c’est-à-dire le vin de Champagne. Il y a vraiment un rapport très étroit entre la présence royale ou la présence de grandes familles nobiliaires d’une part, et le développement du champagne et donc celui de ma commune d’autre part. La rivière Marne participe également à ce lien commercial fort entre le développement de la vigne et la présence de la Cour à Paris, car si l’on suit le cours de la rivière, on parvient tout naturellement à livrer des vins dans la capitale.

Il y a encore aujourd’hui de nombreuses traces du prestigieux passé de notre village. On retrouve par exemple dans la toponymie des alentours, le Léon, qui fait référence à un certain nombre de papes propriétaires de vignobles sur la commune. De plus, parmi les pressoirs que nous avons conservés, l’un s’appelle le pressoir François Ier et l’autre le pressoir Henri IV. C’est d’ailleurs surtout Henri IV qui a marqué l’histoire de la ville en raison de la forte présence protestante, pour preuve cette rue de ma commune qui s’appelle la rue du Prêche. Evidemment, comme le confirme la toponymie, il était question de prêche protestant. On raconte que c’est à Aÿ que Henry IV, pour devenir roi, a dit cette phrase : « Paris vaut bien une messe. » Il avait paraît-il une de ses maîtresses à Damery. Tout cela fait qu’il a été extrêmement présent dans l’histoire de la commune. À tel point qu’au XIXe siècle les responsables de l’époque ont mis en place une « cavalcade Henri IV », des festivités que nous avons d’ailleurs reprises il y a maintenant vingt ans, le premier week-end de juillet tous les deux ans. On les appelle fêtes Henri IV.

Quelques phrases célèbres concernant le vin d’Aÿ?
Au XVIIIe siècle et jusqu’à la moitié du XIXe environ, on employait plus souvent le nom «Aÿ» pour désigner le champagne : aujourd’hui encore, nous pourrions très bien utiliser le mot «Aÿ» à la place du mot « champagne » ! On parlait aussi, mais dans une moindre mesure, du vin de Sillery. Un jour, Henri IV reçut la visite de l’ambassadeur du roi d’Espagne, qui venait lui apporter une lettre de créance. À cette époque, le roi d’Espagne était un empereur qui possédait de multiples propriétés non seulement en Europe mais aussi aux Amériques. À son arrivée, l’ambassadeur aurait paraît-il décliné tous les titres de son seigneur et maître : « Roi de Castille, de León, d’Estrémadure, des Amériques... » La légende dit qu’Henri IV aurait interrompu cette interminable litanie en disant : « Et moi, je suis Henri, sire d’Aÿ et de Gonesse ! » Alors pourquoi d’Aÿ et de Gonesse ? D’Aÿ pour le vin, bien sûr, et de Gonesse parce que Gonesse était une ville de la banlieue parisienne qui livrait à la Cour le pain qui lui permettait de se sustenter. On reconnaît bien là la simplicité du bon roi Henri, le roi de la poule au pot, qui contraste avec légèreté, avec la magnificence du roi d’Espagne.

Le XIXe siècle revêt-il une importance particulière pour la commune d’Aÿ?
Effectivement car, dans sa seconde moitié, il marque le démarrage de l’économie viticole et la présence de très grandes maisons de champagne à Aÿ. Notre territoire est possédé aux deux tiers par les plus grandes maisons de champagne et donc, historiquement, c’est évidemment un terroir de renom. C’est le domaine du pinot noir, l’excellence du pinot noir dont les grandes maisons aujourd’hui s’enorgueillissent encore. Moët & Chandon, Mercier, Veuve-Clicquot, Ruinart sont quelques-unes des grandes propriétés du groupe LVMH sur le territoire de la commune d’Aÿ. Mais toutes les autres maisons possèdent des vignes à Aÿ dans la mesure où, pour élaborer un bon vin de négociant bien équilibré, il faut avoir au moins quelques kilos de pinot noir d’Aÿ. Nous avons de belles maisons à Aÿ. Je pense par exemple à la maison Bollinger, à la maison Deutz, à la maison Ayala ou à la maison Gosset. Cette présence d’un négoce de grande qualité fait honneur à notre commune mais aussi, et c’est le plus important, au vin de Champagne.

Existe-t-il un rapport entre le vin de Champagne et la rivière?
Les liens entre Aÿ et la Marne étaient parfois un peu conflictuels au moment des crues. C’est une rivière indisciplinée et donc, en dehors de l’intérêt commercial qui permettait d’expédier par voie d’eau un certain nombre de vins de la commune, elle était plutôt considérée comme l’ennemie. Il n’y a pas véritablement de rapport d’affection entre la rivière et la population. On a bien sûr le souvenir des radeaux qui venaient de la Haute-Marne, mais cela reste un souvenir fugace. De plus, dès la seconde moitié du XIXe siècle, c’est le canal latéral à la Marne qui va prendre le relais de la rivière. Auparavant, nous

avions aussi un bac. Je me rappelle que, dans mon enfance, nous allions communément au bord de cette rivière jusqu'à la maison du passeur qui faisait traverser les habitants entre Aÿ et Chouilly. Après la disparition de ce passeur, les liens avec la commune de Chouilly ont quasiment disparu au bénéfice de ceux avec Épernay. Il y a eu, je crois, un éloignement de la rivière, marqué géographiquement.

Pouvez-vous me décrire les coteaux d'Aÿ?

Ce que l'on l'appelle «la grande vallée de la Marne» s'étend sur Dizy, Bisseuil et Tours-sur-Marne. Le nom de la grande vallée est sans doute lié à l'aspect historique, dû à la présence extrêmement ancienne de ces coteaux et de ces vignes, mais également au fait que c'est une demi-vallée. Il y a le versant sud qui représente la vallée, et puis cette sorte d'immense plaine qui part vers la côte des Blancs et la côte châlonnaise. Voilà donc le royaume de la grande vallée de la Marne, en quelque sorte le royaume du pinot noir qui pousse sur ces coteaux. Ces très beaux coteaux exposés au Sud sont communément appelés coteaux d'Aÿ, depuis Dizy jusqu'à Bisseuil. On sent que la présence de l'homme, du fait de la vigne y est implantée depuis des siècles, a adouci le paysage et les côtes. À mon sens, il y a vraiment une harmonie entre le travail réalisé par l'homme et ce qu'a créé la rivière en sculptant son passage au travers de cette vallée.

Quel est votre rapport personnel à la rivière?

Cela peut paraître étrange, mais j'associe à la rivière le souvenir d'une lutte contre l'obéissance, les parents et en particulier ma mère. Ma mère interdisait à ses enfants, et tout spécialement à moi, d'aller se baigner dans la Marne. Et quel plaisir de nager dans ce qui était interdit par l'autorité parentale! Ce sont donc des rapports de haine et d'amitié que j'entretiens avec la rivière. De haine parce que, pendant les crues, elle bouleversait complètement notre quotidien, et puis d'amitié parce qu'elle était moyen et complice de mes rébellions d'enfant.

Aÿ, dans la cour de la maison Bollinger.

Le retour de Louis XVI par la vallée de la Marne

A Dormans, une barque permettait au roi

de traverser la Marne et de fuir vers Montmédy.

Après l'arrestation à Varennes, le retour de Louis XVI à Paris passa par la vallée de la Marne. Louis XVI et sa famille furent arrêtés à Varennes dans leur tentative de fuite du territoire français, le 20 juin 1791. Leur retour connut bien des heurts. Reconnus par le maître des postes Jean-Baptiste Drouet, ils retournent dès le lendemain à Paris sous l'escorte du marquis de Bouillé. Celui-ci leur refuse une étape de repos à Sainte-Menehould, craignant la harangue de la foule. Il fait donc passer la famille royale par Châlons. L'accueil est dans un premier temps chaleureux, la famille royale pense tout d'abord rester quelque temps.

Le lendemain, cependant, un contingent populaire arrivé de Reims brise ces illusions. Insultés, violentés physiquement, ils doivent reprendre la route pour Paris. Le seigneur voisin de Dampierre, passé pour les saluer, est lynché à mort par la foule, et bientôt à la fenêtre de la berline apparaît sa tête empalée sur un piquet, ce qui achève de les horrifier.

À Épernay où ils arrivent peu de temps après, la foule est encore plus agressive, il s'en faut de peu que le Dauphin ne meure écrasé. Marie-Antoinette, principale visée par la foule haineuse, voit quant à elle sa toilette tomber en lambeaux. Qu'ils arrivent vivants à Paris semble bien incertain à ce moment précis.

Par chance, le 23 juin 1791, à deux lieues de Dormans, à la ferme du Chêne fendu, au bord de la Marne, la voiture des commissaires de l'Assemblée les intercepte et prend place avec eux dans la berline. L'inimitié des révolutionnaires laisse place, au fil du voyage, à une sorte de compassion pour la famille affligée.

À Dormans, le groupe loge à l'auberge du Louvre, et un nouveau plan d'évasion est soumis au roi par le maire : la demeure possède en effet une porte dérobée s'ouvrant par deux croisées sur le jardin en terrasse communiquant avec la rivière par un petit escalier. Une barque permettrait à la famille royale de traverser la Marne, et sur l'autre rive un attelage les attendrait pour les ramener rapidement à Montmédy. Le plan est risqué, mais faisable. Cependant, malgré l'assentiment de la reine, le roi refuse, estimant qu'il peut faire confiance à sa bonne ville de Paris. Le lendemain matin, la berline reprend la route vers les six heures, la chaleur est étouffante, mais il serait hasardeux de lever les stores, tant la foule postée tout au long de la route représente une menace.

S'ils essuient de nouvelles attaques à Château-Thierry, la Ferté-sous-Jouarre leur offre un répit salutaire, notamment par l'accueil respectueux du maire, Reynard de l'Isle qui les loge dans sa maison en bord de Marne.

Dernière étape de leur éprouvant périple, Meaux, où la famille royale est reçue dans le palais épiscopal par l'évêque constitutionnel, dont l'accueil est plus que cavalier. Les habitants suivent la berline avec rage, et c'est dans la forêt de Bondy, à hauteur de Claye, que les insultes fusent, Marie-Antoinette étant expressément visée. Puis c'est la berline elle-même qui se retrouve noyée dans la foule, certains révolutionnaires essayant même de l'escalader.

Ils arrivent à Paris le même jour, le 25 juin. Graves et silencieux, ils savent que l'idée de République qui semblait farfelue jusqu'alors est bel et bien devenue envisageable désormais.

Lionel Faivre, professeur

Pour la famille royale, nouvelles attaques à Château-Thierry, mais nuit de répit à la Ferté-sous-Jouarre.

À Ussy-sur-Marne, les trente dernières années de Samuel Beckett

« La femme du peintre Henri Hayden m'a raconté, quand je suis allé l'interviewer pour mon ouvrage sur les peintres de la Marne, que son mari, grand ami de Malraux, venait en 2 CV avec Samuel Beckett peindre sur les hauteurs de la vallée de la Marne, de Crouttes-sur-Marne à Azy-sur-Marne, jusqu'aux contreforts de Château-Thierry. Souvent « bourrés comme des coings », selon l'expression de Josette Hayden, ils passaient leur temps à peindre et à jouer aux échecs."

Noël Coret

Jean-Marie Laclavetine

Il y a des écrivains qui sont des rencontres essentielles dans une vie. Ça paraît toujours un peu bête de dire ça, mais je suis intimement persuadé que si je n'avais pas rencontré Samuel Beckett, mon existence tout entière aurait été différente. Je n'aurais sans doute jamais écrit par exemple. «Sans doute»? Non, je suis absolument certain que, sans lui, je n'aurais pu le faire.

Je ne l'ai pas rencontré physiquement, mais au travers de ses œuvres. Et cette rencontre a été un véritable bouleversement. Peut-être qu'à un autre moment de ma vie, j'aurais pu passer complètement à côté; peut-être que, si j'avais connu Beckett cinq ans plus tôt ou dix ans plus tard, je n'aurais pas été touché comme je l'ai été à vingt ans. C'était comme si un voile se déchirait tout à coup et que je découvrais ce qu'était la puissance littéraire en lisant Beckett. J'ai commencé par les romans, le théâtre n'est venu que plus tard. Mais ces livres, je les ai lus et relus, chacun à plusieurs reprises, notamment *Molloy*, mais aussi tous les autres. J'avais l'impression d'être entré dans un monde qui, jusque-là, m'avait été caché. Et c'était comme s'il me guidait...

Il y avait pourtant quelque chose d'extrêmement austère dans cette langue, enfin, qui peut paraître austère, parce que je n'ai jamais autant ri qu'en lisant Beckett. Pour moi, il est le plus grand auteur comique du XXe siècle. Et en même temps, tout son sens comique réside dans le degré de vérité tellement indécent qui caractérise son écriture et qui fait que l'on ne peut que s'ouvrir à ce qu'il nous montre. Avec lui, j'avais ce sentiment de fraternité que l'on peut avoir avec les grandes œuvres qui nous éclairent, nous montrent la voie, comme le ferait un grand frère sur lequel on peut s'appuyer et avancer. Et on ressent alors comme une grande chaleur, même si ce n'est pas l'image que l'on a habituellement de Beckett, qui porte sur son visage la noblesse lointaine d'un aigle qui survolerait l'humanité par son génie.

Mais moi, ce n'est pas du tout comme ça que je le ressentais. Encore aujourd'hui, quand je vais voir une pièce de Beckett, ou que je relis *Premier amour*, j'ai l'impression d'être de plain-pied dans une langue qui est une sorte d'idéal! J'aurais tant aimé écrire comme ça... Parce que lire Beckett, c'est aussi sentir l'écart incommensurable entre ce dont je suis capable et ce qu'il nous a offert. C'est le sentiment de satisfaction tranquille d'être plus proche de l'humain, d'une certaine vérité qui bat comme un cœur. Et ça, ça n'a rien de froid. Beckett nous décrit comme le faisait Bossuet, dans notre finitude. Le fait que nous soyons mortels, qu'à chaque seconde qui passe la mort se rapproche un peu plus, il le dit, le fait sentir, mais d'une façon qui, moi, m'apaise.

Nous sommes ici à deux pas d'Ussy-sur-Marne, où Beckett a laissé beaucoup de souvenirs. Vous l'imaginez dans ce paysage?

Non, vous savez, pour moi il est tellement tout entier dans ses livres, que j'ai du mal à l'imaginer comme une personne physique. Par contre, j'arrive à l'incarner au travers de certains témoignages qui le racontent à la fin de sa vie, assis sur un banc public, immobile et silencieux. Ça, je peux me le figurer, mais inscrit dans un paysage aussi présent que celui-ci, non, j'ai du mal.

Ludovic Lagarde

Je crois que vous avez mis en scène Beckett, il y a longtemps. Or, Beckett a vécu très près d'ici. C'était une histoire d'hommes et de rivières, n'est-ce pas?

Oui, c'était en 1991. Pour ma première mise en scène, j'avais choisi trois petites pièces de Samuel Beckett : *Solo*, *Sept fois* et *L'Impromptu d'Ohio*. *L'Impromptu d'Ohio* était une très étrange pièce, où lui-même se dédouble et fait référence, je pense, à des errances au bord d'une rivière, peut-être la Seine, mais plus probablement la Marne. Et j'ai l'impression qu'il projetait son corps allongé, comme les méandres mêmes du fleuve. C'est un texte extrêmement étrange, une sorte d'autoportrait finalement, horizontal, de périodes de sa vie qui devaient être extrêmement difficiles. Et où, comme dans la plupart de ses pièces, il s'observe lui-même dans un mouvement toujours très lent qui évoque cette promenade sur le fleuve, avec une description d'arbre, une grande intériorité, ce qu'on ressent quand on est sur la rivière. C'est quelque chose de lent qui nous renvoie à nous-mêmes, qui produit de la méditation, mais lentement, gentiment, comme il l'était lui-même. J'ai personnellement une grande affection pour Samuel Beckett et pour ses textes, qui sont à la fois très crus, et en même temps d'une tendresse et d'une humanité merveilleuses.

les berges d'Ussy-sur-Marne.

Alice Debord

Christopher Yggdre,
auteur, journaliste

"Tramontane", l'ancien pavillon 7, celui des agités.

Ville-Évrard est un établissement psychiatrique situé en bordure de Marne, mais dont l'accès à la rivière est rendu impossible par une succession de barrières métalliques et de fils barbelés, sans doute mis en place pour prévenir les suicides. Or cet établissement a accueilli des patients célèbres, dont Antonin Artaud bien sûr, mais aussi Camille Claudel, et des personnalités du monde médical comme Lucien Bonnafé y ont travaillé. Lorsqu'Antonin Artaud y séjourna durant l'Occupation, la situation était très tendue et particulière avec une pénurie alimentaire sévère. Les fameuses lettres qu'il a écrites de Ville-Évrard à sa mère, qui n'ont jamais été envoyées d'ailleurs, étaient gardées dans le dossier médical. On peut y lire une succession de : « J'ai faim, j'ai faim, j'ai faim, j'ai faim. » Une autre chose me revient à l'esprit dans le dossier médical d'Artaud : « Se prend pour un poète ». Joli diagnostic ! Hormis ces quelques lettres où il crie famine, tous les écrits d'Artaud à Ville-Évrard ont été détruits, les médecins considérant que c'était le délire d'un patient comme les autres. Il me semble que c'est en partie grâce à Lucien Bonnafé qu'Antonin Artaud a pu sortir de Ville-Évrard et a été emmené à Rodez, ce qui l'a sauvé car il y serait probablement resté jusqu'à sa mort.

« On se jette sur lui.
On lui met
la camisole de force :
il est emporté
chez les fous.
Il devient fou
réellement. »

Antonin Artaud

Éric Walbecq, spécialiste de Pierre Louÿs

Oh!... les rêves... la nuit... rêves de dix-sept ans...

Visions apparues en des brouillards flottants

Dans les nuits d'amour et de fièvres.

Troublantes nudités aux regards amoureux,

Déroulant de leur corps leurs voiles vaporeux,

Et passant, le sourire aux lèvres.

Pierre Louÿs, *Les rêves.*

Nom, prénom, fonction?
Éric Walbecq. Je travaille à la Bibliothèque nationale de France, au département «littérature et art». J'ai été commissaire de plusieurs expositions et je suis spécialiste de la littérature de la fin du XIXe siècle, tout ce qui concerne Jean Lorrain, Joris-Karl Huysmans, Léon Bloy, Pierre Louÿs, enfin toute la littérature «décadente» ou «simpliste».

Parlez-moi de Pierre Louÿs et de son rapport avec la Marne.
Né en 1870, Pierre Louÿs a passé son enfance et son adolescence à Dizy, un moment très important pour lui. C'est là qu'il a découvert la littérature, et c'est là que s'est formé son goût pour les femmes et pour l'érotisme. Donc, tout le premier Pierre Louÿs s'est créé à Dizy, sur les bords de Marne. Ensuite, il a suivi une éducation normale, il a fait ses études à Paris avant de devenir l'écrivain célèbre qu'on connaît.

Que faisaient ses parents?
Ses parents étaient avoués, notaires, c'étaient des gens de bonne éducation, de grands bourgeois. Dans la bibliothèque de sa mère, Pierre Louÿs a découvert dès l'adolescence tous les classiques et le génie de Victor Hugo. On sait qu'après il est devenu un immense érudit, spécialiste de la littérature ancienne, qui allait du XVIe jusqu'au XVIIe siècle. C'est vraiment ici, à Dizy, qu'il a commencé à se former, à se forger toutes les bases de la culture littéraire classique. C'est aussi dans cette ville qu'il a découvert l'amour des femmes. Il est tombé amoureux à quinze, seize ans de sa cousine qu'il a vue lors d'un mariage. On sait que par la suite, dans toute sa vie, l'importance des femmes et de l'érotisme a été capitale.

Est-ce qu'il évoque la vallée de la Marne dans ses écrits?
Il évoque peu la vallée de la Marne dans ses écrits. Il en parle juste dans quelques lettres à son frère, les *Lettres à Georges*, où il dit qu'il est heureux d'être dans la maison de Dizy. Il a écrit des poèmes sur cette maison, c'est un lieu qu'il aimait beaucoup. À la mort de son père en 1890, il a été obligé de la vendre, ce qui a été pour lui un déchirement.

Il y est retourné?
Je pense qu'il a dû y retourner une dernière fois en 1890 au moment de la vente, pour des actes notariés.

Et après?
Après? Après, il est parisien, il voyage en Espagne, en Égypte et puis dans pas mal de pays du Nord aussi. Il meurt en 1925 à Paris, à cinquante-cinq ans. Il est devenu riche et célèbre en 1896 grâce à *Aphrodite*. Auparavant, ses romans, ses plaquettes, ses poèmes touchaient un cercle très restreint. C'est vraiment *Aphrodite* qui va le lancer et lui permettre de gagner beaucoup d'argent. Par la suite, toute sa vie va être une longue déchéance, une lente dégringolade, une décrépitude jusqu'à sa mort où il finit quasiment aveugle, alcoolique. Ce n'est qu'après sa mort qu'on a découvert son œuvre érotique absolument immense : des milliers et des milliers de pages.
Personne ne connaissait ce penchant, ce côté-là de son œuvre. On ne connaissait que des petits quatrains, qu'il échangeait avec André Gide, Paul Valéry, ses amis très proches.
Dès 1926, tous les textes érotiques ont été publiés. Parmi eux, quelques chefs-d'œuvre comme *Trois filles de leur mère*, ou des textes très drôles comme des conseils adressés aux jeunes filles. Il a écrit aussi du théâtre, des sonnets, des romans...
Son œuvre érotique est énorme et part dans tous les sens. C'est une des œuvres érotiques les plus importantes du XXe siècle.

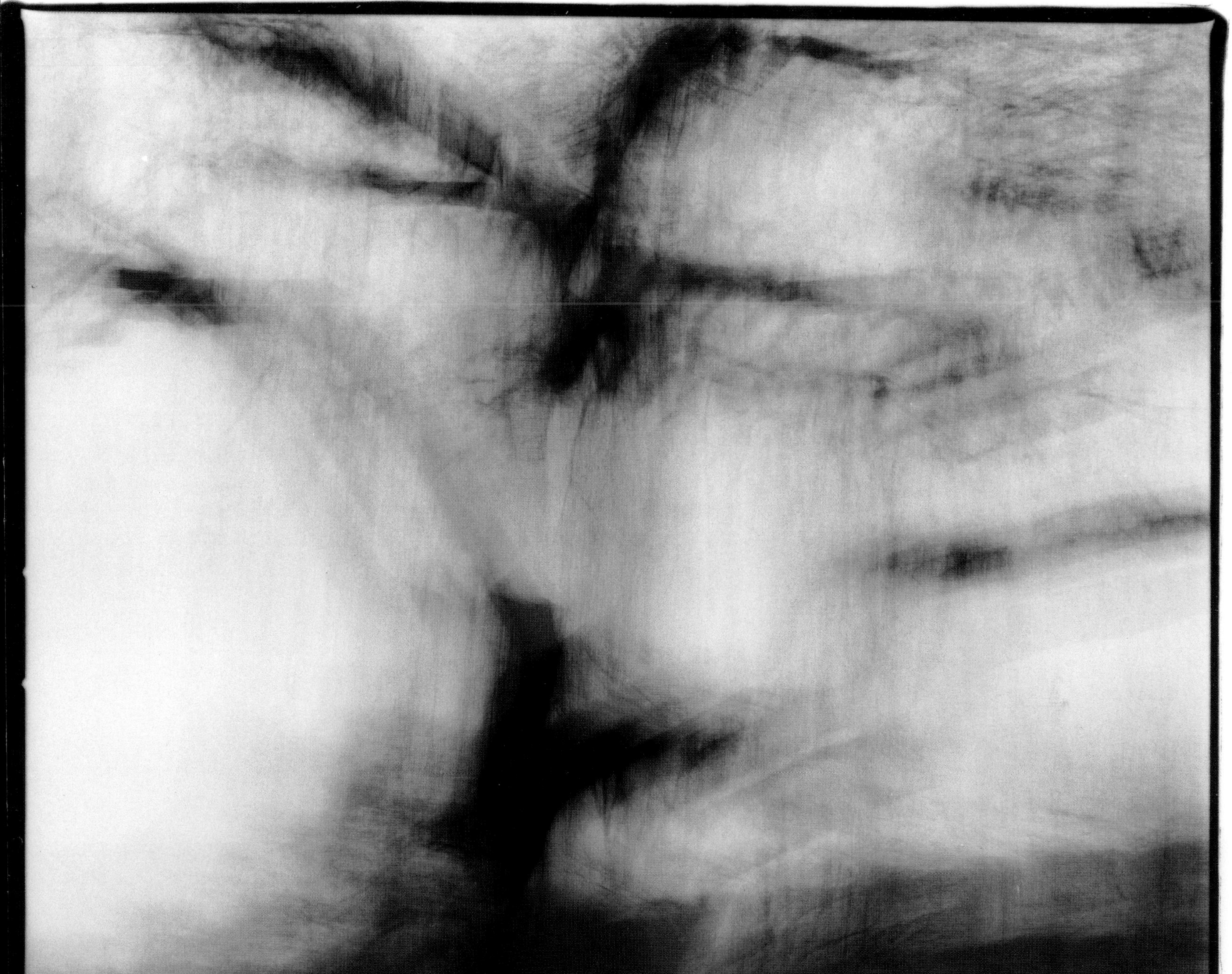

Visions apparues en des brouillards flottants...

"Son œuvre érotique est énorme. C'est une des œuvres érotiques les plus importantes du XXe siècle."

"Pierre Louÿs est pour moi un écrivain que j'associerais à une littérature mondaine, parisienne et de salon, plutôt qu'à une littérature de la province."

Olivier Frébourg

Raphaëlle Bacqué.

Là où la Marne traverse les banlieues rouges

Chinagora, la confluence.

Raphaëlle Bacqué,
reporter, journaliste au *Monde*

Selon vous, la Marne a-t-elle déjà fait l'objet d'enjeux politiques ?
Je vous ai rejoints sur ce bateau dans la ceinture de Saint-Maurice, c'est-à-dire là où la Marne traverse les banlieues rouges, il y en a encore quelques-unes d'ailleurs. Cette rivière était très populaire et avait une grande importance, notamment au début du XXe siècle, car elle symbolisait le lieu des premiers congés payés, et qu'elle réunissait les villes prises par le parti communiste. Encore aujourd'hui, le long de son cours, les industries, nombreuses, contrastent avec ce côté campagnard qui a longtemps été la marque de la Marne. On entre petit à petit dans la modernité quand on arrive vers Paris. On voit la transformation de la ville, ce qui nous rappelle qu'on a quitté un entre-deux. Je pense que ce qui signe la fin de la Marne et l'arrivée sur la Seine, c'est précisément ce passage entre un côté parfois un peu villageois et l'impression produite par les grands immeubles modernes, la grande ville, la capitale.
Savez-vous dans quel contexte le complexe Chinagora s'est retrouvé à l'endroit exact de la confluence ?
J'avoue que je ne sais pas comment ils ont réussi à construire cette étonnante pagode à ce formidable endroit. C'est vraiment très frappant. Chinagora symbolise l'arrivée en masse de la grande communauté chinoise à Paris, il y a maintenant trente ans, et cette pagode marque aujourd'hui l'entrée dans la capitale. C'est très étonnant, on ne sait pas vraiment quoi en penser. On se rend compte que les départements ont souvent une politique très différente au sujet de la rivière, que ce soit la Marne ou la Seine, et ce n'est pas souvent en leur faveur...
La situation des villes du bord de Marne est-elle particulière ?
À vrai dire, ça dépend un peu du niveau d'attraction de la capitale. On voit bien qu'il y a une nostalgie de la campagne dans certaines villes des bords de la Marne lorsqu'on arrive près de Paris. Ce côté campagnard, Front populaire, reste, sinon dans nos mémoires, du moins dans notre imaginaire. Et qu'est-ce qui distingue le plus la campagne sinon la rivière, ses berges, cette verdure et aussi cette lenteur qui est évidemment le contraire du rythme trépidant de la grande ville ?
Sous l'attraction de la capitale, naît une volonté d'industrialisation et l'installation des usines symbolise une façon de tourner le dos à la campagne. Regardez ces grands entrepôts, c'est vraiment extraordinaire. Il est étonnant de voir que toutes ces berges qui pourraient être aménagées et devenir des endroits absolument magnifiques, sont des endroits industrieux, mais certainement très utiles, car ils fournissent beaucoup de travail.
Pensez-vous que l'on tourne le dos à la Marne ?
Il y a un double usage de la rivière : d'un côté le loisir, l'esthétique, le bonheur de vivre, et de l'autre un aspect commercial et industriel. Je pense que les deux doivent cohabiter sur la Marne. Certains se plaignent aujourd'hui de ne plus voir passer assez de péniches marchandes. En effet, cela fait aussi partie du rôle d'une rivière, surtout lorsqu'elle demande à revivre.

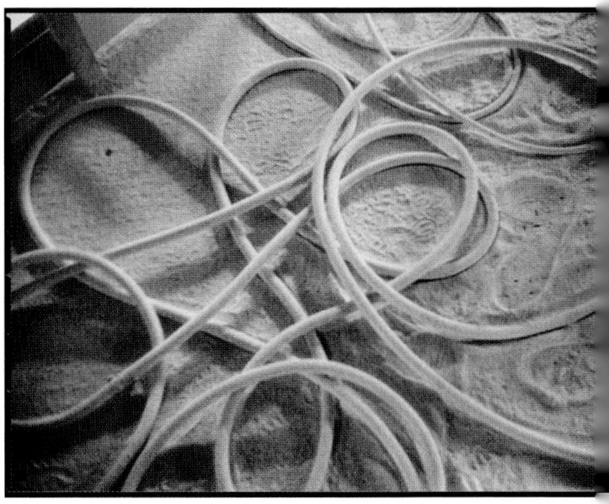

« L'usine Omya tient son nom des habitants du village qui s'appellent les Omyats et les Omyates »

Jean-Paul Brignoli,
maire d'Omey, ancien mécanicien d'entretien à l'usine Omya

Expliquez-nous un peu la particularité de cette usine d'Omey. Y a-t-il beaucoup d'usines comme celle-ci en France ?
En France, plusieurs sociétés font partie du groupe Omya, qui tient son nom des habitants du village qui s'appellent les Omyats et les Omyates. C'est un groupe suisse, présent maintenant en France en plusieurs endroits et qui a des filiales dans cent quatre pays du monde.
Que fabrique-t-on fabrique dans cette usine ?
Ici, on travaille avec le carbonate de calcium. L'élaboration de ce carbonate provient de ce qu'on appelle vulgairement la craie, broyée finement pour en faire une poudre qui peut entrer dans la composition de nombreux produits. Mais elle est aussi travaillée en pâte liquide concentrée, notamment pour le papier et beaucoup d'autres choses. Omya est le leader mondial en ce qui concerne la craie.
Pouvez-vous nous expliquer pourquoi une telle usine est venue s'implanter ici ?
La société a été créée en 1902 alors que le maire de la commune était Edouard Ponsard, également député et, selon moi, un visionnaire. Des chimistes, en écrasant la craie d'Omey, se sont aperçus qu'en l'associant à l'huile présente sur le secteur on obtenait du mastic blanc. Ponsard a donc encouragé quatorze agriculteurs à favoriser l'implantation d'Omya dans la commune. L'existence d'une voie d'eau pour le transport était un avantage ; beaucoup de péniches partaient ainsi jusqu'à Anvers par la Marne. De plus, Omya a réussi par la suite à faire venir le chemin de fer jusqu'à l'entreprise, ce qui a accéléré son développement.
Et puis, Omya, c'est aussi une histoire d'hommes. Ici se sont succédé au travail des générations et des générations d'ouvriers. Il y avait beaucoup d'Italiens à l'époque qui cherchaient du travail et qui se sont établis là, d'où mon nom, Brignoli. Mes grands-parents sont venus comme les autres travailler par ici. À l'époque, la mécanisation n'existait pas comme aujourd'hui, les carrières étaient encore exploitées à la main, et la craie était amenée avec des chevaux et des charrettes jusqu'à l'usine qui se trouvait à cinq kilomètres. On ne peut pas travailler si longtemps dans une entreprise sans y être fortement attaché et sans avoir envie de la défendre, surtout quand on ressent la nécessité qu'une entreprise vive pour que vive avec elle toute l'économie d'un secteur.
Y a-t-il eu des accidents ici, dans la Marne, dans le canal ?
Il y a eu quelques accidents, notamment un camion qui n'avait pas serré ses freins devant l'entreprise alors qu'il déchargeait des bobines de papier. Il est tombé en travers du canal, et il a fallu des grues pour l'extraire. Il est arrivé aussi qu'une péniche frotte ici contre le fond du canal, gênée par une voiture enfouie sous l'eau. Comme on ne savait pas s'il s'agissait d'un accident et s'il y avait une personne à l'intérieur du véhicule, il a fallu intervenir.

Un père et son fils entre Bologne et Mussey

Voiture VNF nous accompagnant en Hte-Marne

Phileas Fogg, un West Highland à Nogent-sur-Marne

Joggeuse à Sacy-sur-Marne

"Il accusait les miroirs d'être faux" Jean de La Fontaine.

Le chocolat Menier et les bains d'Esbly

Pour revenir sur le parcours de la rivière, lorsque la Marne arrive en Seine-et-Marne, on rencontre déjà des boucles vers Luzancy. C'est compliqué parce qu'à travers tous ces méandres on s'y perd un peu. C'est un cheminement très étroit jusqu'à Saint-Jean-les-Deux-Jumeaux, puis tout d'un coup la rivière s'ouvre dans Meaux, se perd sans être une Venise avec des canaux, mais cela y ressemble presque par endroit. Autour de la vieille ville, c'est du moins l'impression que l'on peut avoir, elle fait avec le vieux pont une boucle complètement fermée. Puis on la retrouve à la sortie. Ensuite, en aval de Meaux, la plaine s'élargit et vous allez passer près d'Annet, et de Jablines dont je parlais tout à l'heure au niveau de la base de loisirs. Après ce sera le tour de Lagny-sur-Marne, où vous rencontrerez quelques difficultés pour naviguer avec votre péniche et il faudra alors prendre des canaux. Ce sera également le cas un peu plus bas lorsque vous arriverez à Chelles qui est une ville importante du bord de Marne. C'est notamment la ville du département près de laquelle vous êtes obligés de quitter la Marne pour passer sur un canal, pour la simple et bonne raison que l'industriel Menier, bien connu pour son chocolat, avait fait construire à Noisiel son usine. Cette usine qui date de l'époque d'Eiffel est classée monument historique et peut se visiter. C'est aujourd'hui le siège de la grande société Nestlé. Toujours est-il que pour la fabrication, l'emballage et tout ce qui s'ensuit autour du chocolat, Menier avait aussi fait construire sa propre usine électrique qui fonctionnait avec la Marne. Aussi, il a fait aménager une chute d'eau importante pour entraîner ses premiers alternateurs électriques, qui d'ailleurs existent toujours et qu'on peut aller voir lors des Journées du patrimoine. La Marne a donc été dérivée sur un canal latéral entre Vaires-sur-Marne et Neuilly-sur-Marne. Mais arrivés là, vous êtes déjà en Seine-Saint-Denis

Louis Albesa

L'ancienne usine du chocolat Menier, aujourd'hui siège de la société Nestlé !

les bains d'Esbly

“Au fond du canal, on tombait sur des mobylettes, des vélos, des cannettes, des bidons d'huile, que des trucs comme ça!”

Jacques Depaquy,
agent d'exploitation, éclusier VNF

Quand il fait froid comme aujourd'hui, le travail ne doit pas être facile?
Vous savez, quand on est éclusier, les conditions de travail sont parfois rudes. En hiver, on se regroupe avec d'autres collègues pour parvenir à empêcher la glace de s'étendre en amont et en aval de l'écluse. Il faut en effet absolument réussir à casser la glace avant qu'elle ne durcisse et force sur les pierres des masses d'écluse ou des moraillons.

Depuis quand travaillez-vous aux VNF?
J'ai commencé en 1986, au pont-levis de Condes-Brethenay, en manuel, mais avec un treuil. Il fallait monter le pont-levis à la main comme dans l'ancien temps, avant qu'il ne soit automatisé. Les systèmes pour les vannes et les portes étaient composés de grosses crémaillères en croissant de lune, très lourdes et très dures, qui demandaient pas mal de force pour être actionnées. Donc c'est sûr que, dans ces conditions-là, c'était plus pénible de travailler dans une écluse que maintenant.

Quelles sortes d'animaux trouve-t-on sur les bords de la Marne?
En hiver, on peut parfois voir près du cours d'eau de petits chevreuils, des brocards comme on les appelle; mais les cochons, les sangliers sont plus fréquents. Malheureusement, il arrive de plus en plus souvent que ces animaux se noient dans la rivière. Autrefois, lorsqu'ils tombaient à l'eau, ils essayaient de trouver un endroit où la berge est plus basse, vers l'orée, pour pouvoir remonter et retourner dans les bois.

Mais maintenant, avec les palplanches qu'on installe un peu partout, les bords du canal sont trop hauts pour que les animaux puissent s'y hisser, alors ils restent dans l'eau et meurent d'épuisement. Tout cela n'arriverait pas si on revenait au système des berges en végétal, comme on le faisait il y a quelques années.

Quand on vide le canal, quand on le drague, que trouve-t-on?
On n'a pas trouvé grand-chose cette année, au fond du canal. Mais quand j'ai commencé, on tombait sans arrêt sur des voitures, des mobylettes, des vélos, des cannettes, des bidons d'huile, que des trucs comme ça, de gros bidons de cent litres! Une année, à Choignes, on a même découvert un coffre-fort dans un bateau qui venait de Vitry.

Jean Depaquy, agent VNF, embarqué à Luzy-sur-Marne

“Elle traite le carbone, le phosphore et les nitrates.”

À Vitry-le-François, nous avions déjà une station d'épuration qui datait des années 1950. Elle avait accompli bravement son travail jusque dans les années 2000. En 2010, il était nécessaire de la remplacer. Nous avons fait le choix de construire une nouvelle station d'épuration. Nous l'avons placée à côté de la précédente, cela nous permettant entre autres de faire des économies sur les installations, sur la gestion des eaux usées qui arrivent à la station. Cette nouvelle station d'épuration répond aux derniers critères : elle traite le carbone, le phosphore et les nitrates.

Daniel Conraux,

maire de Loisy-sur-Marne, vice-président de la communauté de communes de Vitry-le-François en charge de l'assainissement

A Vitry-le-François, la nouvelle station d'épuration

Les Charriot, famille de bateliers. Guy et Brigitte ont appelé leur péniche "Elo yan" du nom de leurs enfants Elodie et Yannick.

De la vigne, des guinguettes et du bonheur

La famille Charriot, transporteur fluvial

Quand avez-vous avez acheté ce bateau ?
Cette péniche, nous l'avons achetée il y a cinq ans. Mais j'avais déjà acheté une première péniche en 1992 qui s'appelle *Banco*. Au départ, je vivais seul à bord de mon bateau et j'ai commencé mon métier de batelier. Et puis j'ai rencontré Brigitte. Nous avons fait notre petit bout de voyage, eu des enfants, et comme l'appartement devenait trop petit, nous avons décidé d'acheter une autre péniche que nous avons appelée *Élo Yan*, du nom de nos enfants, Élodie et Yannick.
Expliquez-moi votre travail.
Depuis quatre ans et demi, cinq ans, je travaille avec une entreprise qui fait de l'entretien sur les voies navigables. On fait du dragage, on enlève la vase des canaux, on entretient, on fait des réparations de barrages. On est un peu plus dans les travaux publics que dans le transport fluvial. Avant ça, j'étais en divers et je transportais des céréales, des minerais...
Et vous, Madame ?
Moi, je m'occupe du logement et des enfants. On fait l'école à bord. J'aide aussi pour les manœuvres, pour le passage des écluses. Je monte et je suis aux commandes pour surveiller quand mon mari ne peut pas s'en charger. Je suis plutôt voyageuse, aventurière. J'aime voir le paysage qui défile, j'aime que ça change sans arrêt et qu'on ne soit pas tous les jours au même endroit.
C'est une chance de pouvoir découvrir la France tout en travaillant.
Quels sont les lieux où vous aimez vous arrêter sur la Marne ?
On a une préférence pour la campagne, Charly, des endroits comme cela. Mais sur la Marne, tous les endroits me plaisent. J'aime bien Dizy, la descente entre les collines, entre les vignes, jusqu'à Château-Thierry, Jaulgonne, Mont-Saint-Père, Passy-Grigny et Sauvigny.
Quel est votre quotidien sur une péniche ?
Pour moi, la vie de famille sur une péniche, c'est du pur, c'est du vrai, c'est du sept jours sur sept, du vingt-quatre heures sur vingt-quatre. Pour moi, c'est ça, la vie de famille.

René Dennilauler, ancien conseiller scientifique chez Kodak

Nous sommes à Joinville, juste en face de l'île Fanac. Je vous ai entendu dire que vous aviez une vigne ?
Oui, nous sommes propriétaires d'une grande vigne à Joinville, sur un terrain qui appartient d'ailleurs à la mairie, nous avons cinq cents pieds de cépage sauvignon ; tous les ans nous récoltons quelques centaines de litres d'un vin blanc, que nous avons baptisé « guinguet » tel qu'il existait avant. Parce qu'avant, à la fin du XIXe siècle, et même à la fin du XVIIIe, ce vin blanc était cultivé sur toutes les collines ici, autour de la Marne. Et ce vin blanc qui n'était pas taxé par la Ville de Paris servait à abreuver les Parisiens dans des guinguettes, c'est-à-dire des endroits dans lequel on pouvait boire ce guinguet. Et guinguet signifie tout simplement : plus on en boit, moins on va droit, on va de guingois.
Parlez-moi des guinguettes.
Les guinguettes ont été créées finalement à la fin du XIXe siècle. Après les transformations du baron Haussmann, les mauvais garçons qui habitaient la Bastoche sont venus se réfugier loin de Paris, en dehors de l'octroi, c'est-à-dire ici à Nogent et à Joinville. Ils ont emmené l'accordéon, ont ouvert des cafés, qui sont devenus des restaurants, et après des guinguettes où on pouvait danser et chanter.
Des guinguettes, il y en avait paraît-il des centaines à Joinville. De cette centaine, il n'en reste que très peu ; il y en a une célèbre, Chez Gégène, qui date de 1914. C'est la seule qui reste encore ouverte. Les autres ont disparu.
Il y a une petite concurrence entre Nogent et Joinville-le-Pont. À Nogent, ils ont la chanson du petit vin blanc, mais à Joinville, nous avons également une chanson qui est notre hymne : *Joinville-le-Pont*, créée par Bourvil, mais écrite par Roger Pierre : « À Joinville-le-Pont, pon, pon ! »

Gilles Dudognon, cuisinier

Dans quelle mesure peut-on dire que la rivière influence votre cuisine ?
Il est vrai, les poissons de rivière fascinent tous les praticiens dont je fais partie. Le brochet, par exemple, peut donner lieu à l'une des recettes les plus intéressantes lorsqu'il est travaillé en quenelles. Mais ce qui est très agréable, c'est la spontanéité dans la cuisine qui s'ouvre autour d'une rivière. Je pense à une truite tout simplement poêlée et aux fritures ! On ne trouve d'ailleurs plus ces restaurants de bord de Marne qu'étaient les guinguettes. Je pensais, en venant, m'arrêter dans l'une d'elles à Nogent, mais je n'en ai trouvé aucune. Toute la spontanéité des recettes simples et la générosité des fritures semblent avoir disparu avec ces guinguettes. Les recettes qu'elles proposent et qui sont à la portée de tout le monde font pourtant aussi partie de l'âme de la cuisine française.
Vous discutiez tout à l'heure avec un pêcheur qui vous disait que ce n'était pas encore l'époque de l'anguille...
Je travaille bien volontiers l'anguille, car c'est un plat très intéressant qui, comme la lamproie, peut se travailler en matelote. La seule différence est qu'on ne la saigne pas. La recette que l'on appelle l'anguille verte se cuisine avec un mélange d'herbes contenant de l'oseille, du persil, de l'aneth et du cerfeuil, et on en fait une espèce de poêlée. C'est un plat qui peut se manger chaud ou froid, mais je pense qu'il est préférable de le consommer froid.
Depuis que nous sommes partis des sources de la Marne, tout le monde nous fait remarquer qu'il n'y a pas une seule buvette au bord de l'eau. N'est-ce pas le bon moment pour ouvrir un petit restaurant en bord de Marne ?
On n'a jamais aussi bien mangé en France qu'avec une carte proposant deux entrées et deux plats ; s'il y a un regret à avoir, c'est l'absence de restaurants simples où l'on sait à quoi s'attendre : un poisson fraîchement pêché, une matelote, une friture, quelques bons vins comme le bouzy, ou le rouge de Vincelles. Et vous avez là l'endroit idéal pour poser une petite guinguette au goût du jour !

Pauline Granzamy, Valérie Dubois,
habitantes de Port-à-Binson

Moi, c'est Pauline Granzamy.
Et moi, c'est Valérie Dubois.
Où habitez-vous?
À Port-à-Binson.
Vous vous êtes déjà baignées dans la Marne?
Je suis tombée dedans. Quand j'avais quinze ans, on jouait sur des radeaux et on se poussait les uns les autres, et je suis tombée dans l'eau. C'était horrible! Parce que c'est visqueux! C'est horrible de tomber dans la Marne. Elle est très polluée, et il y a beaucoup de carcasses... Les monstres! Il y a beaucoup de monstres, des animaux bizarres!

Petites histoires noires

"On trouve dans nos archives les traces de tout ce qui a pu se passer dans la région, des plus petits événements aux plus importants, tout ce qui a pu faire couler l'encre de la presse, ou des administrations. Ce sont souvent d'ailleurs les documents mineurs qui sont les plus riches en détails, et qui, du coup, sont les plus intéressants.
On peut ainsi apprendre que, lorsqu'ils voulaient dissimuler un assassinat, les malfaiteurs choisissaient souvent de jeter le corps dans le canal ou dans la Marne. La manœuvre était tellement habituelle dans ce type d'affaires que la police savait tout naturellement par où commencer les recherches.
J'ai lu récemment l'ouvrage d'un historien qui abordait le sujet des meurtres en Haute-Marne. Pour toutes les communes avoisinant la rivière, la conclusion était la même, c'est dans la Marne qu'on lave son linge sale. C'est dans ses eaux que l'on faisait disparaître les pièces à conviction, qu'on se débarrassait des cadavres et parfois même que l'on noyait des personnes. L'eau est un élément qui tue, transporte, et cela peut parfois donner de bien sombres idées."

François Petra-Zoller

L'archiviste de Chaumont

Est-ce que vous avez des archives sur la surveillance des bateliers?
Batelier, c'est un métier dont on se méfie beaucoup. Pourquoi? Parce que les bateliers voyagent, et que les gens qui voyagent, ce sont des gens dont on ne sait rien. Les gens qui voyagent, ce sont des gens qui nous échappent toujours un peu et en qui on n'a que peu confiance. Alors, comme on savait pertinemment que, quinze jours plus tard, les bateliers auraient quitté la ville, pour plus de sécurité, on leur demandait beaucoup d'informations. C'est qu'il fallait les garder à l'œil! Mais vous savez, on n'y parvenait jamais vraiment... Pas facile de surveiller des gens qui bougent.

Chaumont tire son nom de Calvus Mons ou mont chauve.

Je me souviens d'ailleurs d'histoires qui ne se passent pas exactement sur la Marne mais qui illustrent bien ce phénomène. Il faut savoir que les bateliers sont des gens francs, entiers, des hommes qui ne s'en laissent pas conter. Avec ce type de caractère bien trempé, les bagarres étaient monnaie courante. Et comme un batelier, le soir, ça va dans les bars, les discussions tournaient souvent en règlements de comptes qui ne prenaient fin qu'une fois la police intervenue. Il nous reste énormément de documents qui retracent ces histoires.
La grande histoire de la région, c'est sans doute celle du canal de la Marne.
Oui. La construction du canal a été un élément moteur de l'économie du département et, dans le même temps, un véritable révélateur de ses divisions. On a commencé à parler de la construction du canal quarante ans avant le commencement du chantier. Les motivations pour se lancer dans ce projet étaient nombreuses. C'était, en effet, une nécessité quasi vitale pour l'économie du département, puisque l'on savait qu'il faudrait alimenter les forges et que le charbon de terre n'était pas éternel. Il allait donc forcément falloir alimenter en houille les forges haut-marnaises. Mais si tout cela était une certitude, cela n'a pas empêché que la construction du canal ait beaucoup trop tardé. La raison de ce retard? Les oppositions entre les maîtres de forges d'un côté et les «lobbies» pourraient l'expliquer. Mais le problème était plus compliqué encore. Les maîtres de forges eux-mêmes étaient scindés en deux groupes distincts, ceux du Nord et ceux du Sud bien évidemment, les puissants et les moins puissants. Il y a toujours eu une opposition entre les gens du Nord et ceux du Sud qui ne partageaient pas les mêmes intérêts, notamment à propos du gabarit du canal. Effectivement, plus le gabarit était important, plus la construction du canal revenait cher. Les gens du Nord, qui avaient un grand besoin en matériaux, en combustion, choisissaient donc de se lancer dans l'aménagement d'un canal pouvant accueillir des gabarits importants. Mais les gens du Sud, moins puissants, faisaient tout pour ne pas investir dans un canal qui s'annonçait très coûteux et qui n'allait pas leur apporter grand-chose.
Il y avait aussi les hommes politiques, les administrations qui étaient tantôt favorables, tantôt défavorables au projet, tant et si bien qu'il a périclité pendant des années avant de voir le jour. Il avait été question de construire ce canal en 1830-1840, et sa réalisation ne fut réellement menée à bien, de guerre lasse, qu'en 1850-1860. Mais déjà les temps avaient changé. L'économie haut-marnaise s'était effondrée, les fonderies n'ayant plus ni le carburant ni les matériaux nécessaires à leur alimentation. Le canal arrivait trente ans trop tard.

François Petra-Zoller,
responsable des archives
départementales
de la Haute-Marne

On a bien sûr tous les comptes-rendus de la Chambre des métiers retraçant ces diverses luttes d'influences entre politiques, chefs d'entreprise et maîtres de forges qui soutenaient le projet ou essayaient de l'empêcher. Différentes versions fleurissent pour expliquer cette perte de temps considérable. Mais au fond, tout cela n'est en fait qu'une histoire d'hommes incapables de s'unir autour d'un projet pourtant prometteur, voire essentiel pour les industries du département. Aussi, pendant que les politiques et les industriels tergiversaient, les forges haut-marnaises, ruinées, ont cédé le pas à d'autres forges situées en Lorraine. En 1870, le marché s'était déjà déplacé...

L'origine des noms des villes de Chaumont et Langres ?

La ville de Chaumont date du Xe siècle, c'est donc une ville que l'on pourrait qualifier de moderne. Chaumont est née de son château et tire son nom du latin *calvus mons,* qui signifie « montagne toute nue ». L'origine de la Marne est, quant à elle, toujours sujette à de vives discussions. Certains disent que c'est le mot *materna* qui aurait pu lui donner son nom. C'est une hypothèse qui est tout à fait valable, seulement elle ne s'appuie sur aucun document historique. *Materna* reste cependant une solution satisfaisante d'un point de vue lexical, historique, et poétique aussi. La Marne est la colonne vertébrale de toute cette région. Elle est la mère qui apporte, qui emporte, la mère qui oublie.

Le mot Langres lui, vient du nom de la tribu des Lingons, *Lingonenses*, baptisée ainsi par Jules César. Le mot *Lingonenses* a donné ensuite, par déformation, Langres.

Comment caractériseriez-vous les habitants de Chaumont et Saint-Dizier ?

Il est toujours difficile de mettre des étiquettes sur des choses aussi différentes et composites que des villes. Aussi, ce n'est pas parce que Chaumont et Saint-Dizier sont situées au bord de la Marne qu'elles se ressemblent. Chaumont est une ville administrative depuis sa création, alors que Saint-Dizier est une ville depuis toujours ouvrière. Les mentalités y sont donc radicalement distinctes. Aussi, il y a une façon de prendre un Chaumontais et une façon de prendre un Bragard, et mieux vaut ne pas se tromper. Un Bragard, par exemple, sera sensible à votre franchise et, s'il peut parfois se mettre en colère, il se calmera vite si vous savez trouver les mots justes, si vous lui parlez vrai. Un Chaumontais, lui, sera beaucoup plus attentif à la forme de ce que vous aurez à lui dire et s'il cherche la petite bête, il prendra plus de temps pour vous accepter et restera quelque peu circonspect.

La Marne, vers Lagny.

"La piscine c'était la Marne. On buvait un verre et puis hop ! tout le monde à l'eau !"

Gérard Riou, ancien décorateur, marinier à Lagny-sur-Marne

Je suis allé au Japon, j'ai gagné de l'argent et j'ai acheté un bateau. Puis je me suis ruiné et je suis devenu marinier à Lagny depuis maintenant une vingtaine d'années.

Nous sommes à présent à Lagny-sur-Marne. Pouvez-vous me parler de la place de la rivière dans cette ville ?

Nous passons à la hauteur de la halte fluviale. Elle est placée à l'ancien emplacement du port à bois où venaient tous les bois du Marais, qui se trouvaient un peu plus haut qu'ici, et qui étaient transportés vers Paris. Ils partaient souvent en bois flotté sur le Morin et se jetaient dans la Marne juste au niveau de Condé-Sainte-Libiaire, là où les deux rivières confluent. On avait deux ou trois guinguettes sur Lagny, comme on en trouvait au début du siècle. Il y avait le Moulin bleu, qui deviendra le Moulin rouge, le Moulin de la Galette, tenu par Gobel, et les Marronniers. Et puis sur l'autre rive, du côté de Dampmart, se trouvait un ring où tous les catcheurs venaient faire des combats. C'était une attraction plutôt distrayante. À ces endroits-là, la piscine, c'était la Marne. On buvait un verre et puis hop, tout le monde à l'eau !

En remontant le cours, au niveau de Chessy, vous allez voir quelques statues de pierre amusantes. Elles ont été sculptées par Jacques Servières avec les pierres d'un aqueduc qui a sauté pendant la guerre. Bien sûr, comme les blocs gênaient la navigation, il a fallu les mettre à terre. Et puis, il y a vingt-cinq ans de cela, ce sculpteur, qui avait besoin de matières premières, s'est mis en tête de les utiliser pour créer un atelier de plein air. Vous allez voir, c'est un truc très chouette, les sculptures de la Dhuys.

Alors on continue, on passe l'écluse de Chalifert qui ouvre sur le canal qui va à Meaux, et on va partir dans ce que nous appelons bêtement la fausse Marne. On lui a donné ce nom parce qu'on ne pouvait pas arriver à naviguer sur la rivière, sachant qu'à Meaux se trouvait un barrage qui empêchait de l'emprunter.

Le canal de Chalifert fait douze kilomètres de long. Comme tous les grands canaux, il va tout droit, ce qui permet d'éviter les vingt-huit kilomètres des boucles de la Marne et de diminuer le trajet pour aller jusqu'à Meaux de plus de seize kilomètres. Bien sûr, on se dit maintenant que cela fait beaucoup de travaux, mais quand il n'y avait pas de moteur sur les bateaux, qu'il s'agissait simplement de péniches halées, on comptait à peu près quinze kilomètres par jour de fret. Quinze kilomètres par jour, vous imaginez ! Ce système permettait donc de faire gagner un jour de navigation à un bateau allant à Meaux. De plus, tous les grands canaux creusés en France rendaient possible la circulation des péniches pendant toute l'année. Si on avait trop d'eau en hiver et pas assez en été, il suffisait de réguler. C'est pour ça que, jusqu'au début du siècle, la France était l'élite pour tout ce qui était du domaine de l'hydraulique, puisqu'on avait près de huit mille kilomètres de voies navigables. On les a toujours, d'ailleurs.

C'est bien à Trilbardou qu'il y a une usine particulière ?

Oui, à Trilbardou il y a eu l'usine élévatoire, mise au point par Monsieur Girard et Monsieur Sagebien. C'est la fameuse usine Sagebien qui pompe la Marne pour alimenter le canal de

Une guinguette en hiver.

l'Ourcq. On monte l'eau à douze mètres par un système de pompes avec des biellettes que l'on pousse, enfin, tout un système ! Il faut penser que tout ça a débuté durant la période napoléonienne, alors que le Premier Consul, ravi d'avoir été très bien reçu à Paris, a demandé à son ministre Chaptal ce qu'il pourrait faire pour la population. On lui a répondu : « Donnez-leur de l'eau », parce que l'eau coûtait très cher à Paris. Et il tint parole. Ce grand canal a donc été construit en vingt-trois ans et a dû servir pendant trois ou quatre ans à apporter de l'eau à la capitale.
Il a fallu plusieurs fois l'adapter à l'évolution du trafic, par exemple aux vingt-cinq péniches de trois cents tonnes qui devaient emprunter la voie navigable chaque jour pour les travaux de la Grande Bibliothèque. Un projet a été fait sur Isles-les-Meldeuses il y a quinze ou vingt ans par la mairie de Paris : le but était d'éviter que les bateaux de tourisme qui allaient jusqu'à la capitale ne fassent un aller-retour sans grand intérêt pour les passagers. On a donc construit à Isles-les-Meldeuses un petit ascenseur pour aller dans le canal de l'Ourcq et faire ainsi une grande boucle qui évitait ainsi les désagréments d'un aller-retour un peu répétitif.

Que vous inspire la confluence de Charenton ?

Nous allons souvent à Charenton. De l'autre côté de la rivière, il y a Alfortville. Et selon la petite histoire, si l'on vote à gauche la confluence est à Alfortville, si l'on vote à droite elle est à Charenton. Parce que chacun se partage une rive.

Pensez-vous que ce sont les eaux de la Seine qui traversent Paris ?

Non, je ne crois pas. De toute manière, ça ne peut pas être la Marne, pour la simple et bonne raison que l'on a un bassin versant qui nous limite. La seule interrogation possible serait de savoir si la Marne va se jeter dans la Seine ou dans l'Yonne.

“Je suis sculpteur. J'ai réalisé un jardin de sculptures sur les bords de Marne.
Depuis vingt-deux ou vingt-trois ans, je sculpte de grosses pierres que j'empile, et je donne petit à petit vie à ces blocs rudes, sans âme, sans mots. Il y a un dialogue qui se fait entre le monde brutal de cette caillasse et moi-même.
Au départ, les pierres que je travaillais provenaient d'un ancien aqueduc, l'aqueduc de la Dhuys, bombardé en 1940 pendant l'invasion nazie.
Cet aqueduc se situait en amont de Lagny, il rejoignait la commune de Chessy à celle de Dampmart, et captait l'eau qui provenait d'une rivière souterraine, la Dhuys.”

Jacques Servières, sculpteur du jardin de la Dhuys

Les berges de la Marne, vers l'ancien aqueduc de la Dhuys.

En aval de Luzy-sur-Marne.

Louis-Henry Cunier,
maire de Chamarandes-Choignes,
François Aubert,
passionné de botanique,
Jacques Belime,
mémoire de Chamarandes-Choignes,
Jean Chantier, retraité, natif
de la commune de Choignes,
Jean-Pierre Lesserteur,
ancien agent VNF,
Françoise Noël,
directrice honoraire de l'école
de Choignes,
Bernadette Retournard,
maire déléguée de
Chamarandes et adjointe à la mairie
de Chamarandes-Choignes,
Joseph Wagner, président de
la Communauté de communes
du Pays Chaumontais.

Halte à Chamarandes-Choignes.

Philippe Delorme,
professeur

L'eau, la forêt et la métallurgie

Je sais que vous avez beaucoup publié sur la métallurgie. Est-ce que vous pourriez me dire quels sont pour vous les événements qui ont marqué l'histoire de la métallurgie, de la forêt et de l'eau ?
Bien sûr. Je pense qu'il faut rappeler que les ressources minières sont très présentes dans la région. Mais, le plus intéressant selon moi c'est la forêt, puisqu'elle a fourni pendant des siècles le combustible, à savoir le charbon de bois, que l'on obtenait en particulier à partir du charme et du chêne, très abondants dans notre secteur. On peut même dire que les besoins des maîtres de forges de la Haute-Marne ont modelé le paysage forestier. Mais il y avait aussi les besoins en provision de bois pour la ville de Paris – bois de chauffage, bois de main-d'œuvre, etc.
La région de Saint-Dizier dans laquelle nous arrivons est devenue alors un lieu dit de « conflit ». On observe en effet un bras de fer entre, d'un côté, les consommateurs de Paris, mais aussi de la marine, puisque les bateaux construits à Honfleur et au Havre étaient en grande partie réalisés avec des chênes de notre région, et, de l'autre, les forces économiques locales qui avaient tout intérêt à ce que le bois reste sur place.
C'est à partir de la ville de Saint-Dizier et de quelques localités avoisinantes que s'est réalisé le transport par flottage, et ce depuis au moins la fin du Moyen Âge. La rivière, puis le canal, deviennent une sorte d'autoroute saisonnière utilisée huit à neuf mois par an, avec une relâche pendant l'été. On n'y circule que dans un sens : les marchandises descendent jusqu'à Paris, mais il n'y a pas de frais de retour. Pendant très longtemps, les maîtres de forges ont été satisfaits de cette voie avalante qui ne coûtait pas cher et qui permettait d'emporter à bon compte toutes sortes de marchandises, comme les pierres, le fer, la fonte, les bois, etc.
Pouvez-vous nous en dire plus sur les embarcations qui servaient au flottage sur la Marne ?
Les radeaux que l'on utilisait pour la flottaison s'appellent des brêles, j'ai vérifié dans un dictionnaire de 1841. Les brêles sont des morceaux de bois carrés, surtout du bois de charpente et du sciage, attelés les uns aux autres avec des ficelles, des cordages ou des bras de bois. Leur largeur est de cinq à six mètres et leur longueur peut aller jusqu'à quarante, voir quatre-vingts mètres. Ces radeaux de bois, qu'on appelle aussi des trains de brêles, descendaient la Marne par Vitry-le-François, pour passer ensuite à Châlons, Épernay, Dormans, avant de rejoindre les rives de la Seine. Certains continuaient même plus loin en direction de Rouen, du Havre et de Honfleur. On est certain que le flottage a été pratiqué depuis le XVIe siècle, la grande époque étant les XVIIIe et XIXe siècles.
Depuis quand la Marne n'est-elle plus navigable à partir de Saint-Dizier ?
Elle n'est plus navigable depuis les aménagements qui ont été faits, notamment les barrages-réservoirs construits pour préserver la ville de Paris des inondations. La plus célèbre crue est celle de 1910, mais les inondations de 1924, 1955 et 1956 ont conforté la ville de Paris dans sa décision de créer des barrages-réservoirs en amont, sur le bassin de la Seine.
Y a-t-il une petite opposition entre la métallurgie de la région de Saint-Dizier et la métallurgie qui est plus en amont de la rivière ?
La métallurgie était centrée autour des villes de Joinville et de Poissons, dans ces hautes vallées qui bénéficiaient d'un minerai de bonne qualité. On l'appelait le minerai de roche, pas parce qu'il s'agissait de roche, c'était simplement un nom générique. Le minerai de Saint-Dizier, lui, se trouvait en pleine forêt, il n'était pas extrait des carrières. C'était un minerai dit de demi-roche, qui était donc de moindre qualité. Il a fallu que des maîtres de forges comme Jules Rodet se donnent un mal fou pour arriver à en faire un minerai de qualité moyenne afin d'obtenir de bons produits métallurgiques comme le fil de fer par exemple. Vous êtes passés, un peu en amont, près de Froncles, où le choix de la valeur ajoutée par la tôle avait été fait. La tôle n'était pas une fabrication courante.
Saint-Dizier était le lieu du clou mortier, de la tôle et du vrai fil de fer. Finalement, la ville a profité des découvertes faites sur le plan géologique, dans la forêt de Wassy. Dans cette forêt, on a découvert à partir des années 1840, 1850 et 1860 des gisements très importants qu'on ne connaissait pas auparavant. Habituellement, le minerai de ces régions forestières était cassé dans un appareil que l'on appelle un « bocard ». On devait ensuite le laver pour le débarrasser de la terre et de ses impuretés. Or on a remarqué, de façon fortuite, que ce minerai de fer de la région de Vassy pouvait être brisé tout simplement à la main et mis directement dans le haut-fourneau.
Selon Denis Woronoff, mon professeur et directeur de thèse, quelque chose n'allait pas : « Ce serait un procédé rétrograde que d'abandonner le bocard, qui était tout de même une installation moderne pour l'époque avec sa roue hydraulique et ses mécanismes savants, pour en revenir à un cassage à main. » Avec les livres de comptes à ma disposition, j'ai étudié l'intérêt de cette pratique. La conclusion de ces recherches était qu'on arrivait à diminuer le prix de revient du minerai de fer de moitié, et que le marché ne résisterait pas à ces techniques, aussi frustres et élémentaires soient-elles. Cet avantage extraordinaire pour la région de Saint-Dizier a permis à la métallurgie de migrer depuis le centre du département et la région de Joinville restée très active, vers le nord du département.
Vous citez Denis Woronoff : je crois qu'il a beaucoup écrit sur la forêt et sur la métallurgie. Quel est son point de vue et quel est le vôtre, sur le développement de ces deux composantes de la région de la Haute-Marne ?
La forêt, au Moyen Âge, était un bien considéré, comme pouvait l'être l'air que l'on respire ici, c'est-à-dire un bien renouvelable autant qu'inépuisable. Ce n'est qu'à partir de 1515 avec la première crise de l'énergie à Paris, où le prix du bois de chauffage a commencé à atteindre des sommets jamais égalés auparavant, que l'on s'est rendu compte que le bois était une ressource certes renouvelable mais limitée, et qu'il fallait la gérer de façon raisonnée. Et c'est pour cela qu'au cours du XVIe siècle fut mise en place l'administration des Eaux et Forêts pour que la forêt soit exploitée de façon efficace. C'est ainsi qu'a été mis au point ce paysage forestier que l'on appelle le taillis sous futaie.
Il faut en effet préserver les intérêts du bois d'œuvre et faire pousser les chênes en hauteur et non pas en largeur. On trouve d'ailleurs là une grosse différence entre un chêne de jardin ou de parc forestier, qui est large comme tout et dont les branches partent dans tous les sens – un expert forestier vous dira que sur le plan de la valeur marchande, c'est bon pour faire du bois de chauffage et c'est à peu près tout – et les chênes en hauteur qu'il faut alors faire pousser avec le taillis, les forçant ainsi à monter plutôt qu'à s'étendre. Le taillis est constitué de brins taillés à une certaine dimension pour servir de bois de chauffage, et pour faire ce qu'on appelle les « meules », à l'origine du charbon de bois. Le taillis sous futaie a donc été ici le paysage forestier dominant pour préserver les intérêts du bois d'œuvre et du bois combustible.
Toute cette activité aurait normalement dû disparaître au XIXe siècle, victime du plus grand adversaire de ce paysage, à savoir la nouvelle école forestière de Nancy avec Lorentz, qui, sous l'influence de l'école allemande, expliquait qu'il était scandaleux de mettre du bois dans des cheminées, dans des fours ou dans des hauts-fourneaux. « Si ces messieurs les maîtres de forges veulent du combustible, ils n'ont qu'à faire comme en Angleterre et prendre du charbon minéral. Nous allons donc les forcer à se convertir à ce nouveau combustible, et s'ils ne le veulent pas, eh bien, ils en paieront le prix. » Et à partir de 1840, on en a ressenti les effets dans les adjudications. Les prix exigés par l'administration des Eaux et Forêts, dans la région de Saint-Dizier en particulier, devinrent prohibitifs et une course-poursuite commença entre les maîtres de forges, les Eaux et Forêts,

et les intérêts nationaux. En effet, un certain nombre de maîtres de forges se sont dit : «Tant pis, cette année, nous n'achèterons pas de charbon de bois» ; ce à quoi l'administration des Eaux et Forêts a répondu qu'elle patienterait : un, deux, trois, quatre ans, ça lui était égal. Mais le gouvernement, voyant que les rentrées fiscales n'arrivaient pas, décida quand même de vendre. On fit alors de nouvelles adjudications et finalement on parvint à trouver quelques compromis. Mais l'augmentation considérable des prix mena à cette constatation, le charbon de terre était devenu indispensable. La date cruciale à retenir est donc 1860.

Parlez-nous du cours de la Marne, en particulier de Balesmes jusqu'à Saint-Dizier.

La Marne n'est pas un lien de communication puisque la circulation s'y est pratiquement arrêtée, si tant est qu'il y en ait eu une, à partir de l'année 1725. Mais c'est en revanche un lien très important sur le plan de l'énergie, puisque la quasi-totalité des forges qui se trouvaient sur cette rivière et sur les autres fonctionnait à l'énergie hydraulique. Et puis il y avait les activités de pêche qui, d'après les archives notariales, étaient un complément important de nourriture pour les habitants de la région durant les XVIIe et XVIII siècles.

Connaissez-vous des faits divers importants autour de la Marne ? Des accidents, des noyades ou des suicides qui ont marqué l'histoire de la rivière ?

On trouve dans les registres paroissiaux, qui correspondaient à l'état civil d'autrefois, de temps en temps pour Saint-Dizier et les villages de Valcourt, Héricourt ou La Noue, les traces de personnes mortes noyées dans la Marne. Ces accidents faisaient donc partie de la vie rude que menaient les compagnons de rivières, ces gens qui construisaient et conduisaient ces radeaux sur la Marne. C'était un métier d'homme, pas un métier de famille. La batellerie a tout changé à partir de 1860 et quand le canal est arrivé à Saint-Dizier en 1866, les bateaux sont devenus des embarcations accessibles aux familles. On pouvait alors emmener sa femme, ses enfants, son grand-père...

C'était un genre de vie tout à fait différent. Cela reste porteur d'un souvenir important qui demeure visible dans les cimetières où l'on y voit des tombes de bateliers. On peut regarder aussi le fronton de l'hôtel de ville de Saint-Dizier pour se remémorer ces événements. Pour le moment, ce n'est pas le souci principal des habitants, mais c'est à nous de susciter chez eux cet intérêt pour l'histoire de leur région.

Quelle est la particularité de cette région ?

J'ai recueilli les souvenirs de beaucoup de personnes vivant dans les quartiers industriels de Marnaval et du Clos-Mortier. Ils ont vécu dans un paysage à la fois industriel et rural, avec des arbres, des champs, des forêts, des animaux et le temps des récoltes. Un cadre de vie assez curieux que celui-là, qui mêlait tout naturellement l'industrie et l'agriculture.

Aimé Mariez, décocheur, Fonderies de Sommevoire

Martial Berthuit, chef cuisinier à l'auberge Le Relais à Reuilly

Les écrevisses à pattes rouges, le chef étoilé et un remonteur de rivière

Nous nous apprêtons à passer devant votre auberge, installée sur les bords de la Marne...
Effectivement. C'est une auberge qui comprend un restaurant gastronomique et sept chambres. Nous accueillons une clientèle locale mais aussi et surtout une clientèle étrangère régulière, car l'auberge jouit d'une bonne renommée grâce à son étoile Michelin qu'elle conserve depuis 1992.

Est-ce un phénomène assez rare, sur la vallée de la Marne?
En étoilé, oui, surtout lorsque l'on considère l'isolement de cette auberge qui garantit sa tranquillité : nous sommes à cheval entre deux villages, dont l'un compte une centaine d'habitants, et l'autre une quarantaine seulement. Nous avons en outre la chance rare de pouvoir profiter tous les matins, quand on arrive à l'auberge, d'une vue assez exceptionnelle sur les côtes de la vallée.

Quelle cuisine proposez-vous?
On travaille essentiellement les poissons. On cuisine à peu près toute l'année le turbot, le saint-pierre, le bar, la langoustine et le homard. Les crustacés sont servis en fonction des saisons, comme d'autres produits de la terre. À l'approche du printemps, on va être sur des asperges blanches ou des asperges vertes du Midi, des fraises et les premiers primeurs. Après viendra l'été avec des choses plus fraîches, comme des gaspachos, des carpaccios, une cuisine un peu plus légère avec des plats au basilic. À l'automne, on mise davantage sur les champignons, le gibier, et on commencera à servir les huîtres et quelques crustacés. En ce moment, nous sommes en train de finir la saison de la coquille saint-jacques qui s'étend d'octobre à fin mars. L'hiver, nous préparons aussi des plats un peu plus rustiques.

Quelle est la place des produits de la Marne et de sa région dans votre cuisine?
En fait, s'il s'agit de poissons d'eau douce à proprement parler, on ne fait guère que le sandre. C'est à peu près le seul poisson du coin que je fais. Tous mes autres poissons proviennent de l'Atlantique ou de Méditerranée. En ce qui concerne le gibier, par contre, on essaye d'être sur du gibier local. Mais ce n'est pas toujours très facile.

Mange-t-on encore du brochet?
J'en ai effectivement fait beaucoup, surtout durant mon apprentissage, car je travaillais alors pour une maison qui était réputée pour faire du brochet au beurre blanc. C'est un poisson que je cuisine encore, mais occasionnellement, et même plutôt rarement car il ne correspond plus à une forte demande.

Et comment le prépariez-vous quand vous en faisiez ici, à Reuilly?
Un brochet entier de deux kilos et demi à trois kilos se cuit au court-bouillon, dans une tourtière, pendant une trentaine de minutes. On le cuit entier avec la peau, puis on retire la peau, on lève les filets et on lui retire ses arêtes. On le laisse ensuite réchauffer au court-bouillon, pas trop longtemps parce qu'il est déjà cuit. Pour l'accompagner, on peut simplement faire un petit fondu de poireaux : macérés à cru, blanchis, étuvés avec un petit peu de beurre blanc, un beurre cuit et nappé selon la tradition, avec du vin blanc et des échalotes. C'est pour moi la meilleure façon de cuisiner le brochet traditionnel.

Vous pouvez me parler du sandre?
Le sandre, on en fait beaucoup plus souvent. La cuisson est différente : on le désarête cru, ensuite on le tronçonne et on le cuit en filet. Pour lui donner un peu de goût, j'ai l'habitude de faire une incision et d'y insérer une feuille de laurier qui saura accompagner la cuisson. Je commence donc par le cuire à la poêle côté peau, et je termine ensuite au four. La garniture varie : on peut se faire plaisir en préparant un risotto avec des courgettes ou des petits coquillages. On peut également le manger avec du céleri, des champignons grillés; je l'aime bien aussi avec une sauce au vin rouge... On peut surtout laisser aller son imagination!

Nous venons justement de passer devant Le Relais de Reuilly...
Il arrive d'ailleurs parfois, plutôt rarement, que certains clients arrivent en bateau et accostent pour venir dîner et dormir chez nous. Il nous arrive aussi d'aller chercher des gens à la halte nautique de Jaulgonne, ou, mais plus rarement, à Trélou. C'est agréable parce que ça crée des liens. Cet été, par exemple, j'ai fait une table de dix pour des Hollandais qui faisaient une traversée en bateau.

Et vous pensez que la Marne pourrait retrouver cette utilité?
Il faudrait que l'on communique vraiment là-dessus en précisant qu'il existe une halte nautique à Jaulgonne, à Mont-Saint-Père et à Trélou, et mettre en place une liaison entre les différents établissements. Nous-mêmes sommes d'ailleurs référencés dans une revue de canaux.

Jean Cartry, premier adjoint au maire de Chamarandes-Choignes

Nous nous trouvons juste avant Chaumont, et la Marne n'est encore qu'une petite rivière...
Effectivement, c'est encore un petit cours d'eau qu'on peut presque traverser à pied sec en période d'étiage. Il y a eu des travaux qui ont été réalisés dernièrement sur la Marne, et j'ai été étonné car nous avons pu constater qu'il y avait encore des écrevisses dans la rivière, ici à Choignes. On en a même rencontré un certain nombre. Ce sont des écrevisses à pattes rouges qui proviennent naturellement de la Marne ; il ne s'agit là ni de l'espèce invasive ni d'un élevage. J'ai connu beaucoup de gens qui en mangeaient encore dans les années 1970. Jusqu'à ces travaux, elles étaient réputées disparues.
Comment considère-t-on la rivière par ici ?
À mon sens, les travaux sont la preuve d'une certaine implication, et c'est assez positif. Mais ils ont aussi des effets néfastes. J'estime qu'on nettoie trop les bords de la Marne, qu'on élague trop les arbres, qu'on les coupe trop. Même ici, on est en train de transformer la rivière en une espèce de canal sans plus aucune barrière naturelle ni aucun abri pour les poules d'eau, les écrevisses, et pour toutes les espèces de poissons.

Benjamin Dauchez, notaire

Je crois que vous avez un projet en rapport avec la rivière Marne.
Effectivement. Je vais prochainement remonter la Marne avec des amis remonteurs de rivière et nous avons prévu l'ascension de cette rivière depuis Chaumont en Haute-Marne jusqu'à sa source à Balesmes.
Ce groupe de remonteurs de rivières existe depuis une vingtaine d'années. Il a été créé à l'initiative d'un professeur de droit à Limoges qui s'appelle Jean-Pierre Marguénaud. Quatre fois par année, une fois à chaque saison, ce groupe entreprend la remontée d'un cours d'eau jusqu'à sa source, ou bien encore la descente d'un fleuve jusqu'à la mer ou l'océan.
Quelles rivières avez-vous déjà remontées ?
Nous avons déjà remonté toute sorte de rivières, notamment dans le Poitou, dans le Tarn-et-Garonne, en Auvergne et dans le Limousin. Nous avons entrepris des remontées dans la région avec par exemple la Serre, mais aussi en Côte-d'Or, et beaucoup de rivières aux alentours du plateau de Millevaches, dans la Creuse et la Corrèze.

La Marne, "Mère nourricière", vue par une botaniste de l'île Maurice

«Accepter les dépendances que nous impose la Nature, c'est la sagesse. Les aimer, c'est le bonheur»
Bernard Grasset

Les écosystèmes aquatiques et terrestres du territoire français métropolitain se caractérisent par une grande richesse botanique, allant des lichens et des mousses de type arctique et alpin à des espèces semi-tropicales comme les oliviers et les orangers. Les rivières – en particulier la Marne, de par sa taille – font partie de ces zones humides qui abritent de nombreux habitats et diverses espèces. Les plantes et algues y remplissent des fonctions importantes. Certaines de ces espèces qui sont menacées sont aussi protégées par la loi. Pour l'écologie du paysage, les rivières (et leurs berges et milieux associés) sont aussi considérées comme jouant un rôle majeur en tant que corridor biologique.
La Marne jouerait ainsi ce rôle important car, grâce à son environnement protégé, elle dispose aussi d'une grande diversité végétale et animale. Cet aspect est reflété dans son nom qui est dérivé du nom gaulois *Matrona*, signifiant «mère nourricière» (homophone du latin *matrona*; voir le nom de la déesse galloise Modron), issu du gaulois *matr*, «mère», et de la racine hydronymique très courante *onna*.
Les milieux naturels abritent de nombreuses espèces animales et végétales devenues rares localement. Plusieurs de ces espèces s'y trouvent : on note la présence de la cuscute d'Europe (plante parasite de l'ortie) et de la cardamine à feuilles d'impatience. Ces deux espèces protégées affectionnent les lieux humides et ombragés. Les berges regroupent une diversité d'espèces d'arbres comme le saule – saule à trois étamines (*Salix triandra*), saule à oreillettes (*Salix aurita*), saule blanc (*Salix alba*), saule marsault (*Salix capraea*) –, le marronnier d'Inde (*Aesculus hippocastanum*), le peuplier noir (*Populus nigra*), l'aulne glutineux (*Alnus glutinosa*), le chêne pédonculé (*Quercus pedunculata*), l'érable plane (*Acer platanoides*), l'érable à feuilles de frêne (*Acer negundo*). On y trouve aussi l'if (*Taxus baccata*), avec ses fruits toxiques, et qui est précurseur d'un médicament contre le cancer (le Taxol). Les menuisiers apprécieront la présence du merisier (*Prunus avium*).
Parmi les plantes ornementales sur les berges, on trouve les joncs, les iris jaunes et roseaux, la violette odorante (*Viola odorata*). Cette dernière, souvent associée à la modestie, voire à la timidité, ne se limite pas à ces vertus d'effacement. Elle est aussi l'emblème de la jeunesse, de la beauté et de la générosité. Le coquelicot (*Papaver rhoeas*) se fait remarquer en été et ajoute une note de couleur à la végétation. L'orchidée abeille (*Orchis sp.*), le gouet maculé ou arum (*Arum maculatum*), l'épiaire des bois (*Stachys sylvatica*) et l'épiaire des marais (*Stachys palustris*) ou encore le lierre (*Hedera helix*) et la pâquerette (*Bellis perennis*) sont de la partie pour créer cette riche diversité de plantes pour l'ornement.
Les herbiers aquatiques se composent de nénuphars – le nénuphar jaune (*Nuphar lutea*) – et de plantes aquatiques flottantes. Cette végétation si peu représentée sur le cours de la Marne joue un rôle écologique très important en servant de frayère pour les poissons et de refuge pour de nombreux insectes. Parmi les autres plantes aquatiques, on retrouve le cresson des bois (*Rorippa sylvestris*), le roseau (*Phragmites australis*), différentes espèces de prêles : prêle des bois (*Equisetum sylvaticum*), prêle des champs (*Equisetum arvense*), prêle géante (*Equisetum maximum*). La prêle est très appréciée pour ses vertus médicinales, notamment comme diurétique. La forêt alluviale, en retour, joue un rôle important dans l'épuration de l'eau de la Marne. On y retrouve l'ortie, plante typique des milieux humides, et également la plante hôte de nombreux papillons, qui forme des tapis denses et monospécifiques. Cette flore existante comprend plusieurs plantes médicinales. On y retrouve la grande consoude (*Symphytum officinale*) souvent utilisée en cataplasme, contre les douleurs musculaires et rhumatismales.
Le cresson de fontaine (*Nasturtium officinale*), remède par excellence contre le scorbut, la verveine (*Verbena officinalis*), tisane calmante, et aussi des espèces de chénopodes qui aident à évacuer les vers intestinaux. Le gui (*Viscum album*), plante parasite dont l'usage remonte au temps des druides, trouve sa place non seulement dans la médecine traditionnelle mais aussi en médecine moderne. Parmi les plantes alimentaires, on retrouve le groseillier à maquereaux (*Ribes uvacrispa*), le groseillier sauvage (*Ribes rubrum* ou *vulgare*), le fraisier (*Fragaria vesca*) et même le noyer (*Juglans regia*). Qui dit bière dit aussi le houblon (*Humulus lupulus*), et cette plante peut y être répertoriée.
Ce petit survol de la végétation de la Marne montre à quel point la communion entre les différents écosystèmes est importante. Il va de notre survie sur cette planète de bien préserver cette écologie surprenante qu'est celle des rivières.

Ameenah Gurib-Fakim,
professeur à l'université de Maurice

à l'endroit de la confluence du Surmelin et de la Marne.

“Le long de la Marne vivent les plus grands papillons de France, les macarons.”

Choisir un endroit où planter sa tente pour commencer la cueillette des insectes ne se fait pas au hasard. Chaque insecte se développe dans un milieu très particulier où il trouve un emplacement privilégié pour y construire son nid. Réussir à repérer ces lieux de prédilection passe par une observation attentive de la nature. En ce qui concerne les papillons, tout passe par la vue. Il faut donc observer le sol, regarder les arbres, mais aussi les plantes et les fleurs autour de soi. C'est également une question de feeling. S'il n'y a pas d'insectes ou de papillons qui volent, il y a peu de chances d'en trouver au niveau du sol. Les cueillettes près de la Marne sont pratiquement inexistantes. Bien sûr, on trouve dans ce secteur beaucoup de piérides blanches, petits papillons connus de tous, qui sont vraiment superbes. Mais il y a, à vrai dire, peu d'autres insectes... Il faut aller en forêt, sur les coteaux, ou dans des lieux très spécifiques, pour rencontrer, au niveau du sol ou sur des plantes plus grandes, de meilleures conditions pour leur développement. On trouve alors essentiellement des longicornes, des capricornes et beaucoup d'insectes de la famille des bousiers, bleus ou noir bleuté avec des reflets acier. Ce sont des insectes très courants, beaucoup plus faciles à dénicher que la cicindèle, bien plus rare et qui ne vit que dans des lieux privilégiés qu'on ne peut atteindre qu'en acceptant de crapahuter un peu. Les plantes que je préfère, ce sont les orties. Elles sont la nourriture de base de beaucoup de chenilles, ce qui veut dire que, lorsqu'il y a des orties, il y a des papillons. C'est ce type d'endroit que je recherche car c'est là que j'ai le plus de chance de trouver de beaux spécimens. Parmi les papilionidés que l'on trouve très facilement dans cette région, il y a la belle dame, un papillon de couleur orangé, noir et blanc. C'est un très beau papillon que l'on rencontre surtout au printemps. Il y a aussi, depuis peu, le flambé aux ailes jaunes zébrées de noir. J'en ai découvert deux il y a deux ans, auparavant je n'en avais encore jamais trouvé ici. Le long de la Marne vivent également les plus grands papillons de France, les macarons. Malheureusement, il est de plus en plus difficile de les observer. Leur nombre diminue dangereusement, l'utilisation de pesticides dans cette région en est certainement la cause et je le déplore.

Philippe Morrier,
médecin et chasseur de papillons

Halte au Grand Jard de Châlons-en-Champagne, lieu de naissance (1749) de Nicolas Appert, l'inventeur de la conserve –
Autre destin, celui d'Aldebert von Chamisso né à Ante, près de Châlons en 1781 – Il fut un Européen avant l'heure, il est mort à Berlin en 1838. Il est surtout l'auteur de "L'Etrange Histoire de Peter Schlemihl", paru en 1814.

Jean-Michel Berlingué, Maire de Foulain.

L'accent de Foulain et les comédiennes de Damery

Robert Forgeot,
mémoire de Foulain

D'où vient cet accent?
Il y a plusieurs origines à notre accent, ici, à Foulain. Si on considère les anciens, à mon avis, beaucoup devaient avoir un accent lorrain et roulaient les « r » comme on le faisait à Nogent. Quand vous allez à Crenay, à cinq kilomètres de Foulain, c'est plus l'accent bourguignon que l'on rencontre, et les « r » étaient encore prononcés différemment. Quant à Chaumont, au commencement de la Champagne, c'est l'accent de cette région que vous y trouverez. On peut donc dire que Foulain se trouve juste au carrefour de toutes ces influences mais, personnellement, je pense qu'on penchait plus vers le lorrain, parce qu'on travaillait beaucoup avec les Nogentais à la coutellerie. En somme, on a encore un peu de mal à se définir... même si on se sent peut-être plus attiré par des métropoles comme Dijon.

La guerre, Foulain, quelques histoires?
Pendant la guerre, la Marne a toujours été une sorte de frontière, de limite stratégique. La guerre de 1870 a laissé des traces dans le village, comme en attestent les inscriptions sur le monument aux morts. Trois soldats français y furent enterrés. Des soldats et des civils y tombèrent également en 1914-1918 puis en 1939-1945. Durant la Seconde Guerre mondiale, la Marne servit de démarcation entre la zone libre et la zone occupée. En fait, ici, nous sommes pile sur cette limite. Vous voyez la route? La maison qui est là faisait office de poste frontière et la voie était barrée par les Allemands. C'était pendant l'Occupation, de mai 1940 à septembre 1944.

Danièle Fortier, maire de Damery
avec sa petite-fille Hélène

Racontez-moi vos baignades dans la Marne.
À l'époque, nous avions une plage un peu plus loin, juste après le barrage. Tous les enfants du village allaient se baigner dans la rivière à cet endroit, qui était en fait une grévière; la formation des trous étant trop conséquente, c'est devenu dangereux. La plage a été abandonnée. Aujourd'hui, il arrive que des enfants sautent du pont. C'est strictement interdit mais... ils le font encore, et avec bonheur!

Parlez-moi de votre village.
On entre dans Damery par une allée de platanes plus que centenaires. Elle date de 1867 et c'est un site naturel classé. Dans l'enfilade de la grande allée, on découvre le village qui s'étale majestueusement autour de son église ancienne du XIIe siècle.

Autrefois, nous avions plus haut un adorable petit pont avec une petite mare. Le pont a subi des travaux qui lui ont fait perdre en partie son cachet, mais l'essentiel est que cette jolie mare, que l'on appelle la « Fosse Tournisse », existe toujours telle quelle; c'est aussi un des plaisirs en arrivant à Damery.

Dans ce village, nous avions également un bateau-lavoir de l'autre côté de la rive, en face de nous. Mais il a disparu, comme beaucoup d'autres choses. Le restaurant qui s'est installé à sa place a pris le nom de *Bateau-Lavoir*. C'est un endroit très accueillant et, quand on déjeune là-bas, on a la vue sur tout le village et on profite de la rivière et de ses bateaux.

Il me semble que des personnalités sont originaires de Damery. Pouvez-vous m'en dire plus?
Ce village semble prédestiné à voir naître des comédiennes. Adrienne Lecouvreur est née à la fin du XVIIe à Damery, dans une petite maison qui existe toujours dans une rue adjacente à la rue principale; et juste à côté se trouvait la maison du docteur Baye, dont le nom se prononçait à l'époque « Bai », et qui appela sa fille Nathalie... À deux siècles et demi d'écart, ces deux actrices de talent sont nées quasiment au même endroit. Étonnant, non?

À Venteuil, un peu plus haut sur le coteau, Nathalie Baye possède encore une maison.

Adrienne Lecouvreur, quant à elle, est née en 1692, mais elle est partie très jeune de Damery, vers l'âge de six ans. Elle a fait une brillante carrière dramatique à Paris et a côtoyé des personnalités importantes, telles que Voltaire. Mais vous savez, les femmes à l'époque étaient très mal vues dans les théâtres. Elle est morte tragiquement, sans doute par empoisonnement et ses amis ont été obligés de cacher son corps pour qu'elle ne soit pas brûlée, comme cela se faisait autrefois pour les actrices. Un buste de cette dame de grande réputation a été offert à la ville par Mme Rousseau qui habitait d'ailleurs tout au bord de la Marne.

Guy Seligmann

Vin de Champagne et studios de cinéma

Nom, prénom, fonction.
Seligmann, Guy, né le 24 mars 1939, réalisateur, président de la Société civile des auteurs multimédia (SCAM).

Quels sont les films tournés dans les studios de Joinville qui t'ont marqué ?
Les Enfants du paradis, toute l'histoire du cinéma français est passée par là. J'ai aussi vu Charles Brabant, fondateur de la SCAM, tourner *Les Liaisons dangereuses* dans ces studios. Sinon, je ne les ai pas connus, je ne peux pas vraiment en dire plus.

As-tu travaillé aux studios de Saint-Maurice ?
Non, très peu. Une fois, je suis allé voir Jacques Tati, qui tournait *Playtime* et qui avait transformé le plateau de Saint-Maurice pour y construire cet immeuble ultramoderne, tout en verre, qui sert de décor à son film. La Marne me rappelle aussi un film que j'ai réalisé en 1975 qui a beaucoup marqué à l'époque, *Vivre à Bonneuil*, avec Maud Mannoni, et aussi *Secrète Enfance* en séjournant à Bonneuil de 1973 à 1975.

As-tu un souvenir personnel sur la rivière ?
Quand je pense à la Marne, ce qui me vient à l'esprit, c'est un souvenir de l'immédiate après-guerre, en 1946 ou 1947. J'avais des frères aînés, et heureusement ils se sont beaucoup occupés de moi. Deux d'entre eux, Jules et Jacques, m'ont dit un jour : « Il faut qu'on t'apprenne à plonger. » J'avais neuf ou dix ans, peut-être moins, et ils m'ont donc emmené à Joinville. Le plongeoir était très haut, il faisait six mètres, et pour un môme c'était vraiment quelque chose. Mais j'ai plongé ! J'avais envie de leur prouver que j'étais leur égal. Je leur en suis extrêmement reconnaissant, parce cette expérience m'a été très utile par la suite, y compris dans la réalisation. À l'époque, j'avais déjà décidé que je serais réalisateur et rien d'autre. Et donc, durant toute ma vie, je n'ai plus eu peur de rien. J'ai appris à piloter, à sauter en parachute, à sauter à l'élastique. Cette expérience à Joinville a été absolument essentielle.

Parlons cinéma, en particulier des studios de Joinville.
La dernière expérience que j'ai eue avec les laboratoires GTC (Général technique et cinématographique), dernière société qui subsistait des studios de Joinville, date de 1997-1998. J'ai passé six ans de ma vie à Saint-Pétersbourg de 1992 à 1997, pour produire un film d'Alexei Guerman qui s'appelle *Khroustaliov, ma voiture !* (*Kroustalyov mashinu !*). Lorsqu'en mars 1953 Guerman est sorti de la datcha où Staline était mourant depuis plusieurs jours, il a dit : *« Kroustalyov mashinu ! »* D'où le titre : *Kroustalyov* est le nom de son chauffeur, et *mashinu* signifie « ma voiture ». Toujours est-il que j'ai produit ce film, une de mes plus grandes fiertés, et qu'il a été entièrement monté en mars 1998 aux laboratoires GTC de Joinville-le-Pont. Ce film a été sélectionné au festival de Cannes en 1998, dans la compétition officielle. Scorsese, président du jury cette année-là, a dit pendant la première bobine : « Ah, cette fois-ci, on tient la palme d'or ! » Mais malheureusement, et je pense pour des raisons politiques, Guerman n'a reçu aucun prix.

Guy Seligmann,
réalisateur, producteur, président de la SCAM

" 1922, 1923, ce sont les débuts du cinéma. Jusqu'en 80, c'était une cité qui était tournée vers le cinéma. Tout le monde y travaillait, pour les studios en particulier : il fallait des peintres, des staffeurs, des menuisiers, des électriciens, le maquillage. Et tous les enfants participaient comme vedettes pour de nombreux films. Très souvent, on pouvait trouver dans la rue Pierre Fresnay déguisé en Louis XVI ou Napoléon Ier. On voyait les grands acteurs, parce qu'entre deux prises, ils allaient dans les restaurants, dans les guinguettes. C'était très joyeux. Mais tout ceci a disparu. La cheminée que vous voyez derrière moi, c'est une cheminée qui représente l'usine Pathé. Pathé, c'est assez étonnant, a décentralisé Pathé Vincennes établi depuis 1898. Mais comme le celluloïd utilisé pour la fabrication des films était très explosif, très dangereux, Pathé a eu l'idée de s'installer ici, à Joinville, avec ses deux cents tonnes de celluloïd. Et c'est à Joinville qu'a été créé, je crois en 1906, le 9,5 mm, à savoir les appareils Pathé Baby. Beaucoup de citoyens pouvaient faire de nombreux films grâce aux appareils Pathé Baby. Charles Pathé s'est installé ici aux alentours de 1920. Et en même temps, Paramount s'est installé en haut de Joinville, très limitrophe à Saint-Maurice. Il y avait une rivalité très forte entre les deux. Et les habitants de Joinville allaient travailler soit en haut, soit en bas. Le port de Joinville n'est là que depuis 1971. Avant, à la période de « Hollywood sur Marne », c'est à dire l'époque des studios, il y avait quatre piscines, baignades, cimentées mais magnifiques, des parasols, on se croyait sur la côte d'Azur pratiquement. Et en particulier il y avait la baignade Bérétrot, le speaker de *Radio Paris*. Dans ces bâtiments-là, Pathé avait créé aussi le *Pathé Journal* en 1912. Parce qu'avant, dans les salles de cinéma, vous aviez le petit film, le court métrage, le grand film, et les actualités, et ces actualités étaient tournées ici. Mais comme à l'époque les reporters ne se déplaçaient pas beaucoup, la Marne servait souvent de décors pour la Volga, les fleuves en Chine, en Russie, en Amérique du Sud !"

René Dennilauler

Claire Yverneau,
champagne Nicolas Feuillatte

Je suis responsable de la commercialisation du champagne sur certaines zones de l'export, principalement sur les départements d'outremer, les Caraïbes, l'océan Indien et l'Asie du Sud, les compagnies aériennes et les *duty-free* en France. Nicolas Feuillatte, c'est une union de coopératives basée à Chouilly. Nous regroupons cinq mille vignerons qui nous livrent leurs raisins. On élabore le champagne sous une seule et même étiquette.

De quels principaux cépages est issu votre champagne ?

Le champagne est un vin d'assemblage, et notre production n'échappe pas à la règle. Trois cépages y sont représentés : le pinot meunier, le pinot noir et le chardonnay. Le pinot meunier, qui est l'approvisionnement majoritaire, représente à peu près quarante pour cent de notre champagne. Nous répartissons ensuite le reste sur le pinot noir et le chardonnay. Le principal département avec lequel nous travaillons est bien sûr la Marne, mais nous nous approvisionnons aussi dans l'Aube, l'Aisne, soit tous les départements qui sont producteurs de champagne.

Quels cépages bordent la rivière ?

Les bords de Marne étant très humides et froids, il faut un cépage qui mûrisse dans de bonnes conditions. On trouve donc principalement du pinot meunier, qui est un cépage assez rustique. Il y a assez souvent des nappes de brouillard sur la Marne, ce qui n'est pas le cas sur la côte des Blancs ni sur les coteaux de la Montagne de Reims.

Vous qui travaillez dans le champagne, que représente pour vous la rivière au quotidien ?

Je croise la rivière tous les jours puisque, pour me rendre chez Nicolas Feuillatte, je longe la Marne. Je viens du village de Jonquery, donc du Tardenois. Je passe par le village de Reuil tous les jours, et je vois le château de Boursault sur ma droite. Ce que j'aime particulièrement en longeant la Marne, c'est sentir le changement des saisons. Le paysage se métamorphose à chaque saison, et je pense que ce phénomène est remarquable lorsque l'on vit au bord de la rivière.

Le port de Joinville, là où les premiers

studios de cinéma se sont installés en 1912,

face à l'entrée du tunnel de Saint-Maur.

En amont de Lagny, entre l'écluse de Chalifert et Précy-sur-Marne, là où la rivière n'est navigable que sur quelques kilomètres, tirant d'eau 1,80m jusqu'au pont d'Anet.

“Et ce monstre s’appelle un haut-fourneau”

à Sommevoire, les fonderies.

Élisabeth Robert-Dehault,
présidente de l’Association pour la sauvegarde et la promotion du patrimoine métallurgique haut-marnais

Parlez-moi de votre association.

L’association de sauvegarde du patrimoine industriel a vu le jour en 1990, à la suite du dépôt de bilan d’une usine. Il y avait dans ses murs un monstre qui était menacé, un monstre qui s’appelle un haut-fourneau. Alors, le syndicat d’initiative de Wassy est venu me chercher pour que je participe à sa sauvegarde. J’ai donc été projetée dans cette aventure, pas tout à fait contre mon gré mais pas de mon plein gré non plus.

Wassy ne se situe pas exactement sur les bords de la Marne, mais plutôt dans la vallée de la Blaise qui est certainement une des plus anciennes vallées industrielles de France. En effet, la première forge de Wassy date de 1157 et est, en tout cas, la plus active du XIXe siècle avec ses vingt hauts-fourneaux sur près de quarante kilomètres. Notre association a trois objectifs : sauver, valoriser et réhabiliter le haut-fourneau. Cette entreprise dure depuis vingt ans, et nous avons pratiquement terminé la remise en état de sa roue à eau, de sa soufflerie ainsi que de son Wilkinson, four de seconde fusion qui a dû être complètement réinventé pour fonctionner à nouveau. L’association possède une revue, *Fontes*, qui nous motive à travailler sur ce patrimoine industriel et la réalité économique que cela représente pour nous aujourd’hui. La revue, c’est une aventure passionnante ! Avec ses trente-deux pages et ses quatre parutions par an, elle existe déjà depuis vingt ans, et cela sans aucune aide ni subvention.

Alors, quelle a été l’histoire de cette vallée de la Blaise ? Comment la métallurgie a-t-elle évolué et quelles ont été les implications pour la Marne et le trafic fluvial ?

L’histoire de la métallurgie dans la vallée de la Blaise naît d’une trilogie bien connue en France mais tout particulièrement dans la Haute-Marne : la trilogie eau-bois-minerai de fer. Il y a donc le minerai de fer qui affleure, le bois qui permet de fabriquer le charbon de bois, combustible des bas-fourneaux puis des hauts-fourneaux, et l’eau comme force motrice pour les roues à eau, avant que n’arrivent les machines à vapeur ou à électricité. Et l’eau permettait bien sûr aussi le transport des marchandises. Cette trilogie réunie et tout à fait exploitable dans la vallée de la Blaise en a fait un site très longtemps riche et prospère.

À Wassy, on trouvait également des minières avec un minerai facilement accessible et de très bonne qualité. Ce minerai a fait tourner, à partir de 1870, les forges de Champagne, à Marnaval, tant et si bien qu’elles ont construit un canal entre Wassy et Saint-Dizier.

Jusqu’à quatre cents minerons ont travaillé dans les minières de Pont-Varin près de Wassy. Ces ouvriers descendaient leur minerai dans des wagonnets jusqu’aux estacades où attendaient de petites péniches. Il faut rappeler que le canal de Wassy-Saint-Dizier était un canal de gabarit Freycinet. Ce gabarit correspond à des cotes précises en largeur et en hauteur, en fonction desquelles étaient construits des garages à bateaux en encoches régulières le long de la rive. Le canal de la vallée de la Blaise étant assez petit, ces garages ne permettaient, une fois occupés, que le passage d’une seule péniche.

Et qu’est devenue la vallée de la Blaise aujourd’hui ?

La Blaise n’a plus de hauts-fourneaux, puisque ceux-ci ont commencé à disparaître à partir de 1860, date de la signature du traité de libre-échange entre Napoléon III et l’Angleterre. Ce traité va finalement conduire à la suppression de toutes les protections douanières que la France avait accumulées autour d’elle et de ses productions. Il y a aussi, en 1894, la tombée dans le domaine public du brevet de déphosphoration Thomas qui va faire de la Lorraine une contrée sidérurgique absolument incontournable. Ce nouveau marché va littéralement tuer la fonte au bois, nos fourneaux traditionnels et nos petites usines à la campagne ne pouvant plus rivaliser. Cependant, comme nous en sommes toujours restés à des capitaux familiaux, nous n'allions pas totalement nous éteindre mais plutôt nous reconvertir. Si la transformation du minerai de fer en fonte correspond à la première fusion, nous allions nous équiper de four de seconde fusion, puis finalement aujourd'hui de fours électriques qui nous permettent de pérenniser une vocation industrielle qui remonte à plus de trois mille ans.

Elisabeth Robert-Dehault ou la mémoire de la métallurgie

À quelle écluse sommes-nous?

Nous sommes à l'écluse de Chamouilley.

De quelle réalisation la métallurgie de la vallée de la Blaise ou, en tout cas, la commune de Saint-Dizier est-elle la plus fière?

Eh bien, la production la plus prestigieuse a été réalisée au XXe siècle. Cette production, c'est une production de fontes d'art, c'est-à-dire d'objets d'art comme des fontaines, des vases, des statues et mille autres créations qui ont été éditées en série à partir de modèles de sculpteurs contemporains et de grands sculpteurs d'époque comme Camille Deleuze, Frédéric Bartholdi ou encore Mathurin Moreau. Ces œuvres ornent maintenant Paris et les principales villes de France, mais ont également conquis le monde entier. En effet, les fondeurs d'art marnais ont su exporter leurs travaux, et nous sommes aujourd'hui en train de recenser ces créations artistiques qu'on retrouve dans environ soixante-dix pays et plus de deux cents villes en dehors de la France.

Vous m'avez parlé de la Marne, de l'histoire, des premiers rondins de bois qui remontaient vers Paris et des radeaux; comment voyez-vous l'évolution de la Marne ou du canal?

Il est sûr que les rivières en Haute-Marne ont été des sources de richesse absolument incroyables puisqu'on a utilisé leur force motrice du XIIIe jusqu'à la fin du XIXe siècle. Mais tout cela appartient au passé, et les rivières ne participent plus au développement économique de notre département, ce que je regrette. Même si ces ressources naturelles ont longtemps été indispensables, je ne crois pas, aujourd'hui, à un avenir économique du canal. En effet, l'inconvénient du transport fluvial, c'est sa lenteur; maintenant que tout va très vite et que le délai est l'un des trois critères essentiels de la réussite économique, tout est plus compliqué. Délai, qualité et prix, voilà la trilogie à remplir pour rester compétitif sur le marché. Il est donc difficile, selon moi, de rester dans la course pour le transport fluvial, même si, malgré tout, des péniches sillonnent encore l'Europe.

Et qu'en est-il de votre propre rapport à l'eau, à la Marne, au canal?

Mon propre rapport à la Marne se limite à l'histoire de la métallurgie. Par contre, je me sens plus proche de la Blaise, puisque c'est là où je suis née. Je me souviens de l'eau dans les canaux transversaux, des parties de pêche avec mes frères et sœurs et des trempettes quand j'étais enfant.

Anciennes fonderies de la Vallée de la Blaise.

Hubert Lampaert,
directeur de l'usine Ferry-Capitain

“La Marne s'autorise de temps en temps quelques fantaisies, elle fait la grosse voix, et lorsqu'elle veut vraiment se faire entendre, elle traverse l'usine et cela entraîne beaucoup de dégâts.”

Tout d'abord, racontez-nous l'histoire de l'usine Ferry-Capitain.
C'est une longue histoire, car l'usine a plus de cent quatre-vingts années d'existence. Elle a démarré en 1831 avec l'exploitation des minerais de fer extraits de la colline juste derrière moi, que l'on transférait après un simple lavage vers des forges de la région. Peu de temps après, le propriétaire des terrains, qui s'appelait Capitain, a décidé de se lancer dans l'aventure métallurgique avec la construction d'un haut-fourneau, puis d'un deuxième, l'activité étant alors en plein essor. Depuis, les dirigeants fortement avisés qui se sont succédé ont pris en compte l'évolution des techniques, les modifications d'installations ainsi que la recherche de nouveaux débouchés qui ont permis à l'entreprise de ne pas s'éteindre comme beaucoup d'autres au moment de la crise du secteur. Nous sommes donc aujourd'hui une entreprise à vocation internationale avec quatre-vingt-cinq pour cent d'exportations, reconnue mondialement pour certaines de ses fabrications.
À qui appartient l'entreprise ?
L'usine Ferry-Capitain a plusieurs noms. À l'origine, c'est un fils Capitain, qui avait épousé une femme Gény, fille d'un maître de forges de Wassy et administrateur de la banque de cette ville, qui avait d'ailleurs financé en partie la construction du canal sur lequel nous sommes aujourd'hui. Plus tard, une des filles a épousé un Ferry, fils d'un marchand de charbon de Nancy, fondateur des aciéries de Micheville renommées Sidélor.
Pouvez-vous nous dire quelques mots sur la production de votre usine ?
Nous produisons principalement pour des très grosses entreprises ou de l'*engineering* dans différents domaines. D'abord dans les secteurs miniers et la cimenterie, qui représentent la plus grosse part de nos activités, ensuite dans l'énergie, avec la fabrication de turbines cyclothermiques utilisées pour l'exploitation de l'énergie hydraulique et éolienne. Et enfin, nous réalisons diverses petites productions comme des pièces de tunnelier, des pièces pour la sidérurgie, ou pour l'aéronautique. On approche ainsi quasiment tous les secteurs.
Combien d'ouvriers travaillent chez Ferry-Capitain ?
En ce moment, on compte quatre cent trente ouvriers, et ça reste à peu près stable. Ce sont majoritairement des gens de la Haute-Marne. On a une pyramide des âges assez étalée, mais une moyenne relativement faible pour les industries métallurgiques de la région. Pourquoi ? Parce qu'on touche à beaucoup de secteurs de l'activité, et parce qu'on a une vocation de formation. Et puis, quand on forme les jeunes, on essaie ensuite de les garder chez nous.
À vous écouter, on a l'impression que vous êtes une entreprise exemplaire !
Disons que l'on fait ce qu'on peut ! Nous avons des atouts que l'on essaie de mettre en avant dans certains cas, mais on tente surtout de privilégier le côté humain. Je crois que c'est le propre des entreprises à caractère familial, et je dirais que ça aussi, c'est une particularité : se trouver dans une PME de près de cinq cents personnes, avec des capitaux cent pour cent familiaux et une direction qui est en ligne directe depuis le fondateur. Autre originalité : on a une femme à la tête de l'entreprise. Il est bon de le rappeler aujourd'hui, pour cette Journée de la femme !
Nous sommes passés tout à l'heure à côté d'un bâtiment préfabriqué, et vous m'avez dit que c'était un lieu singulier le long de la Marne. Pouvez-vous nous en dire plus ?
Il y a dans la région de Joinville une communauté musulmane, donc cette salle est un lieu de réunion mis à leur disposition. Pour notre part, nous avons quatre salariés musulmans. Ce sont des gens qui sont venus s'installer ici dans les années 1970. Il paraissait donc normal de mettre un lieu à leur disposition. Aujourd'hui, nous continuons dans cette direction en leur donnant un terrain et en nous démenant auprès des autorités pour qu'ils puissent enfin ériger leur mosquée. C'est assez exceptionnel, ces relations très étroites que Ferry-Capitain a su créer avec la communauté musulmane.
J'aimerais que vous me parliez de l'implantation de l'usine, avec le passage de la Marne entre ses murs.
Pourquoi les anciens se sont-ils installés à cet endroit ? Pour le développement de l'usine, il fallait plusieurs choses : des forêts avec des marchands de bois, de la main-d'œuvre, et de l'énergie. Or les forêts, ici, étaient abondantes et on trouvait de la main-d'œuvre parmi les gens qui étaient venus pour couper la vigne lors de la crise du phylloxéra, et qui par la suite se sont retrouvés sans activité ; en ce qui concerne l'énergie, à cette époque nous n'avions que l'eau. C'est donc finalement grâce à la Marne que l'on a pu s'installer et vivre en tant qu'entreprise.
Pensez-vous que la rivière Marne est importante pour le développement de l'industrie ?
En fait, pas vraiment, et dans notre cas c'est même presque une gêne. Vous savez, la Marne s'autorise de temps en temps quelques fantaisies, elle fait la grosse voix, et lorsqu'elle veut vraiment se faire entendre, elle traverse l'usine

Entre Joinville et Saint-Dizier, la Marne traverse l'usine Ferry-Capitain.

et cela entraîne beaucoup de dégâts. Parmi les crues que nous subissons tous les ans, certaines sont relativement faibles, mais d'autres s'avèrent très importantes, comme ce fut le cas pour la dernière, le 30 décembre 2001. Cette crue n'a pas été vraiment répertoriée dans le cadre de l'histoire, mais chez nous, elle a engendré une vague qui a traversé l'usine, provoquant six semaines d'arrêt complet de l'activité. Il aura fallu six mois pour la remettre en route. Tout le monde nous avait dit qu'on allait être protégé par le Der mais, ce lac étant en aval, il n'a pas de réelle incidence à notre niveau. Quant aux trois réservoirs de Langres, l'un d'entre eux avait apparemment quelques soucis et l'on soupçonne encore qu'il y eut un lâcher un peu brutal, ce qui expliquerait ce phénomène de vagues lors des crues.

Parlez-moi un peu de vous : depuis combien de temps êtes-vous à Ferry-Capitain ?

J'ai travaillé dans deux entreprises différentes avant d'arriver chez Ferry-Capitain, mais cela fait maintenant dix ans que je suis dans cette usine, et c'est là que je terminerai ma carrière. Maintenant, je suis vraisemblablement un technicien au fond de moi-même, car je suis tombé « en amour », comme disent les Québécois, avec la fonderie, et j'y ai passé toute ma vie. Nous avons aussi un rôle social important, car c'est grâce à quelques entreprises comme la nôtre que la Haute-Marne ne continue pas à se transformer en désert. Nous sommes l'un des deux départements français où la population ne cesse de décroître ! Ma grande crainte aujourd'hui est que, si les entreprises comme la nôtre disparaissent, il risque malheureusement de ne plus rester grand-chose...

Bruno Pernot

L'histoire se souvient des crues de la Marne de 1910, mais est-ce que vous avez, dans la région, trouvé des traces des grandes crues passées?

Du début du XVe siècle au milieu du XIXe siècle, il y eut un petit âge glaciaire. La Marne était alors prise dans les glaces et, quand celles-ci se rompaient, ça créait beaucoup de dégâts. C'est ce qu'on appelait les crues de débâcle. En 1850, quand cette période toucha à sa fin, des précipitations plus importantes ont causé des crues assez spectaculaires, mais sans gravité pour les hommes puisqu'il n'y avait pas trop de constructions en zones inondables. En fait, c'est la construction des moulins, des forges, celle du chemin de fer au XIXe siècle, et puis l'avènement du canal de la Marne, qui font qu'en détournant la rivière de son lit d'origine, on l'a contrainte dans sa plus simple expression.

Voilà ce qui fait que, quand les crues sont arrivées, la Marne a débordé énormément, créant des dégâts en essayant de reprendre sa place. C'est ce qui a déclenché, en 1910, la crue du siècle, celle qui arrive théoriquement tous les cent ans. La Marne s'est déchaînée telle un vrai fleuve, emportant absolument tout sur son passage. Elle a même fusionné avec le canal à plusieurs endroits, et la vallée de la Marne sur toute sa largeur n'était alors qu'un fleuve immense. On se serait cru au bord de l'Amazone, tellement c'était dantesque. À tel point qu'à Saint-Dizier, c'étaient cinq cents mètres cubes à la seconde qui passaient sous les ponts! Ici, à Rolampont, les gens ont dû évacuer en catastrophe leur bétail. L'eau est montée à une vitesse folle! C'était la panique! Et en plus, tout cela a eu lieu la nuit. Heureusement, il n'y a pas eu de victimes, si ce ne sont quelques animaux qui n'avaient pu être sortis des écuries. Les gens ont perdu énormément de denrées alimentaires, énormément de biens dans ce désastre. Cette crue a été catastrophique, et il a fallu aux habitants plusieurs mois pour s'en remettre. La Marne est une rivière très calme comme on la voit aujourd'hui, autour de nous, mais lorsqu'elle se déchaîne, il s'éveille en elle quelque chose de véritablement furieux.

Bernard Collard

Jâlons est un pays où il y a beaucoup d'eau puisqu'on y trouve l'embouchure de la Somme-Soude, rivière champenoise qui se jette dans la Marne. La Somme-Soude a aussi une histoire assez extraordinaire puisqu'elle a été déviée plusieurs fois et qu'elle a été le théâtre de véritables luttes armées entre les habitants de Jâlons, de Condé et d'Aulnay pour des problèmes liés à l'eau.

François Ier, en son temps, a même dû arbitrer les débats entre ces différentes communes. En effet, la Somme-Soude se jetait dans la Marne à Jâlons, et le seigneur d'Aulnay avait fait dévier la rivière pour alimenter un moulin qui se trouvait entre Jâlons et Aulnay. Les gens de la vallée, qui n'avaient qu'un petit fossé pour alimenter leurs communes, avaient besoin d'eau pour abreuver le bétail et tremper le chanvre utilisé pour les cordes, les tissus. À l'époque, pour décrire cette activité, on disait «rouir le chanvre». Ils décidèrent alors eux aussi de dévier la Somme-Soude, non sans entraîner de nombreux affrontements entre les communes environnantes, pour l'eau ou la pêche.

Jâlons a subi, comme tout le monde, les inondations de 1910. Mais, contrairement à ce que l'on croit, la plus grosse crue qu'a connue la ville eut lieu en 1924. En effet, en 1924, l'eau est montée encore bien plus haut qu'en 1910. Pour quelles raisons? Je ne saurais l'expliquer. J'ai connu également des inondations en 1983, mais elles étaient de moindre importance.

“Lorsqu’elle se déchaîne,
il s’éveille en elle quelque chose
de véritablement furieux.”

Pour les crues, l'information est fragmentaire avant 1850.
Quelques dates sont connues : 583, 1448, 1480, 1608, 1755..
Les crues de 1844 (4,50 m à Damery) et de 1850 (4,88 m à Chalifert)
sont les deux plus importantes du 19ème siècle.
Les grandes crues du 20ème siècle sont celles de janvier 1910 (centennale),
novembre 1924, janvier 1955, avril 1983, décembre 1993 et hiver 2001.

La rivière de la discorde

Les révoltes de 1911

On savait en Champagne que les révoltes de 1911 se préparaient déjà depuis plusieurs années avant d'éclater. Ce qui était en cause concernait la délimitation de la zone champagne et la question de la fraude, surtout dans les années de maigres récoltes. Certaines maisons de négoce, pas les plus grandes cependant, n'hésitaient pas à s'installer en périphérie de la zone pour profiter du succès du champagne, et adoptaient des pratiques irrégulières en s'approvisionnant en vins blancs du Sud comme les vins de la Loire, de la Bourgogne et de Chablis. Mais sur les hauteurs, comme celles du côté d'Hautvillers, il s'avère que l'on avait une très bonne notion de ce qui se passait sur la Marne, et lorsqu'on voyait un bateau arriver du sud avec une cargaison de vins qui n'étaient forcément pas des vins de Champagne, cela pouvait déclencher la colère des vignerons. J'ai retrouvé des traces de ces moments critiques de l'histoire de la Champagne dans des archives à Hautvillers, et l'on y apprend que cela pouvait parfois se terminer avec des fûts éventrés et vidés dans la Marne, alors la rivière de la discorde. Le village de Cumières, entre autres, a connu ce qui pourrait s'apparenter à des jacqueries ; les vignerons partaient, armés de leurs échalas, comme des révolutionnaires, pour contester les pratiques de certains négociants. Puis l'État a dépêché des troupes, dont le cantonnement a pu développer des vagues de violence, notamment à Aÿ. Le mouvement était aussi un peu politisé, avec entre autres un courant se réclamant du communisme. Finalement, ces épisodes difficiles ont été fondateurs pour l'histoire de la Champagne, puisque c'est à partir de ce moment-là que l'on a pris conscience de l'importance du dialogue entre vignerons et négociants, seul à même de garantir la prospérité des années qui vont suivre.

Fabienne Moreau

La naissance du phylloxéra en Champagne

La première trace du phylloxéra en Champagne se situe au niveau des coteaux de Chassins, sur la commune de Tréloup, en 1898. La maladie, qui se développe très lentement, correspond en fait à un petit insecte qui vient ronger les racines. Les premières attaques ont d'abord sévi dans les vignobles du sud de la France, pour remonter ensuite progressivement. Quand le phylloxéra est enfin arrivé en Champagne, les vignerons n'ont pas immédiatement réagi car ils se disaient protégés par le fait qu'ils étaient très respectueux des vignes. La maladie a pourtant fini par se développer et l'on a été alors obligé d'arracher les parcelles atteintes, pour les brûler et ensuite les remplacer en utilisant des porte-greffe issus de plants américains naturellement résistants au phylloxéra. C'est un choix décisif pour la Champagne car jusqu'alors les vignes étaient cultivées en foule, c'est-à-dire disséminées sans ordre sur la parcelle, et le marcottage suffisait pour les développer ; le phylloxéra va obliger à replanter différemment, en ligne, pour pouvoir assurer un certain contrôle. Cela a impliqué une véritable métamorphose du paysage, ainsi qu'un grand changement au niveau des techniques viticoles. Sur le moment, cela a été un véritable drame parce que les propriétaires des vignes atteintes allaient mettre beaucoup de temps à retrouver des revenus normaux, mais finalement, pour la Champagne, ce bouleversement a permis d'augmenter les rendements et d'améliorer la culture de la vigne en général.

Fabienne Moreau

Les révoltes de vignerons ont-elles été importantes dans votre maison ?
Les révoltes de vignerons de 1911 ont marqué un tournant important dans l'histoire du champagne de rivière de ma famille et de celle de tous les exploitants de notre secteur. À cette époque, mon arrière-arrière-grand-père Louis, qui, en plus de son travail sur le domaine était maire du village d'Œuilly, avait participé à un grand rassemblement de vignerons afin de protester contre les fraudes du négoce qui consistaient à acheter des raisins en dehors de la Champagne. Il fallait en effet faire cesser au plus vite cette manœuvre qui plongeait les vignerons de la région dans une situation précaire.
Ce furent des années d'autant plus pénibles que les vendanges y ont été difficiles. Tout était plus compliqué du temps de nos ancêtres, donc il est naturel que Louis et Georges Tarlant, son fils, se soient vraiment révoltés contre cela. Ils sont allés à Œuilly pour régler cette affaire qui détruisait leur métier et leur avenir. Pour contrecarrer ce marché alternatif, mon arrière-grand-père dénonçait ces embarcations chargées de vins de Loire dès qu'il les voyait passer. La révolte a donc pris naissance dans la vallée de la Marne où les bateaux en état de fraude empruntaient immanquablement la rivière. Aujourd'hui, nous considérons que cet événement nous a fait naître en tant que champagne Tarlant, et reste ancré profondément en nous.

Micheline et Mélanie Tarlant

Pouvez-vous nous rappeler l'histoire de l'appellation « champagne » ?
Cette appellation a été fixée par la loi de 1927, mais en réalité la champagnisation a commencé bien avant puisque, pour qu'il y ait le champagne, il fallait avant tout que l'on ait deux éléments principaux : le bouchage hermétique et la bouteille en verre. La bouteille en verre ayant été inventée par les Anglais autour de 1700, et l'usage de bouchons de liège ayant commencé quelques années auparavant, on peut donc dire que c'est à partir de ce moment-là qu'est apparu le champagne avec ses fines bulles caractéristiques. Les vins de Champagne étaient cependant déjà réputés avant même d'être effervescents.

Est-ce que vous pouvez nous raconter comment on plantait les vignes avant le phylloxéra ?
J'ai connu l'époque où mon grand-père appelait ses vignes des « francs de pieds ». Avant le phylloxéra, quand les vignes étaient placées, elles étaient « intercalées » comme le disaient mon grand-père et mon arrière-grand-père. Un cheval servait à emmener les gens aux champs, et c'étaient les hommes qui piochaient la vigne. Le cheval, lui, se reposait toute la journée attaché à la roue de la voiture en attendant, finalement, de ramener aux villages les hommes très fatigués. Par la suite, les vignes ont été disposées en rangées, et c'était au tour du cheval de biner les vignes et de les sulfater. La vie s'en est trouvée complètement changée. Et puis maintenant, il y a les tracteurs. Tout le métier s'est modernisé.

Gaston Fallet

Sur les coteaux de Vincelles

La “terre pauvre”, quelques ares de vignes à Balesmes et le champagne de rivière

Micheline et **Mélanie Tarlant,**
maison Tarlant, champagne de rivière

Où se trouve le champagne Tarlant?
La maison Tarlant se situe actuellement sur les coteaux de la vallée de la Marne à Œuilly, tout près de Boursault et de Port-à-Binson, entre Dormans et Épernay. On se trouve tout en haut du village d'Œuilly d'où l'on a une vision panoramique sur la rivière et, au moment des vendanges, un très joli point de vue sur les différents coteaux. Au matin, tout le paysage se recouvre de brumes qui se constituent en diverses épaisseurs et dessinent comme des ombres chinoises. Tous ces paysages, qui évoluent suivant les différentes heures du jour et de la nuit, et qui varient selon les saisons, forment notre univers.

Quand la maison Tarlant a-t-elle été fondée?
Pierre Tarlant fut le premier membre de la famille à se lancer dans le métier de vigneron en 1687. Ensuite, Louis Adrien Tarlant fut à l'origine de l'élaboration du premier champagne Tarlant en 1928. Il était à cette époque-là l'un des premiers à créer son propre champagne. En effet, les champagnes de vignerons ne sont vraiment apparus que plus tard, dans les années 1950-1960, après la Seconde Guerre mondiale. La première récolte de Louis Tarlant a eu lieu en 1928 et la mise en bouteille en 1929. D'ailleurs, le champagne de rivière que l'on est en train de déguster est tiré d'une parcelle bien particulière : elle s'appelle la Cuvée Louis, en son hommage.

Parlez-moi de ce champagne de rivière.
La première chose à préciser, c'est qu'il s'agit d'un champagne issu d'une vigne unique située dans le bas du coteau d'Œuilly, sur un sous-sol de craie. D'ailleurs, lorsque l'on regarde ces vignes, on a l'impression qu'elles dessinent une vague. À différentes étapes de la création de notre vin, on retrouve ce rappel à l'eau, à la rivière toute proche. C'est un phénomène intéressant que l'on remarque surtout avant la maturation des grappes, avant la vendange. Car ce qui fait que l'on arrive à obtenir un vin qui a un si bon équilibre entre une extrême concentration, une puissance, une richesse et, en même temps, une grande fraîcheur, c'est encore la rivière. On retrouve donc une acidité originelle toujours présente dans le vin et qui va porter celui-ci vers cette juste balance entre richesse et concentration.

Gaston et Daniel Fallet,
viticulteurs à Drachy depuis seize générations
Serge Hourdry, vigneron à Charly-sur-Marne

“De Château-Thierry à La Ferté-sous-Jouarre, c’est l’endroit de toute la vallée de la Marne qui est le plus resserré. Le mot «marne», en français, veut dire «mélange naturel d’argile et de calcaire». C’est amusant, parce que c’est un clin d’œil absolu à notre vallée : le calcaire, nous vignerons champenois, on en vit, puisque c’est sur ce type de sol qu’est produit le champagne. C’est curieux d’ailleurs, parce que le mot «champagne», en vieux français, veut dire «terre pauvre», ce qui est un paradoxe aujourd’hui, n’est-ce pas ? Les vignerons champenois ne vont pas s’en plaindre ! Et puis enfin l’argile, parce qu’il y a la rivière et qu’il en faut en dessous pour que l’eau ne s’infiltre pas.

Raymond Gauthier,
agriculteur, producteur de vin de Balesmes

Combien y a-t-il d’ares de vigne à Balesmes ?
Il y a eu beaucoup d’ares déplantés maintenant que les vieilles vignes ne sont plus reprises.
Combien d’ares de vignes reste-t-il ?
Moi, j’en ai à peu près douze. Chez le Jean, il y en a plus. Chez le Guy Minot, il n’y en pas autant... Ça représente peut-être quarante, cinquante ares, mais pas plus...
Et, à la fin du XIXe siècle, cela représentait quelle superficie ?
À cette époque, il y avait bien, je pense, deux hectares de vignes. Tout le coteau en était plein ! Sud, sud-ouest... En dessous du bois de Balesmes, on appelait aussi ce terrain les vignes de Cognelot ; eh bien, sûrement qu’il y avait de la vigne là aussi ! Au début du siècle, on faisait déjà son propre vin rouge, et pas avec la cuvée, avec la taille !

Un soir d'été, Rose la batelière…

La batelière et le comte de Chevigné

Comte de Chevigné,
Les Contes rémois, 1861.

LA BATELIÈRE

Un soir d'été,
Rose la batelière,
Assise au bord d'une barque légère,
Gaîment chantait et se mirait dans l'eau.
Rose a seize ans, et son joli visage
Semble un bouquet cueilli sur le rivage,
Dont le patron vient d'orner son bateau.
Les yeux fixés sur l'onde fugitive,
Elle attendait qu'il vînt des voyageurs
Pour les passer de l'une à l'autre rive.

le Comte Louis de Chevigné qui avait épousé la fille unique de la Veuve Clicquot, habitait le Château de Boursault.

En amont de Pogny, au pied de l'Usine d'Omya, notre péniche-studio.

Le temps des cerises

Raymond Nominé,
ancien officier dans la Royal Air Force

J'ai exercé deux métiers dans ma vie, d'abord comme navigateur dans l'armée de l'air, en tant qu'officier de la Royal Air Force, puis j'ai passé vingt-cinq ans au ministère de la Culture.

Où êtes-vous parti quand vous étiez dans l'aviation ?

J'ai fait mes premières études dans l'aviation au Canada où je suis resté un an. Après, direction l'Algérie pour un an également, même si, à ce moment-là, l'Algérie n'était pas encore ce qu'on pourrait appeler un pays en guerre. Ensuite, je suis parti un an et demi combattre en Indochine. J'y étais descendu deux fois en avion, et tout ça s'est fini par la grande victoire du Viêt Minh à de Diên Biên Phu. Après ça, je suis retourné en Algérie, puis dans toute l'Afrique puisque j'étais chargé de ravitailler tout le secteur de Dakar jusqu'au lac Tchad. C'est en rentrant que j'ai été engagé au ministère de la Culture comme technicien à la direction régionale des affaires culturelles de la Région Champagne-Ardenne.

D'où êtes-vous originaire ?

Je suis né à Troissy, dans la Marne, une petite ville sur la rivière. J'y suis resté jusqu'à l'âge de quinze ans. Depuis mon enfance, la vallée de la Marne a connu de nombreuses transformations. À l'époque, la région et Troissy en particulier étaient couvertes de cerisiers. C'était comme si cinquante pour cent de la surface totale du territoire étaient occupés par ces arbres-là. Ça n'est que par la suite que la vigne est apparue dans ce secteur. Et vous voulez savoir pourquoi les cerises ont disparu ? Alors premièrement, il faut savoir que lorsque l'on venait cueillir des cerises, on gagnait cent francs du kilo. Cinquante francs allaient au cueilleur, les cinquante autres au propriétaire du verger. C'étaient des sommes vraiment minables et c'est pour cela peut-être que les gens ont préféré planter de la vigne pour faire augmenter le prix des terres. C'est cette augmentation qui a permis l'évolution de la vallée. Mais les pauvres, comme l'étaient mes grands-parents, ont dû céder leur terre à des prix ridicules alors même que s'envolait l'or... C'est du moins à peu près la vision que j'ai de tout ça.

La région était vraiment partagée entre les cerises et les vignes. Je me souviens qu'un jour, lors d'une fête de village à Festiny, il y avait un défilé de chariots, et sur celui de Troissy on pouvait voir écrit « Le temps des cerises ». Ce qui était drôle, c'est que sur la maison juste en face était inscrit en gros « Que le Seigneur arrive vite dans nos vignes ! »

Avez-vous des souvenirs de la guerre à Troissy ?

J'avais huit ans, oui. Il y avait le chemin de fer qui longeait la vallée de la Marne et tout ce qui passait par là était mitraillé. Alors notre instituteur nous faisait sortir et on allait voir le train criblé de balles, les fuites de carburant, les flammes qui montaient à deux ou trois cents mètres de haut. On a été aussi mitraillé, pendant l'exode, par des avions que l'on croyait italiens. Finalement, l'histoire nous a appris que ce n'était, en réalité, pas l'aviation italienne qui nous visait, mais les Allemands. Mais la vision des vaches les quatre pattes en l'air, des chevaux et tout ça, ça, c'était traumatisant. Plus que le bombardier dans le ciel. Ça reste du vécu, et comme je n'étais qu'un gosse, ça marque.

Revenons à votre enfance sur les bords de la Marne. Vous avez fait du patin à glace à Troissy ?

La Marne se répandait dans les plaines jusqu'à la route nationale, ce qui faisait pratiquement deux kilomètres et demi de piste glacée. Mes oncles, qui étaient risque-tout, s'amusaient à la prendre en voiture ! Ils roulaient avec la 2 CV sur la glace et nous, on rigolait comme des fous avec nos chaussures à clous.

Je suis très attaché à cette rivière. Mon père, ma mère, mes grands-pères, mes grands-mères, tous sont nés dans la vallée de la Marne, sur toute sa longueur, jusqu'à l'Aisne.

Les coins que j'aime particulièrement, ce sont les écluses, les barrages. Peut-être aussi parce que, quand j'ai fait ma marche des sources de la Marne à Paris, je suis allé les voir dans le détail. Je suis surtout tombé amoureux de Charenton ! À chaque fois que je passe à côté, je m'arrête à l'hôtel Chinagora pour en profiter un peu plus. Le coin le plus sympathique, c'est la jonction de la Marne et de la Seine, aussi bien au niveau de l'histoire que de la géographie. Pour moi, c'est la finale.

Danièle Barril,
présidente de l'aéro-club langrois basé à Rolampont

“Les rivières, les canaux sont des points de repère très importants en aviation, surtout lorsque l'on vole à vue. Il m'est déjà arrivé d'avoir fait une erreur systématique et de devoir remonter la Marne pour retrouver ma position. Je me disais : 'Je vole cinq minutes de ce côté et, si je ne trouve pas mon point de repère, je repartirai dans l'autre sens.' Ce type d'indicateur topographique est donc absolument essentiel pour un pilote.”

“Pour épater ma cousine, le truc du pilote de la Royal Air Force, c’était de prendre la rue principale.”

Bernard Pauzié,
radio navigant, mécanicien navigant pour Air France

Nous sommes stationnés à Tours-sur-Marne, entre Châlons et Épernay. Vous connaissez bien la Marne par ici?
Il y a très longtemps, la Marne passait à Vraux, juste en bas de l’écluse. Il y avait d’ailleurs un étang qui s’appelait la Vieille Marne précédé de quelques autres petits étangs et, l’hiver, quand la rivière débordait, on voyait un courant très important se dessiner à l’endroit où coulait la Marne. De nos jours, la rivière, qui passait donc juste en bas de l’écluse, s’est déplacée plus au sud, sur Aulnay. Je ne peux pas vous dire exactement à quelle époque la Marne s’est détournée de son cours, mais toujours est-il que tout cela était bien antérieur à la construction du canal.
Comment vous est venue cette passion pour l’aviation?
J’ai toujours été bercé par l’univers de l’aviation cher à mon père. Autant dire que le terrain de Vraux m’a tout de suite intéressé. Et c’est sans attendre que j’ai voulu entrer en contact avec les pilotes de la Royal Air Force. Je me souviens qu’un d’eux m’avait dit : «Tu viens derrière le pays et tu verras, je passe sous les lignes à haute tension avec un bombardier bimoteur.» Je ne voulais pas le croire, alors j’y suis allé. J’ai pu effectivement voir un Bristol Blenheim, au ras des champs, passer sous la ligne à haute tension. Il faut dire que ce pilote faisait une cour assidue à ma cousine et qu’on le voyait très souvent à la maison. Il venait accompagné de son observateur, qui lui disait sans cesse : «Tu finiras par nous tuer, tu finiras par nous tuer...» C’est vrai que c’était un sacré pilote. Quand il revenait au terrain, il avait quelquefois des branches de platane accrochées à sa carlingue, tellement il passait bas au-dessus du canal. Pour épater ma cousine, son truc était de prendre la rue principale de Vraux sur toute sa longueur, avec une aile engagée, en passant au ras des toits. Hélas, quand il est retourné en Angleterre et qu’il a dû changer d’avion pour un gros quadrimoteur, il s’est fait abattre, en revenant de mission, par la Royal Navy. Ses codes de reconnaissance n’étaient, paraît-il, pas corrects. Il est donc mort sous les tirs de sa propre patrie...
D’autres faits marquants durant la guerre en rapport avec l’aviation?
J’avais entre dix et quinze ans au moment de la dernière guerre. J’ai donc vécu tout ce qui a pu se passer dans la région en cette période très spéciale, et il me reste encore un souvenir particulièrement fort de certains événements. Notamment en 1943, un Lancaster, un quadrimoteur, est tombé dans la région sur le bord de la route qui mène à Tours, Condé et Igny... Les sept hommes présents à bord ont tous été tués. On a retrouvé un de ces pauvres gars une dizaine de jours après l’accident dans le canal d’alimentation de l’usine de Condé. Il avait été projeté dans la rivière. C’est le seul soldat à être enterré à Condé-sur-Marne. Le reste de son équipage se trouve au cimetière de l’Est de Châlons.
Je crois d’ailleurs qu’il existait un terrain d’aviation dans la région...
Le terrain d’aviation a été préparé avant 1939, en prévision de la guerre. Une fois les terrains réquisitionnés auprès des cultivateurs, le chantier a dû commencer en 1936. C’est là qu’a été construit un bâtiment que les Anglais, occupant la base en 1939-1940, ont appelé la Maison rouge en raison de son toit en tuiles mécaniques rouges et ses murs de crépi rose. Cette bâtisse est donc devenue la Red House. Les Allemands, après le départ des Anglais, ont occupé le terrain de façon épisodique. C’était ce qu’on appelait un terrain de desserrement. Et quand les Américains sont arrivés, le nom de Red House a perduré. Aux Anglais, comme ensuite aux Allemands, puis aux Américains, la Maison rouge servait d’état-major. Puis ce bâtiment est devenu une propriété privée. À Vraux, avec une bande d’amis, nous avons récupéré un tas d’affaires du passage de la Royal Air Force. Nous avons fait construire un mémorial et nous avons décidé de faire un musée de toutes ces pièces récoltées. On l’a appelé tout naturellement «Association Maison Rouge».
Est-ce que vous avez le souvenir d’autres faits divers, concernant le canal ou la Marne cette fois?
J’ai aussi été marqué par l’arrivée des Américains, par l’armée Patton qui a traversé la Marne à gué à Aulnay. Certains racontent que le général s’est retrouvé en panne au milieu de la Marne et que c’est un cultivateur d’Aulnay, Monsieur Parisé et sa jument Comtesse qui ont sorti de l’eau la jeep et le général!
Et ensuite l’armée Patton est arrivée dans cette immense prairie qui séparait Aulnay et Vraux et s’y est retrouvée coincée par manque de carburant. Tout cela, on l’a su après, bien sûr. Et nous, à Vraux, nous étions inquiets de les voir immobilisés derrière le canal. Nous nous demandions s’ils n’étaient pas stoppés par une contre-attaque allemande. Ils sont restés ainsi plus de vingt-quatre heures. Pendant ce temps, on entendait les tirs de canons et les obus qui passaient au-dessus de Vraux pour aller exploser un peu plus loin. C’était le 28 août 1944.
Ils entrèrent dans la ville le 29 août, avec une armada terrible. J’avais quatorze ans à l’époque, j’étais parti avec un de mes camarades au-devant des Américains. Nous étions les deux seules personnes à avoir osé le faire. Nous avons d’ailleurs failli sauter sur une mine car les premiers Américains se trouvaient encore derrière ce qu’on appelle la rigole, qui était un canal d’alimentation, truffé d’explosifs, de l’usine de Condé-sur-Marne. J’ai tout de suite reconnu leur accent et j’ai crié : «Ce sont les Américains!». Alors nous avons couru vers eux et les Américains nous hurlaient : «Maïnes! Maïnes!» Mais «maïnes», on ne savait pas ce que ça voulait dire. Nous avions bien vu dans le sol des petits carrés qui n’étaient pas goudronnés, et d’instinct nous avons décidé de ne pas mettre un pied dessus, mais c’est vrai que nous avons eu de la chance. Je me souviens que les deux Américains qui étaient proches de nous se sont jetés dans le fossé, croyant qu’ils allaient exploser. «Maïnes, boum!»
Quand nous sommes retournés à Vraux, une énorme surprise nous attendait... Il y avait des chars, des canons, des Jeeps, des Dodges, à perte de vue sur toute la prairie. Et c’était une immense prairie! Elle servait à l’époque

Au Musée du terrain d'aviation de Condé-Vraux.

à alimenter le bétail et n'était pas cultivée. Tous ces soldats arrivaient d'Aulnay et avaient dû passer à gué. C'était le propre du général Patton : aller vite et avancer ; et ils avançaient d'ailleurs si bien que les ravitaillements avaient parfois du mal à les suivre. La fameuse Red Ball qui passait par Château-Thierry, Dormans, Épernay, était chargée d'alimenter l'armée, mais comme les troupes de Patton voulaient toujours aller plus loin, il était très dur d'assurer leur approvisionnement.

Du collège de Dormans au lycée Louis-le-Grand

Claude Demarque,
ancien éléectricien, passioné par l'histoire locale

Alain Fazincani,
architecte, urbaniste, président du cercle historique de Dormans

Je crois que nous sommes dans un lieu que vous connaissez bien, puisque nous venons de quitter Dormans et que derrière nous...
Nous passons effectivement devant l'île Madeleine, sur laquelle j'ai une anecdote à vous raconter. En 1902, Camille Pelletan est venu voir son ami Ernest Vallé, alors ministre de la Justice et sénateur de la Marne, qui possédait le petit château de la Gravoise. La fille du sénateur a proposé de faire le tour en barque autour de cette île qui appartenait à son père. Or, au milieu de la rivière, la barque chavira. Suite à cela, les gorges chaudes marchaient bon train : de quoi aurait eu l'air le sénateur de la Marne, noyé à Dormans !
Pouvez-vous nous dire quelques mots sur Dormans ?
Dormans est une ville ancienne, de trois mille habitants environ, admirablement située sur la rive gauche de la Marne. Chef-lieu du canton, ses habitants sont appelés « dormanistes ». C'est une terre habitée depuis les temps les plus reculés, comme en font foi les nombreuses découvertes archéologiques effectuées dans la zone des Varennes. Elle a donné son nom à une bataille qui eut lieu au cours du XVIe siècle, en 1575 précisément, pendant les guerres de religion. C'est dans la prairie jouxtant les fossés de Chassins que le duc de Guise reçut à la figure le fameux coup d'arquebuse qui lui valut le surnom de « balafré ».
Quelle est l'histoire du collège de Dormans et en quoi était-il si réputé ?
Le petit collège de Dormans préparait les élèves à aller au collège Dormans-Beauvais, qui s'appelle maintenant Louis-le-Grand, à Paris. Ils étaient tous pensionnaires, apprenaient le latin très tôt et avaient donc une excellente éducation. Ce collège, qui porte le nom de son fondateur, a été bâti en 1380 par Jean de Dormans, alors cardinal de Beauvais, ce qui explique l'association de ces deux villes. Les élèves, très bien préparés pour aller à Paris, devenaient pratiquement tous des notables, qu'ils s'orientent dans la religion ou dans les armes. Un des plus illustres, un dénommé Dupuis, fut chargé de l'étude de l'Égypte en 1798 aux côtés de Napoléon Bonaparte. Il aurait établi la première carte d'Égypte !

Je suis né à Dormans, d'une maman née à Dormans, et je suis très attaché à ma ville natale. Comme beaucoup j'ai eu l'occasion de vivre très loin d'ici, aux Antilles où je faisais de l'urbanisme et un peu de bateau. Et pour l'anecdote, si j'ai fait du bateau aux Antilles, c'est parce que j'ai appris à faire du bateau sur la Marne.
Racontez-moi !
La Marne était mon espace de jeu quand j'étais enfant. Depuis mes plus jeunes années, j'ai connu la plage des Vieux Saules à Dormans. Les activités nautiques étaient déjà fort développées. J'ai appris à manier un voilier, un dériveur entre l'écluse de Courcelles et le pont de Try, en dessous duquel les bateaux ne pouvaient passer car leurs mâts étaient trop hauts.
Vous qui êtes architecte urbaniste, comment décririez-vous le paysage ?
Professionnellement, je dirais que la vallée de la Marne est incontestablement un élément en tout point structurant, pas nécessairement du fait de la rivière mais plutôt selon moi par la notion de relief en creux dans les vastes surfaces planes du Bassin parisien. De part et d'autre de la vallée se trouvent des plateaux céréaliers ou à boisement important et cette saignée dans le relief, c'est vraiment ce qui a déterminé le développement urbain, les villages qui se sont égrenés le long de la rivière et évidemment le vignoble qui n'existerait pas sans les coteaux qui constituent la vallée de la Marne.
Ledoux, célèbre architecte des salines d'Arc-et-Senans, est bien né à Dormans ?
Claude Nicolas Ledoux est né à Dormans en 1736, comme le confirme son acte de baptême en mairie. On sait assez peu de choses sur sa vie de dormaniste. Ce que l'on sait par contre, c'est qu'il est né de parents modestes et que dès son plus jeune âge il a bénéficié de cours au collège de Dormans. Ce petit collège créé par Jean de Dormans, évêque de Beauvais, vers 1350, reste d'ailleurs emblématique de l'histoire de la ville. À l'âge de dix ans, Claude Nicolas Ledoux s'en va étudier à Paris au collège de Dormans-Beauvais. Puis, à quinze ans, il entre dans l'atelier de l'architecte Blondel ; son premier travail connu est une décoration du Café militaire de Paris, un établissement situé à l'emplacement des anciens magasins du Louvre. Il gravit rapidement les échelons de sa formation d'architecte.
Et c'est là que l'on retrouve un des rares liens existant entre Ledoux et Dormans. Il rencontre la famille de Thélusson, à l'époque propriétaire du château de Dormans. Cette famille, originaire de Suisse et déjà liée aux milieux bancaires, le présente alors à la famille d'Hallwyll qui souhaite rénover un hôtel particulier à Paris. Et, Ledoux, âgé de trente ans, se lance dans sa première création d'hôtel. Il est reconnu comme particulièrement novateur en ce domaine, ce qui entraînera pour lui de nouvelles commandes. Il acquiert une excellente notoriété et, un jour, il rencontre Madame du Barry, la favorite de Louis XV, qui lui demande de construire à Louveciennes ce qui fut appelé modestement un pavillon mais qui était en réalité un joli petit château. Le roi le nommera alors Architecte du Roi et Commissaire aux salines de Franche-Comté, et lui commandera notamment la saline royale d'Arc-et-Senans. Ledoux va y mettre tout le côté humaniste qui commençait à naître à l'approche de la Révolution. Ainsi, il a construit un bâtiment industriel non seulement efficace mais également esthétique. Il a une phrase de ce genre : « On me reproche de faire des colonnes pour les ouvriers mais pourquoi les colonnes seraient-elles seulement réservées aux palais ? »
Dans notre région, mais également en Haute-Marne, Ledoux entreprendra un certain nombre de travaux publics ; il rénovera des églises et construira des ponts comme c'est le cas à Rolampont en Haute-Marne sur les bords de la rivière.
Pouvez-vous nous citer d'autres architectes de Dormans ?
Oui. J'ai été marqué également par un architecte nommé Lefebvre qui habitait à Dormans dans une maison dans laquelle j'ai moi-même vécu, et dans laquelle on trouve de grands panneaux présentant des projets pour lesquels il reçut le prix de Rome en 1760.

Dormans, ville natale de Claude-Nicolas Ledoux.

Le cardinal Jean de Dormans, évêque de Beauvais, avait fondé à Dormans un collège gratuit ; il l'a ensuite transféré à Paris (1370), où il fut à l'origine de l'actuel lycée Louis-le-Grand. En 1365, Jean de Dormans acheta au clos Bruneau, dans le quartier de l'Université, quelques maisons pour y installer un collège pour quinze personnes (douze écoliers, un maître, un sous-maître et un procureur) qui devaient être nées dans la paroisse de Dormans ou, à défaut, dans d'autres villages du diocèse de Soissons.

En 1371, Jean de Dormans y ajouta cinq autres boursiers, enfin le 8 janvier 1372, il en ajouta encore sept autres.

Charles V posa la première pierre de l'église de ce collège, qui fut édifiée aux frais de Miles de Dormans, neveu du fondateur et dédiée en 1380, sous l'invocation de saint Jean l'évangéliste.

Au commencement du XVIe siècle, ce collège devint public et le maître prit le titre de principal. Il fut entièrement reconstruit sous le règne de François Ier et uni au collège de Presles qui lui était contigu ; il prit alors le nom de Presles-Beauvais. Il en fut séparé en 1699 et une muraille fut élevée entre les deux. On le nomma à partir de cette époque collège de Dormans-Beauvais. Il fut enfin réuni au collège Louis-le-Grand. L'établissement a reçu en 1682 le patronage officiel du Roi Soleil qui l'a baptisé « Collège Louis-le-Grand » ; ce fut en 1802 le premier établissement en France à recevoir le titre de lycée.

Joël Vallat,
proviseur du lycée Louis-le-Grand

Sortie des classes à Jaulgonne

Sylvette Dhaussy et Jérôme Mignot,
instituteurs, et leurs deux classes de CM1, CM2

Donc j'aimerais connaître votre nom, votre prénom, votre classe et le village où vous habitez.
Je m'appelle Kimberly, je suis en CM1, j'habite à Jaulgonne.
Anisa, j'suis en CM2, Courtemont-Varennes.
Je m'appelle Élodie, je suis en CM1, j'habite à Jaulgonne.
Je m'appelle Evan, je suis en CM1, et j'habite à Marcilly.
Je m'appelle Marie, je suis en CM2, et j'habite à Chartèves.
Je m'appelle Tibaud, je suis en CM1, et j'habite à Passy-sur-Marne.
Je m'appelle Axel, je suis en CM1, et j'habite à Jaulgonne.
Je m'appelle Tristan, je suis en CM1, et j'habite à Marcilly.
Je m'appelle Yann, je suis en CM1, et j'habite à Sauvigny.
Je m'appelle Alexandre, je suis en CM1 et j'habite à Jaulgonne.
Je m'appelle Basile, je suis en CM2, et j'habite à Jaulgonne.
Je m'appelle Quentin, j'habite à Jaulgonne, je suis en CM2 et j'ai dix ans.

Présentez-vous, les enfants...
Je m'appelle Svetlana ; ma classe, je suis en CM1, et j'habite à Jaulgonne.
Marie, CM1, Barzy-sur-Marne.
Flavy, je suis en CM1, et j'habite à Marcilly.
Chloé, CM2, Jaulgonne.
Amandine, CM2, Jaulgonne.
Solène, CM1, Passy-sur-Marne.
Célia, CM1, et j'habite à Sauvigny.
Cassandra, CM1, Jaulgonne.
Toscane, CM2, Rosay.
Dylan ; ma classe, CM1, et j'habite à Varennes.
Marion, CM1, Varennes.

Je vais interroger Madame l'institutrice. J'ai l'impression que ces enfants sont très heureux d'habiter sur les bords de la Marne !
Oui, je crois qu'ils sont vraiment privilégiés et qu'ils s'en rendent compte. Il est vrai que cet endroit propose de nombreuses animations, que ce soit les brocantes, la fête du bois, la fête foraine... Et toutes ces manifestations se passent précisément, ici, près de l'ancienne plage.

Maurice Mousseron, ancien ouvrier métallurgique, entraîneur du club de judo de Jaulgonne

Pierre Munnier, naturaliste

Quelqu'un connaît-il des légendes sur Jaulgonne ?

Il y a l'histoire de l'Avale-tout. Selon la légende, une diligence serait passée avec des chevaux et aurait complètement disparu, engloutie, dans ce trou réputé sans fond.

D'un côté il y a la légende, et de l'autre la réalité géologique. L'Avale-tout est un gouffre en formation qui se situe dans la forêt de Ris, sur la commune de Barzy. C'est comme une sorte d'entonnoir qui correspond à une zone de dissolution du calcaire, et qui mesure environ trente mètres de diamètre pour une quinzaine de mètres de profondeur. Il n'y a pas toujours de l'eau, mais lorsqu'un ru venant du plateau s'y insinue, l'eau ressort à une cinquantaine de mètres d'altitude plus bas, à une distance de deux ou trois cents mètres environ, non loin de la Belle Aulne.

Pouvez-vous me parler de la fameuse carrière de meulières qui était installée dans la forêt ?

Le téléphérique servant à transporter les pierres jusqu'à l'embarcadère passait juste au-dessus de Barzy. Je ne l'ai jamais vu fonctionner, mais j'en ai démonté les vestiges avec mon père au début des années 1960. À l'époque où la carrière était encore en activité, les wagonnets descendaient la côte jusqu'à l'embarcadère après avoir été remplis de pierres dans la forêt de Ris. Les bateaux pouvaient alors être chargés grâce à des poutres qui soutenaient un système de rotation des bennes. Ils partaient ensuite vers la région parisienne. Il faut savoir que Jaulgonne a été détruite à quatre-vingt-quinze pour cent lors de la Première Guerre mondiale, et toute une partie de la commune, dont la mairie, a été reconstruite en pierre meulière dans les années 1920. Mon grand-père, qui était briquetier, a reconstruit lui-même sa maison en meulières.

A Jaulgonne, les anciens bains.

Petit vocabulaire champenois

Quelques devises de villages des bords de Marne

Boursault

Boursault, les écofilleux de caillots.
Pas d'impériales, pas de souliers!
Dans le cas de bonne récolte d'impériales : de Boursault, nous sommes!
Dans le cas contraire : nous sommes de pauvres gens de Boursault.

Châtillon-sur-Marne

Châtillon la Besace. Qui mange plus qu'il n'amasse.

Cumières

Cumières, mangeus de cives et de lard.

Damery

Les neyeux de saint de Damery : ils avaient jeté la statue de saint Georges, protecteur des cerisiers, à la Marne parce que les cerisiers avaient gelé le jour de sa fête. Mais la statue était en bois; elle surnagea et fut repêchée par des gens de Reuil où elle se trouve encore.

Épernay

Les Bernaous d'Épernay

Mareuil-sur-Aÿ

Maroquier de bric à brac

Vincelles

Les bédouins de Vincelles

Quelques mots de vocabulaire champenois

Avaloire (n.f.) : avoir une bonne avaloire (descente)
Balonge (n.f.) ou Bélon (n.m.) : grand récipient de bois servant à transporter le produit
Chevêt (n.m.) : partie haute d'une vigne
(Les) Coqs : sobriquet collectif des habitants de Dormans
Cossier (n.m.) : vigneron (Marne, péjoratif)
Culée (n.f.) : partie basse d'une vigne
(Les) Fous : sobriquet collectif des habitants de Langres
Grisard (n.m.) : variété de raisin (Haute-Marne)
Jannette (n.f.) : 1) nénuphar (Marne) 2) jonquille (Marne, Haute-Marne)
Marner (v. intr.) : grommeler, marmotter
Parisien (n.m.) : variété de raisin (Haute-Marne)
Péquet (n.m.) : verre d'eau de vie
Savart (n.m.) : friche, terre non cultivable
Teinturier (n.m.) : variété de raisin (Haute-Marne)
Têtière (n.f.) : partie supérieure d'une vigne (Marne)
Versaine (n.f.) : jachère (Marne)

Gustave Philipponnat, *Le Parler champenois*, 1941.

Pouvez-vous nous dire quelques mots en dialecte champenois du côté de Mareuil-sur-Aÿ?

La «houssée» est une pluie orageuse qui tombe abondamment. Il y a les «arrêts d'eau» dans les vignes, qui étaient des trous creusés pour éviter que l'eau ne dévale le coteau et ne retire la terre. Il y a aussi la «roquille», une mesure pour les liquides. Les «porte-moyères» sont constituées de deux socles, à l'époque en bois et maintenant en métal, accrochés entre eux, permettant de fixer des fiches de vignes. Et puis, évidemment, les «galipes» : ce sont les vignes en champenois. Et lorsqu'on nettoie la vigne, on dit que l'on va «décavaillonner». Encore un autre mot du langage courant : quand vous renversez de l'eau ou autre par terre, à Paris on passe la serpillière pour rattraper les dégâts; ici, on bâche!

Marie-Thérèse Pauvèle et Bernard Gille

A Vitry-le-François, l'Académicien Royer-Collard, célèbre pour sa phrase : le jour où "se baser sur" entre à l'Académie, j'en sors !

A Ambrières, la tombe de l'Abbé Loisy, excommunié par le pape pour avoir renié la vierge.

Au cimetière de Pogny, la tombe du Colonel Henry, faussaire des actes d'accusation du capitaine Dreyfus.

Dans les faubourgs de Vitry, la Marne traverse les Indes !

On appelle les habitants de Saint-Dizier les Bragards. Il faut y voir une déformation plus tardive due à une mauvaise interprétation de l'expression « ah les braves gars ». Utilisée pour évoquer une bataille qui a eu lieu à la fin du Moyen Âge, il ne s'agit donc pas véritablement d'un nom aux origines antiques.

Jean-Jacques Charpy

De Joinville à Nogent, quelques architectures dont les Halles de Baltard.

Eglise de Mézy-Moulins.

Le château de Joinville.

Chalons-en-Champagne Notre-Dame-en-Vaux.

Lors de la crue du 3 mai 1927 à Epernay, caves et magasins inondés dans le quartier de la rue-basse, de Saint-Laurent, de la Porte Lucas et du faubourg d'Igny : 37 sinistrés.

La Marne à Epernay

Eglise de Vignory.

A Château-Thierry, le monument américain de la côte 204.

La synagogue de Saint-Maur

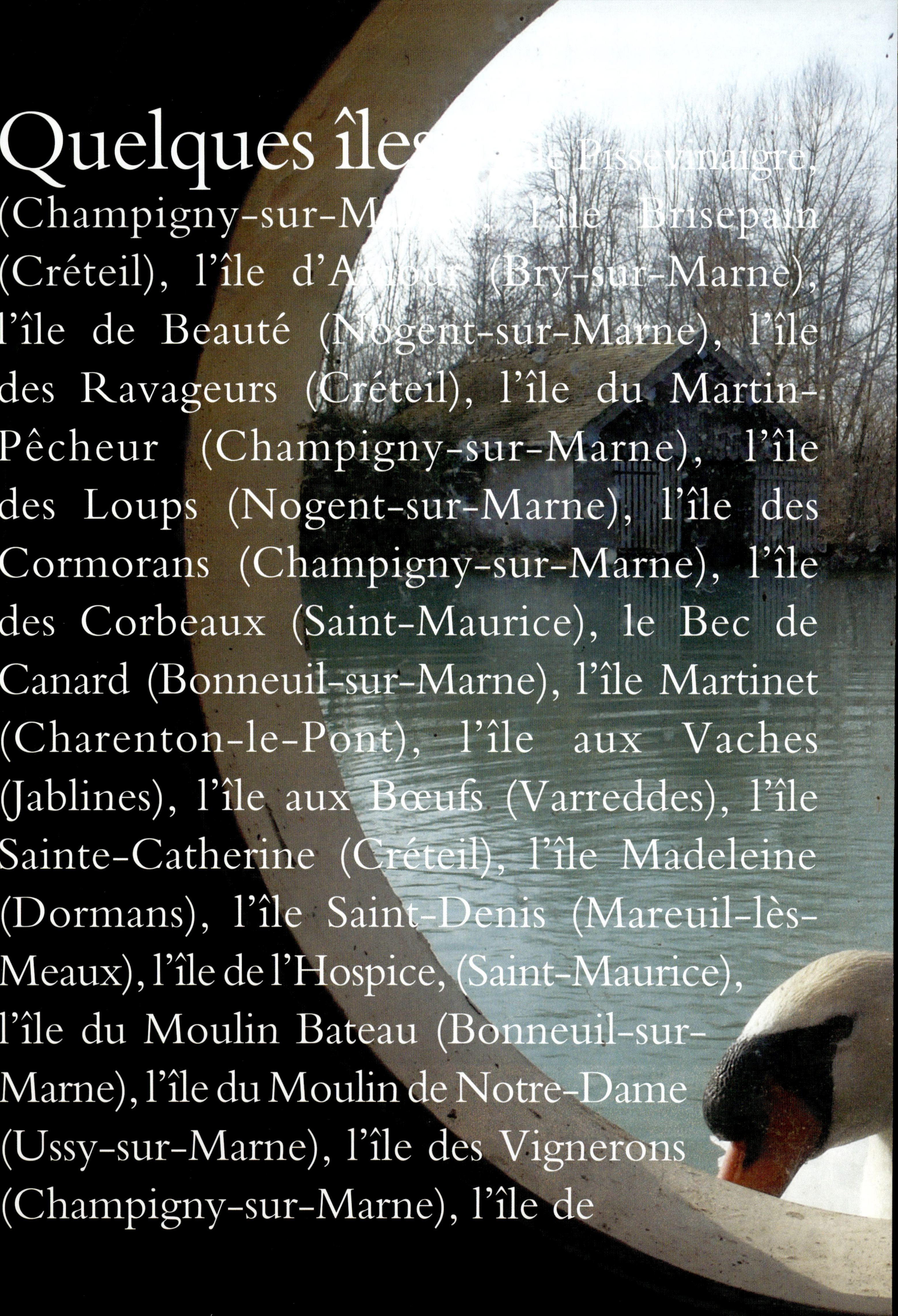

Quelques îles : l'île Pissevinaigre,

(Champigny-sur-Marne), l'île Brisepain (Créteil), l'île d'Amour (Bry-sur-Marne), l'île de Beauté (Nogent-sur-Marne), l'île des Ravageurs (Créteil), l'île du Martin-Pêcheur (Champigny-sur-Marne), l'île des Loups (Nogent-sur-Marne), l'île des Cormorans (Champigny-sur-Marne), l'île des Corbeaux (Saint-Maurice), le Bec de Canard (Bonneuil-sur-Marne), l'île Martinet (Charenton-le-Pont), l'île aux Vaches (Jablines), l'île aux Bœufs (Varreddes), l'île Sainte-Catherine (Créteil), l'île Madeleine (Dormans), l'île Saint-Denis (Mareuil-lès-Meaux), l'île de l'Hospice, (Saint-Maurice), l'île du Moulin Bateau (Bonneuil-sur-Marne), l'île du Moulin de Notre-Dame (Ussy-sur-Marne), l'île des Vignerons (Champigny-sur-Marne), l'île de

l'Abreuvoir (Champigny-sur-Marne), l'île de Charentonneau (Maisons-Alfort), l'île des Saints Pères (Joinville-le-Pont), l'île de Casenave (Champigny-sur-Marne), l'île des Gords, (Champigny-sur-Marne), l'île Fanac (Joinville-le-Pont), l'île de la Gruyère (Créteil), l'île de Casenave (Champigny-sur-Marne), l'île Rouge (Saint-Maurice), l'île de Brétigny (Bonneuil-sur-Marne), l'île de Vaires (Vaires-sur-Marne et Chelles), l'île Henriet (Jablines), l'île de la Chappe (Mareuil-lès-Meaux), l'île Françon (Germigny-l'Évêque), l'île Ancre (Congis-sur-Thérouanne), l'île de la Fosse Tournille (Ussy-sur-Marne), l'île de la Cornaille (Congis-sur-Thérouanne), l'île de Champigny (Champigny-sur-Marne), la Haute-Île (Neuilly-sur-Marne), la Belle Île (Chelles), la Petite Île (Mareuil-lès-Meaux), la Grande Îlette (Îles-lès-Villenoy)

Je suis une insulaire, la Marne m'a ensorcelée. Toute petite, j'ai appris à nager dans cette belle rivière qui était très claire, et je suis tombée amoureuse d'une île sur laquelle nous avons établi notre nid en 1961, notre fille avait un an et notre fils trois. Nous y avons vécu d'innombrables aventures. Les grandes inondations : lorsque je devais emmener les petits à l'école, il fallait les basculer par-dessus les murs que la ville avait édifiés pour « protéger les habitations du continent » de la crue, ce qui était stupide car l'eau passait par les égouts. Puis, la Marne a gelé, et je devais casser la glace avec une bêche puis avancer à la godille par petites tranches, et recommencer jusqu'au ponton, où un jour, j'ai bêtement accroché la barque à l'anneau pour aller au marché avec mes deux petits et, lorsque je suis revenue, ma barque était au bout de sa chaîne, prise dans la glace...

Nous avons beaucoup travaillé pour réparer cette maison en mauvais état, nous l'avons agrandie, il a fallu faire traverser deux cents tonnes de matériaux en barque. Jean et moi nous avons passé notre permis rivière, pour aider un de nos voisins à descendre jusqu'à Nice un bateau qu'il venait d'acheter. Nous avons pris le canal de l'Yonne, la Saône, le Rhône, et à Port-Saint-Louis-du-Rhône, l'écluse étant en panne, nous sommes passés entre les bancs de sable. Toujours passionnés par les bateaux, nous avons préparé un petit voilier, devant notre ponton, et sommes partis tous les deux jusqu'à Tahiti.

C'est un vrai bonheur de vivre dans cette île où les animaux sauvages foisonnent, j'y ai rencontré des faisans, des hérissons, des renards, un écureuil, des lapins, des ragondins, des geais, des martins-pêcheurs, et bien d'autres espèces d'oiseaux. L'autre jour, alors que je faisais une pause sur le quai, un héron cendré s'est posé à mes côtés, puis m'ayant aperçue, a repris son vol. Les cygnes et les colverts viennent nous saluer. L'hiver, ce sont les cormorans qui font des plongeons extraordinaires, les mouettes nous offrent leur vol gracieux.

Cette île, c'est l'île des Loups, à Nogent, juste en face d'une véritable guinguette appelée le Verger, et qui autrefois se nommait l'Équipe, où jouait un orchestre de jazz dirigé par Roland Dorsay ; lorsque j'étais enfant, pour une grenadine, j'allais faire les ourlets des robes de la chanteuse.

Annie Pinon,
doyenne de l'île des Loups

"Je suis une insulaire, la Marne m'a ensorcelée."

Saule planté par Annie Pinon lors de son arrivée sur l'île.

L'ancienne maison de Charles Vanel

On dit que les fenêtres du haut étaient celles de sa fumerie d'opium.

“L’île Fanac est une petite île d’une quarantaine de pavillons et d’à peu près deux cents habitants.”

Claude Mann,
comédien, metteur en scène, auteur et directeur
du théâtre François-Dyrek de Joinville-le-Pont, habitant de l’île Fanac

Quel est votre rapport à la rivière Marne ?
J’ai presque toujours habité dans le coin. Je vivais d’abord à Vincennes et je venais me baigner au pont de Joinville. Il y avait des buissons sur les quais, les gens venaient y pique-niquer le dimanche, c’était magnifique ! C’était il n’y a pas si longtemps, avant que ces quais ne soient outrageusement bétonnés. Toujours est-il qu’à force de venir m’y baigner, je m’y suis installé. J’aime bien les îles. Il y a ici l’île Fanac, sous le pont de Joinville, c’est là que j’ai décidé d’acheter. Nous passons d’ailleurs juste à côté. Là, c’est ce qu’on appelle la proue de l’île. On y accède par l’escalier du pont de Joinville et j’y vis maintenant depuis 1969. Lorsqu’il fait très chaud, je dois dire que c’est agréable de pouvoir se baigner encore dans la Marne. Évidemment, nous n’en avons pas le droit, mais ces petites baignades font partie des interdictions que l’on transgresse avec le sourire.
Les habitants de l’île Fanac s’appellent les Fanacois, il me semble. Dans le temps, sur cette île, il n’y avait que des champs et un petit bois au bout. Dans ces champs, vous aviez des foins qui se disaient *fanac* en patois. Voilà d’où viendrait le nom de l’île, de ces immenses champs de foin. C’est une petite île d’une quarantaine de pavillons et d’à peu près deux cents habitants. Mais cela ne se ressent pas du tout. À dire vrai, on a l’impression, lorsqu’on vit sur l’île, de n’y être qu’une cinquantaine. Ma maison, une toute petite maison à colombages, date de 1870. Elle a été construite avec des blocs récupérés de l’ancien pont de Joinville qui avait sauté pendant la guerre. Je pense que l’île Fanac est habitée depuis 1850, quelque chose comme ça. Je ne sais pas grand-chose de plus que ce qui est spécifié sur mon acte de vente concernant les premiers propriétaires. Je sais en revanche qu’un petit hôtel qui s’appelait Chez Julien avait été construit au milieu de l’île. L’hôtel a fermé à présent et, quand les choses ferment, on ne peut jamais revenir en arrière. Inutile de dire aux gens que ça serait bien d’avoir une épicerie ou un café dans l’île : ils ne veulent pas d’étrangers sur l’île. Donc tout se sclérose un peu, mais c’est comme ça...
Derrière nous, la guinguette Chez Gégène. Avez-vous fréquenté cet établissement ?
Je l’ai fréquenté, je le fréquente encore de temps en temps. Gégène, c’est une institution. Vous savez, c’est toujours très sympathique et populaire. Ça a gardé un peu cet esprit dancing, à la fois familial, drôle et suranné. Il y a bien sûr des effets de mode, alors ça va, ça vient, mais en ce moment l’endroit marche plutôt bien.
Avant, ici, c’était le Deauville de Paris. Les gens s’y rendaient par un petit train qui suivait la ligne actuelle du RER mais qui allait un peu plus loin, à Saint-Maur. Il y avait d’ailleurs à Joinville-le-Pont une charmante gare qui a évidemment été démolie. Il n’y a pas si longtemps de ça, les gens venaient ici en week-end. Jean Renoir a d’ailleurs tourné un film sur les bords de Marne, dans les environs, *Une partie de campagne* : un moyen-métrage, avec Sylvie Bataille, un film magnifique ! À l’époque, on mettait une heure pour venir ici avec le petit train. Maintenant que les gens mettent le même temps pour se rendre à Deauville, ils préfèrent cette destination et le tourisme ici s’est quelque peu perdu.
On se reçoit sur l’île ? On s’invite ?
Oui et non. Des tas de choses ont été organisées, on se recevait, on se rendait visite. Il y avait des concerts, des gens mettaient en place de petits événements. Mais tout finit par se perdre. Maintenant, on construit un ascenseur pour accéder à l’île, des jeunes s’installent et amènent avec eux une modernité qui ne correspond pas forcément à l’esprit du lieu. J’ai peur que l’île ne finisse par ressembler à l’île de Ré ou l’île d’Oléron. Maintenant qu’on y a construit des ponts, je n’y mettrai plus les pieds. Pour moi, ce ne sont plus des îles.
Qui habite sur l’île ?
Il y a un certain nombre d’artistes qui habitent sur l’île, des comédiens, comédiennes. On m’avait dit, quand j’étais arrivé, que Madeleine Sologne, qui avait joué dans *L’Éternel Retour*, un film très romantique des années 1940 avec Jean Marais, avait eu une maison au bout de l’île.
Nous passons maintenant devant l’île de Beauté. Alors, l’île de Beauté, ce n’est plus vraiment une île parce que le bras de la Marne a été comblé pour y faire passer une petite route, qui est d’ailleurs barrée. C’est une île très fermée où il y a de très jolies maisons. Pour y entrer, il faut connaître le mot de passe. Je crois tout de même qu’elle est encore accessible, de temps en temps, en journée.
Parlez-moi un peu de votre activité d’homme de théâtre à Joinville.
Habitant Joinville et l’île Fanac, j’étais bien placé pour savoir que Joinville était peut-être une des seules villes de France où il n’y avait pas de théâtre. Ça m’a donc paru une idée intéressante que de combler cette lacune en en montant un ici. Le projet avec la mairie n’ayant pas abouti, j’ai cherché par moi-même un lieu pour lancer mon théâtre, et un jour j’ai trouvé une espèce de petite usine plus ou moins désaffectée et je me suis lancé. J’ai loué ce lieu, j’y ai construit ce théâtre et ensuite, la municipalité m’a un petit peu aidé. Ça fait maintenant neuf ans que cet endroit existe. J’ai pu y faire venir des gens formidables, y monter des pièces et puis y jouer moi-même tout ce qu’on ne m’avait pas proposé, comme *Cyrano de Bergerac*, *Le Misanthrope*, Ibsen, Zweig, des tas de choses. Depuis neuf ans, je suis pratiquement enfermé dans mon théâtre. Je passe de l’île à cet endroit et je fais ce qu’il me plaît.

Entre Joinville et Créteil.

Et les studios de Joinville, vous les avez connus?

Ah oui, les studios de Joinville où ont été tournés des films magnifiques comme ce film de Carné, *Les Visiteurs du soir*. Ces locaux sont devenus ensuite des studios de télévision dans lesquels j'ai eu l'occasion de tourner. Pas très loin, à Saint-Maurice, il y avait également de superbes studios où a été tourné *Compartiment tueurs*. C'était le premier film de Costa-Gavras. Il y avait comme acteurs, entre autres, Yves Montand, Simone Signoret, Jean-Louis Trintignant, Jacques Perrin, Catherine Allégret toute jeune... et moi, qui venais de faire *La Baie des anges* où j'avais connu Costa-Gavras, alors assistant de Jacques Demy. *Compartiment tueurs* est d'ailleurs le film qui a relancé Yves Montand en tant que comédien. C'était un tournage très agréable, très familial, et ces studios contribuaient à entretenir cette ambiance chaleureuse. Je me souviens qu'il y avait au milieu un petit jet d'eau, un restaurant avec une cour fermée, c'était vraiment un bel endroit. Depuis, ces studios sont tombés en désuétude. Avec le développement du numérique et du tournage en extérieur, ceux de Saint-Maurice ont été démolis. Ceux de Joinville ont pu continuer à exister grâce aux productions télé et aux séries.

C'est le tunnel de Saint-Maur ici?

Oui. D'ailleurs le fait qu'il y ait ce canal ici, ça a créé un virage qui amène régulièrement du sable sur la rive d'en face. Il y avait même une baignade qui s'appelait le Banc de sable à cause de cela. Quand elle a fermé parce qu'il ne faisait plus vraiment beau et qu'il n'y avait plus assez de fréquentation, on l'a remplacée par un port, sans penser au banc de sable. Et donc, il faut désensabler ce port tous les trois ans, ce qui engendre d'importants travaux. Tout cela sans compter le fait que, si un bateau ne bouge pas pendant deux ans, il est alors incapable de sortir!

"On a aussi des ophrys : l'ophrys mouche, l'ophrys abeille ou *Ophrys apifera*."

Alain Richard,
agent technique de l'environnement à l'Office national de la chasse et de la faune sauvage

Savez-vous reconnaître les chants d'oiseaux ? Lesquels avez-vous entendus ?
Nous avons dû entendre, depuis le commencement de ce voyage, quinze ou vingt oiseaux différents. Au départ, au port, on avait un verdier d'Europe, qui chantait au-dessus de nous. Un très joli chant, d'ailleurs. On a eu aussi un martin-pêcheur qui a fait un cri de contact et non pas chanté. On a eu une mésange noire, une mésange charbonnière. On a eu également des moineaux domestiques, un pouillot véloce et, là, c'est un accenteur mouchet qui vient de chanter, juste derrière...
Si vous tendez bien l'oreille, vous pourriez entendre un pinson des arbres, un mâle de pinson. Cela demande un peu de concentration et d'habitude, car la plupart des oiseaux chanteurs sont extrêmement discrets. Si vous ne les voyez pas, ils montrent toutefois leur présence à leurs congénères par leur chant. Et chaque chant a une signification. Il existe ainsi plusieurs types de chants : il y a des chants de parade, des chants de contact, des chants d'inquiétude, des chants de peur et, si vous savez les reconnaître, vous parviendrez à trouver votre oiseau, savoir où il niche. Vous voyez, maintenant que je vous ai dit qu'il y avait des oiseaux qui chantaient, vous faites plus attention et vous allez bientôt réaliser qu'il y a beaucoup de chants autour de vous. On entend toujours chanter notre mâle de pinson des arbres. On peut être sûr qu'il s'agit d'un mâle pour deux raisons : la première est que, chez les oiseaux, la femelle chante peu ou rarement, et la seconde est que, quoiqu'il arrive, elle ne chante jamais des chants nuptiaux. Il s'agit là d'un chant de parade. Les oiseaux qui sont arrivés sur leur site de nidification chantent toujours beaucoup, car c'est pour eux un moyen de marquer leur territoire vis-à-vis des congénères. Vous voyez, là, il y a déjà deux pinsons qui sont en compétition et qui commencent à chanter se disant : « C'est ici chez moi et maintenant il va falloir le respecter. » Et là-bas, c'est une corneille noire qui passe, qui chante, et elle le fera jusqu'au combat. La règle est assez simple, c'est en général l'oiseau qui est là le premier, et qui a fait son petit territoire, qui repousse le congénère.

Vous disiez que l'on a la chance d'avoir ici des chats sauvages. Ce peuplement est-il ancien ?
Oui, la famille des *Felis silvestris*. Ce peuplement est relativement ancien. Personnellement, j'ai toujours connu des chats sauvages dans le coin. Mais avant, il y en avait beaucoup plus. Si vous voulez, il n'y avait pas ce phénomène d'après-guerre où le chat a été longuement piégé. Il a été longtemps l'animal détestable, l'animal fabuleux mal-aimé comme pouvait l'être le loup. Il a été exterminé des années durant avant que les instances ne prennent conscience qu'il était un animal bénéfique et qu'il fallait le protéger à tout prix. En effet, un chat peut manger plusieurs dizaines de souris par jour, ce qui fait de lui un véritable régulateur de microrongeurs.
Vous m'avez parlé du pic noir.
Quand je suis arrivé, c'était une espèce qu'on ne voyait plus beaucoup, une espèce qui se développe gentiment, mais qui n'est pas vraiment en sureffectif. Cet oiseau fait donc partie de la famille des pics, comme le pic-vert, que l'on a entendu d'ailleurs, le pic épeiche ou encore le pic mar. C'est un oiseau exclusivement forestier qui se nourrit de larves et qui arrive à décortiquer des troncs morts dans lesquels il niche. Le trou qu'il y creuse pour y construire son nid et s'y reproduire s'appelle « la loge ».
Quel est votre endroit préféré de la Marne ?
Je préfère la Marne en Haute-Marne avec ses coins fabuleux comme Villiers-sur-Marne, Froncles, Bussières où l'on se croirait au paradis. Un paradis botanique avec des espèces très rares. Quand vous êtes passés là-haut, vous avez certainement vu la petite vallée du Rognon, une petite vallée extraordinairement belle avec le plateau d'Houdelaincourt, une forêt froide versant nord avec une des plus belles populations de France de sabots de Vénus avec plus de deux mille pieds. Le sabot de Vénus est une orchidée, c'est même l'emblème des orchidées, dans des combes extrêmement froides. Ces lieux encore préservés sont vraiment extraordinaires et on y trouve presque une flore périalpine par endroits.
On trouve beaucoup d'orchidées au bord de la Marne ?
Je connais, non loin de notre point de départ, un site exceptionnel d'orchidées. Bien souvent, quand on parle d'orchidées, les gens imaginent celles que l'on retrouve sur l'étal du fleuriste mais ils ne savent pas qu'en France il existe beaucoup de variétés d'orchidées. On en compte même entre cent et cent cinquante espèces différentes. Nous sommes donc passés devant un endroit où, sur quelques hectares, on trouve une quinzaine d'orchidées différentes. C'est toutefois assez exceptionnel car il y a sur cette microparcelle une source, donc une zone humide, un pré sec et un pré humide, ce qui est idéal pour le développement de cette plante aux besoins très spécifiques. Ce secteur se situe à Vauciennes, à la Chapotte. Mais il

A Damery, le site classé d'une allée de platanes.

faut savoir que certaines de ces orchidées sont protégées. Il y a par exemple l'orchis négligé ou *Dactylorhiza praetermissa*. On trouve ensuite l'orchis incarnat ou *Dactylorhiza incarnata*. On a aussi des ophrys : l'ophrys mouche, l'ophrys abeille ou *Ophrys apifera*. Également des céphalantères, *Cephalanthera damasonium*, des platanthères, *Platanthera bifolia*, *Platanthera longifolia*. Il y a de l'*Aceras de la Neotinea* ou orchis intact, des neotties nid-d'oiseaux. On trouve aussi le célèbre orchis pourpre, l'orchis militaire. On a des hybrides militaire-pourpre. C'est un vrai jardin botanique sauvage.

Après la passion, la sanction. Qui verbalisez-vous, pourquoi et à combien peut s'élever l'amende ?

Nous sommes là pour faire appliquer le Code de l'environnement. Il existe des listes d'espèces protégées et toute personne qui ne la respecterait pas sera verbalisée. La justice va ensuite appliquer un barème en fonction des revenus de la personne verbalisée puisque, heureusement, en France, la justice a encore un peu d'humanité. Pour vous donner un ordre d'idée, si l'on tue un oiseau protégé, comme les rapaces, les pics noirs ou toute autre espèce d'intérêt communautaire, l'amende peut s'élever à plusieurs milliers d'euros. C'est bien évidemment rarement le cas, mais s'il y a récidive, on peut même encourir l'emprisonnement.

Êtes-vous optimiste ou pessimiste quant à l'avenir de cette belle rivière Marne ?

Malheureusement, je dois dire que je suis plutôt pessimiste. Ça n'engage que moi, et là, je remets ma casquette de naturaliste, mais quand on voit l'évolution de la Marne et de ses environs, on peut difficilement s'en réjouir. La Marne était bordée de prairies alluviales semi-primitives, et il n'en reste plus que des lambeaux. Il n'y a aujourd'hui plus que des miniparcelles où l'on trouve encore quelques espèces intéressantes. Mais même ces dernières prairies naturelles finiront par disparaître, remplacées par des champs de maïs ou d'autres cultures. Petit à petit, c'est tout notre patrimoine environnemental qui décline.

A l'aube, la brume sur la Marne, les envols secs des oiseaux qu'on dérange.

Le retour des hirondelles rustiques et la collection du docteur Dorin

Louis Albesa,
passionné d'ornithologie

Quelles sont les espèces présentes en Seine-et-Marne?
Tout avait l'air calme pendant que l'on faisait notre petite balade, mais j'ai pu remarquer et consigner sur mon carnet vingt-quatre ou vingt-cinq espèces d'oiseaux différentes. Pour les repérer, il suffit simplement d'ouvrir les oreilles et de regarder.
Depuis 2006, je note l'arrivée d'à peu près quatre-vingts espèces d'oiseaux qui viennent chez nous pour nicher, ou qui ne font que passer et vont nicher plus en amont. Ces mouvements me passionnent. Parmi les nouvelles venues cette saison, il y a le pouillot fitis, un petit oiseau originaire d'Afrique qui, malgré sa petite envergure, ses petites ailes, passe par Gibraltar puis remonte les côtes espagnoles.
La première semaine d'avril, vous aurez le rossignol qui est également absent tout l'hiver. La bergeronnette grise, elle aussi printanière, est arrivée ces jours-ci. J'ai d'ailleurs entendu son cri en ciseau très reconnaissable tout à l'heure alors que la péniche passait près d'un quai.
C'est bientôt le printemps...
Oui, les premières hirondelles rustiques sont de retour. Meaux compte beaucoup de colonies d'hirondelles de fenêtre qui sont une espèce en voie d'extinction. Elles ont déjà complètement disparu de Paris, de la Seine-et-Marne et il n'y en a plus non plus à Chelles, où j'habite. Or il y en a une petite colonie sur la cathédrale de Meaux. Elle venait d'être rénovée, mais on a maintenu au niveau des structures de porte les quelques nids qui restaient encore. Le marché couvert de Meaux abrite aussi quelques nids d'hirondelles qui sont rafraîchis tous les ans. Elles ont besoin d'eau et de terre pour les reconstruire chaque année avec leur bec.
Que pouvez-vous nous dire sur les cris d'oiseaux?
Le pic noir est l'un des oiseaux les plus importants que l'on a aujourd'hui dans les forêts de Seine-et-Marne. Il a un cri de vol, un cri de contact, un cri d'alarme : on peut donc déterminer sa position et son humeur en l'écoutant.
Quand on s'intéresse aux noms des oiseaux, on découvre des choses surprenantes. Par exemple, il y a des oiseaux qui ont des accents : un pouillot véloce existe aussi dans le sud de la France, c'est le pouillot ibérique, en provenance d'Espagne bien sûr, mais son territoire déborde un peu sur les Pyrénées. Sur une photographie, il s'agit du même oiseau. Le chant, par contre, est un peu différent et, effectivement, on remarque que le pouillot ibérique a «l'accent du Sud».

Aujourd'hui, on n'utilise plus vraiment d'appeaux pour répondre aux oiseaux. Notre outil maintenant, c'est le lecteur MP3, tout simplement! Je l'ai dans ma poche à chaque fois que je vais en forêt. J'ai dans ma banque de données sept cents ou huit cents cris d'oiseaux que je peux sans mal amplifier à l'aide d'un micro. Je connais de façon à peu près certaine une centaine d'espèces mais, prenez une simple petite espèce comme la mésange charbonnière : elle a plus d'une quinzaine de chants différents. Si j'ai un doute, je peux enregistrer le chant avec mon lecteur et, en rentrant à la maison, je mets l'oreillette d'un côté, j'écoute de l'autre, je compare, et je peux ainsi identifier avec certitude l'oiseau et le marquer sur mon carnet.
Vous semblez avoir parfaitement adopté cette nouvelle technologie pour faire chanter les oiseaux!
Ce nouveau système permet d'utiliser un cri territorial pour voir la présence des oiseaux, mais on ne va pas s'en servir simplement pour s'amuser. Il peut parfois être d'une aide précieuse, notamment pour certaines espèces de pics assez rares. En forêt, on peut très bien passer ce chant et voir combien de mâles viennent à notre rencontre.
Toujours est-il que passer un chant d'oiseau à partir d'un appareil enregistré est une chose à utiliser avec précaution. Chez une espèce typique comme le rouge-gorge, petite boule de plumes, très batailleur qui défend avec beaucoup de force son territoire, il peut y avoir décès par arrêt cardiaque lorsqu'il a été trop excité à cause d'une intrusion. Ces oiseaux ont un territoire et veulent le défendre. Même si le rouge-gorge n'en arrive pas à se battre bec et ongles, il peut pourtant y avoir «un mort sur le carreau» parce que son cœur aura lâché.
Dans une vingtaine de kilomètres, vous allez arriver à la confluence de la Marne et de la Seine et vous aurez sur votre gauche en arrivant à la pointe, une espèce de gros immeuble que tout le monde connaît, le Chinagora. Aujourd'hui, il sert de spot pour les ornithologues parce qu'on peut y observer une espèce emblématique, le faucon pèlerin. Un ornithologue parisien a découvert la présence d'un couple de faucons aux alentours du 15 décembre dans la cheminée de la CPCU, la Compagnie parisienne de chauffage urbain basée à Ivry-sur-Seine. On croise les doigts pour qu'ait lieu la première reproduction de faucons pèlerins aux portes de Paris.
Y a-t-il des ornithologues qui ont un lien avec la Marne?
J'ai trouvé des ouvrages de Jean-François Lescuyer, qui ont été publiés dans les années 1880. Jean-François Lescuyer est né à Charmont en 1820 dans la Marne et mort en 1887 à Saint-Dizier. Il a publié entre 1878 et 1885 une dizaine d'écrits sur les oiseaux qu'il a pu observer et étudier près de chez lui. Ses propos constituent une véritable branche de la zoologie.

Au Musée de Chalons,

Visiter la collection ornithologique du Dr Doun.

Les îles, lieux de rendez-vous

Lucien Follet, président de l'association Riverains Bords de Marne, compositeur de musique

Lucien Follet, embarqué à Neuilly-sur-Marne

Je suis compositeur de musique écrite, qui se lit, des harmonies, des verticales essentiellement. J'écris de la musique contemporaine, mais avec une prédilection pour la musique baroque. J'utilise dans mes œuvres des hautes-contre par exemple, des clavecins. Je suis moi-même musicien, pianiste.

Où habitez-vous?

J'habite une maison sur la commune de Chelles, à l'est. Elle est sur un endroit non navigable, qui est l'un des plus beaux d'Île-de-France. Là, nous sommes justement à l'entrée de la zone de non-navigabilité de la Marne, qui fait en tout une dizaine de kilomètres.

Que pouvez-vous nous dire sur ce bras de la Marne?

Ce bras est une construction de la seconde moitié du XIXe siècle, qui date de l'époque de Napoléon III. C'est lui qui a permis de rendre la Marne navigable, c'est-à-dire de construire des canaux là où l'eau était trop basse à certaines périodes de l'année, et où il fallait recourir alors à un grand nombre de chevaux. La partie non navigable se trouve entre le canal de Chelles, de Noisiel à Gournay environ, et elle est restée telle qu'elle était au XIXe siècle, c'est-à-dire pour la plus grande partie non bétonnée sur les berges. Ici, nous voyons des berges avec ce qu'on appelle des dallettes béton, qu'on utilise généralement sur les parkings. Elles sont horribles! Et ce qui est encore plus affreux, c'est cet angle standard. Imaginez un monde entier qui se mettrait à structurer ses rivières avec un angle bétonné identique!

Est-ce qu'il y a des îles à Chelles?

Il y a un groupe d'une dizaine d'îlots que l'on a fait classer milieux naturels, et qui sont tout à fait uniques, parce que, contrairement aux îlots qu'on voit plus bas à Chennevières, ils sont inhabités.

Y existe-t-il des espèces invasives?

À Noisiel, par exemple, où le chocolatier Menier s'était implanté, on avait besoin d'énormément de bois pour emballer les cagettes de chocolat. On a donc planté des peupliers à croissance rapide. Ces peupliers, en vingt ans, peuvent avoir un diamètre de presque un mètre et, malheureusement, ils ont envahi toute la région. La DIREN (Direction régionale de l'environnement) parle de l'éradication des peupliers à croissance rapide comme elle parle aussi de l'éradication de l'érable du Canada, espèce invasive qui nuit à toutes les autres espèces.

Quels sont les noms de ces îlots?

Figurez-vous qu'ils n'avaient aucun nom! Quand nous les avons classés, la DIREN nous a demandé de faire des recherches historiques pour les nommer. Par exemple, l'île Bertha : la moitié de la population vous dit que son nom vient de la Grosse Bertha, le canon qui était à hauteur de Meaux, et qui en 1914 envoyait des grosses bombes. Et l'autre partie vous dit que c'est parce que Chelles était un haut lieu de prostitution et que la «Grosse Bertha» vendait ses charmes sur cette île.

Devant l'Île des Loups, Christine de Klerk et Sabine Durand.

Christine de Klerk, association Culture Guinguette
Sabine Durand, journaliste, insulaire sur l'île des Loups

J'aimerais connaître votre nom, votre prénom et votre fonction.
– Je m'appelle Christine de Klerk, je suis chargée de mission à l'association Culture Guinguette. J'habite juste en face de l'île des Loups, et je vois la Marne de la fenêtre de ma chambre.
– Je suis Sabine Durand, j'habite sur l'île des Loups, je suis journaliste et j'ai écrit un livre sur les bords de Marne.
Depuis combien de temps habitez-vous sur l'île des Loups?
Sabine Durand – Je cherchais une maison et je suis tombée sur cette annonce d'une maison accessible en barque exclusivement. J'ai trouvé ça amusant. Et le week-end d'après je suis venue la visiter, et j'ai eu un coup de foudre intégral. Aujourd'hui, cela va faire six ans qu'on y habite. On a appris à vivre au rythme des saisons, de la nature, on regarde si la Marne se charge et devient boueuse, car c'est le signe qu'elle va déborder dans le jardin...
Comment s'organise la vie d'un îlien?
Sabine Durand. – Ça ne change pas tellement de quelqu'un qui a un ascenseur à prendre. Les poubelles, on les passe en barque, pareil pour les courses. Au lieu de traverser son jardin, on traverse la Marne. C'est une question d'habitude, on ne le ressent pas comme une contrainte. Par contre, le déménagement n'était pas évident. Avec le piano, il fallait forcément qu'on s'organise. L'hiver y est rude, et quand on rentre à trois heures du matin, qu'il neige et que le ponton est givré, on se demande sur le coup si habiter sur une île est vraiment une bonne idée. Mais, quand on a goûté à cette vie-là, on a du mal à s'imaginer ailleurs.
Nous sommes cinq, donc nous avons trois barques. Chacun s'organise et pense à celui qui reste, qu'il ne soit pas coincé sur l'île! En été, beaucoup d'amoureux viennent, pour le côté bucolique peut-être. On les voit pique-niquer, ils s'installent sur notre barge.
Vous avez suivi l'histoire de l'île des Loups?
Sabine Durand. – Oui, il paraît qu'il y avait des femmes de petite vertu, qui venaient sur l'île car elles étaient relativement à l'abri des regards. C'était des maisons de courtisanes, des lieux de rendez-vous. Notre maison servait de maison close, on l'appelait la Villa Briseis, du nom d'une Troyenne offerte en récompense à Achille.
Charles Vanel a habité sur votre île...
Sabine Durand. – Oui. La maison a été vendue par la ville de Nogent il y a deux ans. C'était visiblement un lieu assez festif, pour ne pas dire plus... C'était un lieu de débauche assez couru. Il avait même installé dans ses combles une fumerie d'opium. C'est du moins ce que nous dit la légende!
Quels sont les films qui ont été réalisés près de Nogent?
Christine de Klerk. – *La Belle Équipe* a été tourné dans une guinguette près de Vaires, mais elle n'existe plus. Il y a une scène du film *La Bande à Bonnot*, quand ils se font pourchasser par la police, qui a été réalisée sur le pont du viaduc.
Parlez-moi de votre association.
Christine de Klerk. – L'association Culture Guinguette fait la promotion des guinguettes aujourd'hui. De plus en plus, aux beaux jours, les restaurants s'animent. Le week-end, il n'est pas rare d'avoir de la musique, de la danse sur les bords de l'eau, comme avant, à l'époque des canotages. Il reste encore six ou sept guinguettes sur les bords de Marne : à Joinville-le-Pont, il y a Chez Gégène ; à Champigny, le Moulin, et le Martin-Pêcheur sur l'île en face ; un peu plus loin vers Bry, vous avez l'Écluse ; et à Neuilly-sur-Marne, la guinguette Chez Fifi.
L'association organise des petites fêtes, des animations, des bals, l'élection de Miss Guinguette le 14 juillet, des concours de danse... L'accordéon est l'instrument mythique des guinguettes : ce sont les Italiens qui, installés à Nogent lors de la reconstruction du viaduc, ont amené le piano à bretelle, d'où les bals musette. Jo Privat, un accordéoniste célèbre, a habité à Bry-sur-Marne, Yvette Horner à Joinville et Nogent, Verchuren a joué Chez Gégène.
Dernière question : est-ce que votre piano reste accordé sur l'île des Loups?
Sabine Durand. – Non, l'air est un peu humide et justement, ce matin, je me suis dit que je devais encore appeler un accordeur, et ce pour la énième fois.

LA MARNE

le studio de fortune installé sur notre "Bateau sur la Marne", ici, à Saint-Maurice.
C'est une péniche de type Freycinet, datant de 1914, d'une longueur de 38,33 m et d'une largeur de 5,01 m.
Rappelons que les écluses traversées depuis le Plateau de Langres faisaient 39 m sur 5,20 m, d'où le peu de marge de manoeuvre
le lendemain de notre arrivée à Paris, le vilebrequin du vieux moteur cassait. C'est en remorque que le bateau a rejoint son port d'attache de Mareuil-sur-Ay.

The wild child of Champagne

C'est à Songy, qu'au mois de septembre 1731 fut capturée Marie-Angélique, connue sous l'appellation « la fille sauvage », et dans la littérature anglo-saxonne, « the wild child of Champagne ». Elle n'avait pas l'usage de la parole, vivait dans la nature comme un animal, se nourrissant de la chair crue des bêtes qu'elle chassait. Plusieurs légendes sont nées autour de cette enfant sauvage. La plus probable étant celle d'une petite amérindienne de dix-neuf ans provenant de la tribu des Fox dans le Wisconsin, alors colonie française. Elle serait arrivée en France dix ans plus tôt par un navire en provenance du Canada et, fuyant les grandes pestes de Provence, elle aurait erré dans les forêts du Royaume de France pendant une décennie avant d'être découverte à Songy. L'enfant serait ensuite devenue Marie-Angélique Leblanc et aurait même profité, dit-on, de la protection du duc d'Orléans et de la reine de France.

Lionel Faivre

La Marne, la Seine, une histoire de confluence

Olivier Meïer,
directeur du festival de l'Oh !

J'aimerais connaître votre nom, votre prénom et votre fonction.
Je suis Olivier Meïer, je suis le directeur du festival de l'Oh !. Cette écriture, pour suggérer l'étonnement, et évidemment l'eau puisque c'est l'élément qu'on célèbre avec cette manifestation.
Comment est né ce festival ?
C'est un festival qui est né de la volonté du département du Val-de-Marne de recréer un lien entre les habitants et le patrimoine fluvial et aquatique de ce territoire très riche en eau. On constate que ce lien, pourtant vital, s'est dissous avec la révolution industrielle et urbaine. Avec ce festival, on cherche à le reconstruire.
Comment vous appropriez-vous la Marne ?
La Marne et la Seine ! Le Val-de-Marne est le département où la Marne rejoint la Seine. C'est le département de la confluence. C'est amusant parce que la Marne et la Seine prennent leur source pas trop loin l'une de l'autre, et c'est dans le Val-de-Marne, après avoir fait de grands détours, qu'elles viennent se retrouver.
On organise le festival sur la totalité du territoire ; une quinzaine de villes, dont la moitié en bord de Marne, participent au festival : Bry-sur-Marne, Joinville-le-Pont, Champigny-sur-Marne, Créteil, Saint-Maurice, etc. Chaque année ou tous les deux ans, on organise une très belle fête populaire, avec du spectacle, des artistes qui viennent proposer leur lecture de la rivière, et tout ce qui lui est lié, les ponts, les berges, les darses. À travers leurs regards, tout le monde se réapproprie la rivière.
Vous vous baignez dans la Marne ?
Non. C'est interdit.
Vous, directeur de l'Oh !, vous ne vous êtes jamais baigné dans la Marne ?
Pour tout vous dire, symboliquement, je m'y suis baigné une fois, pour marquer un désir de retour à la baignade. Nous croyons très fortement que nous allons retrouver le droit de nous baigner dans la Marne. Je pense que c'est incontournable : il y a une volonté très forte. Il y a deux ans, quand le département a lancé une grande concertation sur la gestion de l'eau, nous avions mis en place, au festival de l'Oh !, des grandes oreilles où les gens pouvaient venir chuchoter leurs rêves. La grande majorité des rêves, on a eu dix mille témoignages, était un rêve de baignade. Donc, c'est sûr, on va se baigner à nouveau dans la Marne, d'autant qu'on fait des progrès considérables en matière de qualité de l'eau. D'ailleurs, en 2015, l'Europe nous impose de redonner à la rivière sa bonne qualité écologique et sa bonne qualité chimique. Et pour marquer ces avancées, tous les cinq ans, nous organisons un *big jump*, une plongée symbolique dans l'eau de la Seine et de la Marne.
Pouvez-vous me parler de la confluence de la Marne et de la Seine ? Que vous inspire-t-elle ?
La confluence est à la fois belle et riche, puisque la Marne se jette dans la Seine. En même temps, le choix d'urbanisation est un peu étrange. Il y a notamment aujourd'hui un grand complexe touristique avec un ensemble hôtelier et des restaurants : le Chinagora confié à des représentants de la République populaire de Chine. C'est un choix, cela avait du sens, ça donne une petite touche d'exotisme. Mais la galerie marchande fonctionne assez peu, elle a fait faillite de nombreuses fois et a changé régulièrement de mains. L'hôtel en revanche fonctionne extrêmement bien. Curieusement, ni la Marne, ni la Seine ne sont exploitées pour emmener vers Paris les gens qui sont de passage dans cet hôtel. C'est un peu frustrant parce qu'on se dit que ce lieu, de toute beauté, très vaste, symboliquement très fort, aurait vocation à être complètement accessible au public.
C'est pourquoi aujourd'hui on expérimente une liaison fluviale régulière avec Voguéo, entre Paris et plusieurs villes du Val-de-Marne. Chinagora en est l'une des escales avant Maisons-Alfort, qui est le point d'arrivée ultime puisque c'est la limite du bief.
Pour vous, est-ce la Marne ou la Seine qui passe à Paris ?
La Marne, la Seine... Ce qui est intéressant dans cette controverse, c'est qu'elle nous rappelle une chose très importante : les rivières ne sont pas des canaux, pas des chenaux d'eau, pas des fils, mais ce sont des bassins qui sont alimentés par une multitude d'affluents. Alors on a décidé d'en appeler une le fleuve, car on a considéré qu'il avait le débit le plus grand, et les autres on les appelle les rivières. Mais la réalité est souvent plus complexe, parfois changeante, parfois on se trompe. Il en est ainsi de la Marne, de la Seine, où les choses ne sont pas très claires.

Michelle Champenois,
journaliste au *Monde*, et Martin, son petit-fils

Là où la Marne se jette dans la Seine.

En termes d'urbanisme, que vous inspirent la Marne, ses berges, ses aménagements et son développement ?

J'ai l'impression que la Marne en région parisienne est invisible. On aperçoit parfois des ponts, on passe sur des autoroutes, et l'on sait qu'il y a les bords de Marne grâce à de petits panneaux, mais on n'arrive jamais vraiment à la situer. C'est comme une rivière secrète. Il y a un certain nombre de gens qui ont construit de petits pavillons, répartis tout en longueur sur des chemins à sens unique, et qui semblent garder jalousement leur paysage. J'ai fait hier un parcours assez long et assez joli dans ces quartiers, mais bizarrement, je m'y suis trouvée très désorientée. On ne sait rapidement plus du tout où l'on est, ni où l'on va.

Pour cette partie, la plus proche de Paris, je sais qu'il y a des endroits extrêmement pittoresques et poétiques cachés dans des replis. Cependant, l'ensemble paraît quand même très encombré et très chargé. C'est un peu comme si personne n'avait pensé à préserver les bords de la Marne. De l'autre côté, à l'ouest de Paris où je réside, je n'ai pas cette impression et j'ai l'impression que l'on donne plus d'espace à la Seine. Alors bien sûr, la Marne est sans doute une rivière plus capricieuse et donc plus exigeante, mais je suis très frappée par ce côté encaissé, dissimulé, que provoque le paysage urbain lorsqu'il étouffe la rivière en la reléguant à l'arrière-plan. Voilà sans doute le signe d'un profond désintérêt qui me surprend beaucoup. Heureusement, les parages sont peuplés d'un certain nombre d'arbres qui bordent l'eau, comme ces saules pleureurs que nous apercevons. Ils ont un petit côté aquatique, ces arbres, côté qui ranime en partie le paysage.

Quel sentiment suscite en vous le paysage de la confluence avec la Seine ?

Il se trouve que le journal *Le Monde* pour lequel je travaille avait une imprimerie assez près de la confluence, et c'était un assez bel immeuble en comparaison à beaucoup d'autres édifices qui se trouvent à cet endroit. Pour moi, la confluence représente l'apogée d'un urbanisme irrespectueux d'un paysage et de son contexte. On y trouve des choses extrêmement lourdes, très mal construites, qui ne mettent pas du tout en valeur les plans d'eau. Tout semble contribuer à miner le paysage en ignorant parfaitement son caractère géographique exceptionnel, ses lignes et sa réelle beauté géométrique. Il y a même aujourd'hui une autoroute au bord de la Marne ! La confluence est donc à mes yeux associée à l'aggravation d'un urbanisme inadapté.

Que représente pour vous la notion de voyage sur une rivière ?

J'ai des souvenirs de voyages sur des canaux, mais c'est la première fois aujourd'hui que je navigue sur une rivière. Et, depuis quelques minutes, cette progression sur l'eau qui expose patiemment le paysage sous nos yeux me ravit. J'ai toujours beaucoup aimé les paysages rectilignes des canaux, qui sont souvent bordés d'arbres soulignant leur géométrie. D'une certaine manière, cela rejoint l'idée que, si la nature trace les rivières, l'homme, avec la science de l'ingénieur, va essayer de les corriger à son image, de les aplanir, de créer un paysage qui s'avère être artificiel, mais qui devient comme un beau dessin.

“...La Marne me surveille. Et me murmure :

Souvenirs de la Marne

Une guerre et une rivière. Elles n’ont rien qui les lie. Une rivière protège le fil du temps. Une guerre l’arrête. Mais la Grande Guerre nous fait penser autrement. En passant de la Marne à Château-Thierry, des images nous surprennent sous la paix des arbres verts et des pelouses parfaites : des souvenirs volant sur un vent d’été moderne, de hurlements et de soupirs, des jours et des nuits de bombardements, de cris et de bruits des enfers, de soulagements d’un terrain déjà détruit, de villages disparus, d’une rivière qui coule rouge.

Dans un cimetière de la Première Guerre mondiale, en fermant les yeux, je vois un groupe de huit ou neuf soldats qui entourent un trou, qui disent au revoir à un camarade, qui ne veulent que partir de cet endroit le plus vite possible pour s’éloigner des champs de bataille, pour retrouver un moment de bonheur. On peut toujours entendre les échos d’une trompette militaire si on écoute bien. C’est un souvenir qui ne se laisse pas oublier.

Chaque année, ma mère et moi nous visitons les mêmes monuments, les petits cimetières, les bois peignés d’anciennes tranchées. Chaque année, nous faisons un petit détour au bois de Belleau, près de la Marne. À chaque visite, Maman remarque le silence, un silence qui n’est pas complet. Elle remarque un garçon sur une bicyclette, le panier plein de baguettes, elle se demande si son arrière-grand-père faisait partie de ces événements de la guerre. Elle remarque les oiseaux qui ne chantent pas encore ; elle entend les échos d’antan, les échos de désespoir, de solitude, sur le vent qui descend vers la Marne. Chaque année, elle se répète. Ça devient notre jeu, notre tendre guerre. «Tu te répètes», je lui dis. «Tu confirmes chaque année que les oiseaux ne chantent pas.» «Pourquoi tu dis ça ?», elle me demande, un peu déçue. «Parce que tu te répètes.» «Ah, maintenant c’est toi qui te répètes, ah !» Une année, elle ne fut plus là. Je suis revenue, seule, pour vénérer ses monuments, ses oiseaux qui ne chantaient pas. Son image se plantait sur mon cœur comme un fantôme fatigué sur un Récamier. Éloigné, seul. Et maintenant c’est mon tour. Je me promène au Bois de Belleau, je tiens sa main dans la mienne. Je lui parle. Et la Marne me surveille. Et me murmure : «Ah, Rose, tu te répètes !»

Rose H. Schwartz, avocate américaine, passionnée par la Grande Guerre

« Ah, Rose, tu te répètes ! »"

Ce que je sais de la Marne ? Bien peu. Les rivières de mon enfance, Aveyron, Lot et Tarn, étaient vert sombre d'ordinaire et brun rouge les jours de crue ; et j'imaginais que la Marne, rivière du Nord et de l'Est, ne pouvait être que grise et, pour tout dire, sinistre. Son nom se lisait sur les monuments aux morts dressés dans chaque village et où étaient inscrits les champs de bataille de la Grande Guerre – comme on disait encore parfois – en capitales, sous une palme de bronze. La Marne était la première citée, avant l'Argonne, les Flandres ou Verdun. Plus tard, j'ai appris qu'il y avait eu deux batailles de la Marne et que la seconde, comme la première, avait failli finir par la victoire des Empires centraux. Bien plus tard, j'ai vu au coin d'un champ un monument à Péguy et des obélisques à des carrefours, dans des plaines où l'on moissonnait – c'était l'été et je m'aperçus à cette occasion que la Marne n'était pas toujours grise.

À la différence de ceux de la Somme, de Champagne ou de Verdun, ces combats n'ont été que très peu dessinés, ou peints. En vérité, ils ne l'ont presque pas été. Ils ont été décrits dans quelques récits de souvenirs et, dans un de ses romans tardifs, par J. H. Rosny aîné, qui avait l'imagination lyrique et peu respectueuse des faits. Mais ni peints, ni non plus photographiés, alors que la photographie a été l'une des principales bénéficiaires de la guerre. Mais à partir de 1915 seulement. La bataille de la Marne est venue trop tôt, alors que les soldats n'avaient pas un Kodak dans leur sac. Et puis, cette semaine-là, tout allait trop vite et le temps manquait pour prendre un cliché alors que, dans les tranchées, il y a eu du temps à ne savoir comment l'occuper.

Il existe peu de photographies de la bataille de la Marne.

De ces jours de septembre 1914, il ne reste que quelques photos grises de fantassins français postés derrière un remblai – vraies ? posées ? truquées ? Il est difficile d'écarter le soupçon de reconstitution commémorative –, et d'autres de soldats allemands et de chevaux, morts le long d'un chemin ou contre un talus. Celles-ci ont été prises d'assez loin, par un reste de pudeur de l'opérateur ou du journal, pudeur qui a disparu dès qu'a commencé la surenchère dans l'exhibition de l'horreur. Mais il n'existe pas plus de clichés tragiques et inoubliables de cette bataille décisive qu'il n'en reste du Débarquement, hors les photos floues de Capa. À l'automne 1914, les illustrateurs se sont employés à combler cette lacune. Ils n'ont réussi qu'à la rendre plus visible, en multipliant les imageries héroïques et invraisemblables.

Pour la seconde bataille, c'est différent. Les ruines, les traces de pillages et les cadavres des deux armées ont été largement photographiés. Parfois, on voit la rivière et un pont détruit qui y est tombé. De tels ravages, on en a vu depuis si souvent du même genre dans les journaux et les livres qu'il faut un effort pour se souvenir que cela s'est passé sur la Marne et que c'est là que le XXe siècle s'est montré, pour la première fois, tel qu'on l'a connu depuis, partout.

Philippe Dagen,
universitaire, critique d'art et romancier

“Le coupe-coupe des tirailleurs sénégalais fait partie des arts et traditions populaires de la vallée de la Marne.”

Canal de la Marne à l'Aisne

Jean Vedovati,
historien des batailles de la Marne

Vedovati, Jean. J'habite à Chezy, dans la commune de La Chapelle-Monthodon, dans l'Aisne. Je m'intéresse à l'histoire locale et particulièrement à la deuxième bataille de la Marne en 1918.

Quelle a été la place de la Marne pendant le conflit ?

Le 27 mai 1918, les Allemands avancent sur une violente offensive sur le Chemin des Dames. Le 31, ils atteignent la Marne de Château-Thierry à Dormans. Leur limite extrême ici, c'est le pont sous lequel on vient de passer. La rivière avait une importance considérable parce que, quand les Allemands arrivèrent sur la Marne, sur sa rive nord, c'est la rivière qui les arrêta.

Quelle a été l'importance des ponts dans cette bataille ?

Tous les ponts depuis Château-Thierry jusqu'à Damery ont sauté, minés par les soldats français, par le Génie français : le pont de Château-Thierry, le pont de Chartèves, le pont de Jaulgonne, la passerelle de Reuilly-Sauvigny, le pont de Dormans et puis le pont de Port-à-Binson.

Si le pont d'Épernay a été miné, il n'a en tout cas pas sauté. La ville d'Épernay par contre a été très fortement touchée, bombardée à la fois par l'aviation et l'artillerie allemande longue portée pouvant atteindre la ville à quinze, dix-huit, vingt kilomètres de distance. Il faut rappeler que, si Épernay tombait, Reims tombait également. Les Allemands, pour passer la Marne, plaçaient des ponts de bateau, des passerelles qui permettaient de traverser la rivière aussi bien à l'infanterie qu'à l'artillerie. Après quatre à cinq jours de combats, les Allemands furent obligés de battre en retraite ; une fois repliés, ils détruisirent tous les ponts de bateau et passerelles qu'ils avaient mis en place. Ensuite, les Allemands se replièrent progressivement, tout particulièrement devant Dormans où ils résistèrent très fortement aux attaques.

Dans la nuit du 14 au 15 juillet 1918, les tirs d'artillerie sur Dormans ont été particulièrement violents. Entre Chassins et Dormans, les Allemands avaient installé près de mille projectors. Mille projectors, pour le commun des mortels, ça ne veut pas dire grand-chose, mais ce sont des tubes d'environ 1,20 ou 1,30 m de long, un peu comme des tubes de gaz, du même acier. Ces tubes sont engagés en terre, reliés entre eux par une câblerie électrique, et le calibre est de 170, un obus de 170. À deux heures du matin, les Allemands déclenchèrent le tir des mille projectors qu'ils avaient installés. Les mille obus partirent d'un seul coup et s'abattirent sur Dormans. Il y eut d'abord une très grande lueur. Les soldats qui y ont assisté disaient qu'il faisait si clair qu'on aurait pu lire le journal... Il était deux heures du matin... Mais aussitôt après la lueur : le bruit de l'explosion. C'était l'explosion de départ. Au bout d'un certain temps, une seconde lueur, et là, à nouveau le bruit d'une explosion, plus lointaine. On se demandait ce qui venait de se passer... Les officiers ont supposé que c'était un dépôt d'obus resté à Dormans qui avait sauté, mais il n'en était rien. C'était un tir de mille obus de projectors qui s'abattait sur la ville. C'est là, aussitôt après ce tir, que les troupes allemandes passèrent la rivière et prirent Dormans.

La résistance allemande a été acharnée, à Dormans mais surtout sur la rive nord de la Marne, à Vincelles, Chassins, Trélou. Les villages de Vincelles et Chassins par exemple n'ont été repris qu'après six à sept jours de combats, les 26 et 27 juillet 1918.

Est-ce que la guerre a laissé des traces dans la rivière ?

Quand le cours de la Marne baisse, on trouve sur les berges de la rivière toutes sortes d'objets : baïonnettes, cartouches, obus, casques, gamelles. J'ai un ami à Dormans qui profitait du chômage de la rivière pour aller à la pêche. Comme ça ne mordait pas, il décida de se promener sur les berges de la Marne. Chemin faisant, il vit une chaussure qui traînait sur la rive et lui donna un coup de pied. La chaussure rebondit sans pour autant rouler sur le sable. Il lui redonna alors un coup de pied, sans plus de succès. Elle était ensevelie dans le sable. Il se baissa et commença à tirer la chaussure. Ce n'était pas vraiment une chaussure, c'était plutôt une botte, une botte de

A Damery, le pont sur la Marne.

soldat. Il sortit ensuite les tibias, et au final le corps entier d'un soldat allemand.

Et vous, quelles sont les plus belles pièces que vous ayez trouvées?

La plus belle pièce, c'est un petit piochon italien. Et c'est une pièce d'esthétique tout à fait remarquable, on ressent là tout le niveau artistique des Italiens. Sinon, il y a un objet dont j'aime à raconter l'histoire. De nombreux tirailleurs sénégalais ont souffert sur le front des plateaux de Venteuil, de Belveuil et de Fleury. Il y eut beaucoup de morts, nombre de blessés et de prisonniers. Après les combats, une grande quantité de coupe-coupe de ces tirailleurs sénégalais se trouvaient encore sur le terrain. Quand les civils sont revenus et qu'ils les ont trouvés, ils en ont fait un usage très judicieux : ils s'en servaient pour couper les betteraves. Auparavant, ils utilisaient des serpes courtes, des serpes de bûcherons. Mais comme le coupe-coupe des tirailleurs sénégalais était beaucoup plus long et donc beaucoup plus pratique, il leur permettait de moins se baisser pour couper les feuilles de betteraves. On peut donc quasiment dire que cette machette venue du Sénégal fait partie des arts et traditions populaires de la vallée de la Marne.

Le Deauville ou les anciens bains de Saint-Dizier

Le Deauville, lieu de plaisir

"J'étais un peu trop jeune pour fréquenter le Deauville, qui s'est arrêté dans les années 1960-1965. C'était un haut lieu de l'animation bragarde avec dancing, guinguette et piscine. Sur les bords de la Marne, et c'était le principe de la guinguette, il y avait des bains avec des magnifiques plongeoirs en béton armé de différentes hauteurs pour que les vaillants garçons puissent se mesurer entre eux, et prouver aux jeunes filles qu'ils étaient capables d'exécuter les plus beaux sauts. Le Deauville était le lieu de plaisir par référence, il était assez mythique à Saint-Dizier. Autour de Saint-Dizier, il y avait le camp de Trois-Fontaines, qui était une base de l'OTAN. Les Américains, dès qu'ils sortaient de ce camp, se rendaient en ville, et fréquentaient le Deauville, mais aussi d'autres lieux. À l'époque, on comptait cinq ou six dancings, avec par exemple la Marina, le Deauville, le Misoldo, le Moulin rouge, en référence à Paris."

François Larcelet

un magnifique plongeoir en béton armé.

"Antoine de Saint-Exupéry logeait chez l'habitant, à Orconte, dans la famille Scherschell. Mais de décembre 1939 à avril 1940, il menait aussi grand équipage à Saint-Dizier avec ses amis Joseph Kessel, André Luger, Marie Bell, Joséphine Baker et Fernandel. Il aimait la compagnie des artistes qu'il emmenait en balade à Saint-Dizier ou au Deauville. Il y a d'ailleurs des photos connues de Kessel avec Saint-Ex, se promenant en décapotable dans les rues de la ville. Pas besoin de vous préciser qu'une voiture américaine des années 40 à Saint-Dizier, ce n'était pas commun. Leur amitié remonte à l'aéropostale, à l'époque où Mermoz, Guillaumet, Reine et Saint-Exupéry étaient appelés les quatre mousquetaires."

Jean Lemaguet

Émilie Landau,
chargée de projet au sein de l'association
Paysages du Champagne

Quel est le but de votre association?
L'association regroupe la profession des métiers viticoles et les collectivités territoriales pour porter la candidature des paysages de Champagne au patrimoine mondial de l'UNESCO. Elle s'occupe de l'élaboration du dossier de candidature type dans lequel on raconte l'histoire du site, la géographie, la sociologie, les cartes, etc., mais aussi la mise en place d'un plan de gestion présentant tous les engagements que prendra la Champagne une fois inscrite à l'UNESCO pour valoriser et préserver le site. Et puis, il y a également tout le travail de mobilisation du territoire qu'il faut organiser. On essaie donc de rassembler toutes les grandes villes de Champagne, les 319 communes de l'aire AOC Champagne, la population locale, les associations, les offices du tourisme, et de créer un élan fédérateur.
Est-ce que vous pensez vraiment que les paysages de Champagne méritent d'être classés au patrimoine mondial?
Oui, bien sûr!
On a réalisé un inventaire du patrimoine vernaculaire encore visible en Champagne. Ce qu'on valorise tout particulièrement, ce sont les caves et les crayères sur la colline Saint-Nicaise à Reims, l'avenue de champagne à Epernay, les caves de Châlons et de Château-Thierry...
De manière générale, notre thématique, c'est le paysage vertical. Nous avons trois composantes. D'abord, ce qui est visible : les vignes, les villages, tout le patrimoine industriel de production et de commercialisation du champagne. Mais ce qui est le plus intéressant, c'est ce qui est invisible comme les caves, les crayères où l'on produit le champagne, et également tout ce patrimoine immatériel que l'on a autour du mot «champagne». C'est un des mots les plus connus. Dans le monde entier, il fait sens. Il accompagne l'idée de fête, de célébration.
C'est aussi tout cet art immatériel que l'on le met en valeur dans notre dossier.
Ne trouvez-vous pas que les Champenois ont entamé la beauté de leur patrimoine depuis ces cinquante dernières années? Qu'ils n'ont pas assez pensé à préserver leurs paysages et leurs villages, leur architecture?
Si bien sûr, c'est d'ailleurs pour cela que l'on a un plan de gestion dans lequel on essaie vraiment de mettre en place des engagements qui permettront de valoriser et protéger ce qui reste de «typique» en Champagne. Ensuite, avec ce qu'on appelle des plans locaux d'urbanisme pour les villages, on donne aux maires les moyens de valoriser au mieux leur territoire, notamment en ne mettant pas de hangars en tôles ondulées au milieu du vignoble, ou juste à la sortie du village. Il faut au contraire essayer de les harmoniser avec ce qui existe; faire en sorte que les petits murs de soutènement des vignes ne soient plus en tôle mais en pierre de manière à ce qu'ils s'intègrent de façon plus discrète à l'environnement.
Il est maintenant nécessaire de voir comment mettre en œuvre ces engagements, comment les respecter et, finalement, comment faire en sorte de créer une démarche d'excellence sur tout le territoire de la Champagne.
Ce n'est évidemment pas chose aisée. C'est pour cela que nous avons créé un plan de gestion qui permet aux maires d'avoir plus d'éléments à leur disposition au moment de choisir de délivrer ou non des permis de construire. On a également organisé des ateliers de sensibilisation en plein cœur des paysages champenois avec les maires et les vignerons. Ce qui était génial, c'est qu'à la fin d'un de ces ateliers qui duraient une journée, un vigneron est venu nous voir et nous a dit : «Vous savez, moi, ça fait vingt ans que je demande à avoir un hangar d'exploitation et, ce hangar, je ne sais pas pourquoi, mais je le voulais bleu. Et ça fait vingt ans qu'on me refuse mon permis de construire. Maintenant, je comprends mieux pourquoi. Je ne le ferai pas bleu, je ne le ferai pas en tôle ondulée, je le ferai en crépi pour respecter l'habitat du village.».
Des maires ont aussi admis à la sortie de ces ateliers : «Vous savez, moi j'accorde des permis de construire, mais je n'avais pas eu l'idée d'aller sur les points hauts de la commune pour avoir une vue d'ensemble et voir ce que ça donnerait».
Il suffit de pas grand-chose finalement, juste quelques petites astuces pour que les gens se sentent à nouveau responsables de la sauvegarde de leurs paysages.
Après, il y a ce qu'on appelle des «verrues paysagères». Ce sont des espèces de déchetteries sauvages, des loges de vignes de bric et de broc rafistolées, des chemins de traverse en tôles ondulées pour éviter l'érosion, etc. Et tout cela mis bout à bout est très nuisible à la qualité générale des paysages du champagne.
Vous savez que je fais ce projet sur la rivière Marne, quelle importance la rivière a-t-elle pour vous?
Alors d'un point de vue historique, ce qui figure dans le dossier de candidature, c'est que l'exportation du champagne s'est faite d'abord par la Marne.
D'un point de vue plus personnel, je peux vous parler de l'expérience que j'ai vécue en Israël, non loin de la mer Morte. Là-bas, quand on parle d'eau, on prend réellement conscience de toute son importance. Dans un pays où il y a une volonté agricole mais pas d'eau, tout est plus difficile. Depuis, quand on me parle d'eau, je revois les paysages complètement désertiques de la mer Morte, de Massada, une cité qui a été assiégée pendant des dizaines d'années par les Romains. Á chaque fois, il n'y a qu'une évidence : l'eau, c'est la vie, c'est tout!

"Le plus intéressant, c'est ce qui est invisible, les caves, les crayères."

“L’eau garde le pouvoir prodigieux de donner une intelligence à la géographie.”

Henri Gaudin, architecte.

Nous venons de passer le pont de Nogent, décrivez-moi ce que vous voyez.
Je vous dirais que je n’en sais rien, tant que je n’aurais pas fait l’épreuve de l’expression, c’est-à-dire exprimé ce que je vois avec un bout de dessin ou un morceau d’écriture. Je ne peux connaître une chose tant que je n’ai pas manié le fusain, car une impression n’existe pour moi qu’à travers son expression. Si je rentrais d’un voyage sans avoir été capable d’en tirer une note ou un croquis, je ne pourrais rien vous en dire que du vide. Il faudrait en soi que je reste une infinité de temps devant ce saule et toutes ces arborescences que j’ai sous les yeux pour, dans le fond, commencer à les saisir et savoir ce qu’ils sont. Savoir ce qu’est une chose, c’est une question qu’on se pose à l’infini, surtout dans un paysage comme celui-ci, censé évoquer le calme et une certaine forme de bien-être. Pour moi, c’est déjà teinté d’inquiétude parce que c’est rempli d’une espèce d’inquisition ravageuse. Je me demande toujours : regarder pour garder… Et au moment où éclate la question « Qu’est-ce que cela veut dire ? », on a les yeux presque exorbités ! Qu’est ce que ce saule ? Comment est-il fait ? Comment en appréhender les multiples ramifications ? Il est vrai que ce panache, par exemple, n’est pas facile à comprendre. Finalement, si l’on manie le crayon, il revêt une attitude, une transparence, et devient une sorte de chevelure blonde qui l’assoit dans l’existence ; il s’approprie même un langage propre, lorsque l’air daigne lui rendre ses bruissements si particuliers.

Votre grande carrière d’architecte vous a-t-elle donné l’opportunité de construire en bordure de rivière ?
Oui, et je trouve effectivement cela très émouvant. J’ai vécu pour la dernière fois cette expérience à Amiens, cette ancienne cité lacustre prolongée parce ce que l’on appelle des « hortillons », lesquels sont aujourd’hui transformés en jardins. J’ai pris un immense plaisir à édifier sur ce canal un bâtiment en brique qui s’inscrit dans la continuité des rives, elles aussi étayées avec ce matériau. Il est d’une importance primordiale qu’un bâtiment se retrouve par lui-même comme hors de lui par la simple magie d’une incrustation, c’est-à-dire toujours pris entre son fondement et le mouvement qui l’environne. Ici, il s’agit de l’eau, cette matière assez étonnante car passablement ambiguë, qui est un tout dépourvu de forme, une sorte de « prêt-à-rentrer » dans la moindre fissure, dans le moindre trou, dans le moindre cloaque. C’est une substance amorphe et inodore, qui devient curieusement touchante lorsqu’elle porte ses reflets, ses moires et ses irisations que je vois devant moi, et qui lui confèrent un aspect pictural assez fabuleux. Il est d’ailleurs indéniable que Turner cultive cette sensibilité, notamment dans ses aquarelles de Venise, lui qui affronte souvent des soleils en pleine face pour leur faire prendre des positions remarquables. On a soudain une sorte de torche qui perce la toile pour venir rejoindre le regard, et lui apporter tout son mouvement. Il n’y a pas d’immobilité dans l’art, et s’il y en avait une, ce serait à chacun de lui rendre sa mobilité. Si je contemple un tableau ou un paysage, j’ai besoin de le regarder de gauche à droite, de bas en haut, jusqu’à adapter mon instrument d’optique en changeant de lunettes !

À propos d’eau et de mobilité, pouvez-vous expliquer comment vous imaginez un pont ?
Un pont est avant tout ce qui par essence relie, et donc solidarise des berges qui pourraient être étrangères les unes aux autres ; c’est en cela un ouvrage en soi très émouvant. Or, lorsque l’on passe sous un pont comme nous venons de le faire, on le considère nécessairement autrement. Pour un peu, on rentrerait presque la tête dans les épaules, perdant alors d’un coup l’idée d’élancement ou de traversée qu’il est censé susciter. Mais l’ambivalence s’impose lorsque cette visibilité de l’élan quelque peu amoindrie se transforme finalement en porte, en passage ouvert qui s’offre à nous comme une aspiration par laquelle l’esprit se trouve happé.

Vous parliez de peinture. Corot a beaucoup peint la rivière Marne. Quel est votre sentiment pour ce peintre ?

J'ai une réelle admiration pour Corot, parce que je trouve que sa peinture trahit, avec une délicatesse et une simplicité à toute épreuve, une intelligence extraordinaire. Au premier abord, il pourrait être considéré non pas comme un naïf, mais comme « le bon père Corot » ; c'est pourtant un génie en termes de compréhension des masses et des volumes. Dans cette géographie sublimée, tout est signifié avec une verdeur qu'on se surprendrait à révéler soi-même si l'on savait regarder un paysage avec une telle intensité : cette pente, cette haie, ces berges, tout y est et rien ne trompe, y compris ces maisons, ces petites maisons parfois du petit bonheur, mais qui sont aussi touchantes qu'elles sont parfois roides, comme une intersection ou un angle qui tombe au sol. J'ai là quelque chose qui me fait penser à cette intelligence sublime propre à Corot, et cela devient effectivement pour moi un grand moment pictural.

Nous passons à présent sous une structure conçue par Eiffel...

En effet, et l'on sent tout de suite quelque chose d'aérien. Chez Eiffel, il y a cette tenue rendue parfaite par la lisibilité exemplaire de l'écriture des articulations. En architecture, ce qui demeure essentiel est l'article, la transition. L'articulation chez Eiffel nous laisse presque en sympathie avec ces bouts de ferraille, parce que, dans le fond, on y décèle quelque chose d'intime avec notre propre nature, comme les tendons ou les ligaments par exemple, surtout quand ils sont à vif comme les miens ! L'architecture d'Eiffel peut finalement se lire de façon tout à fait intuitive, et non pas consciente, comme un livre d'anatomie. C'est une véritable leçon qui trouve un lien direct avec la perception que l'on peut avoir lorsque l'on entre dans la salle dédiée à l'évolution des espèces au Muséum d'histoire naturelle du Jardin des plantes. Je m'étais retrouvé dans cette salle absolument extraordinaire pour y dessiner, justement au moment où je faisais le stade Charléty, parce que l'on peut y trouver d'inépuisables sources, non pas d'inspiration, mais de connaissance, de richesse et d'intelligence de ce qui s'articule si majestueusement que cela en devient un mystère.

L'idée de descendre une rivière depuis sa source jusqu'à l'endroit de sa confluence vous a-t-elle déjà séduit ? Quel genre de voyage est-ce, pour vous ?

Tout à fait, et j'ai même eu l'opportunité de descendre le Danube. À l'époque, je dessinais hâtivement les lieux que je traversais et dont j'ai oublié les noms. La navigation nous permettait d'accéder à une extrême intelligence des paysages, grâce à laquelle les quelques édifices baroques tout à fait remarquables, mais surtout la multitude de vignes, nous renvoyaient partout à la chose essentielle. Je veux parler de celle par laquelle tout vient, c'est-à-dire une fois de plus l'eau. En effet, malgré son côté amorphe et fuyant que nous évoquions tout à l'heure, l'eau garde le pouvoir prodigieux de donner une intelligence à la géographie. Pour prendre d'abord l'exemple de la mer, au fond, c'est bien le plan horizontal de l'eau qui vient couper avec évidence la côte, lui conférant ainsi son assise et son intelligence. Pour prendre une image saisissante, on peut dire que le relief de l'estran se décompose littéralement face aux caprices de la marée, et que la montée des eaux métamorphose alors le paysage. Le paysage ne se comprend jamais autant, dans le fond, que lorsqu'il est assis sur une ligne apte à lui conférer du sens. C'est ainsi qu'une rivière, et particulièrement un canal, restent des lieux extraordinaires pour l'appréhension d'un paysage, et peuvent par là même devenir la scène de nombreux ravissements, et de fascinants voyages !

Henri Gaudin,
architecte

"Elle fait officiellement cinq cent vingt-six kilomètres, mais la longueur de la Marne varie chaque jour."

Bernard Collard, président du Syndicat intercommunal pour l'aménagement de la Marne (SIAM)

Il faut savoir que la longueur de la Marne varie chaque jour, mais officiellement elle est de cinq cent vingt-six kilomètres. En sachant que certains méandres se recoupent, pas tous les jours bien sûr, mais régulièrement, alors que d'autres méandres s'accentuent. Il y a un phénomène naturel d'érosion des sols qui est évidemment lié aux périodes de crue et également au gel des berges. Il faut aussi prendre en compte certains secteurs où la rivière évolue plus ou moins vite. Les anciennes cartes, en particulier le cadastre de Napoléon, montrent à certains endroits un écart de plusieurs centaines de mètres avec le lit actuel de la rivière. Cette évolution de la rivière peut même être très rapide. Par exemple, il y a cinq ans, au niveau de Saint-Gibrien, un méandre s'est coupé. La rivière a donc perdu près de trois cents mètres de longueur. Et parfois, il arrive aussi que certains méandres s'accentuent, au point que l'on puisse envisager que, d'ici une dizaine d'années, leurs cours finissent par se couper.

La Marne fait partie de vos préoccupations quotidiennes...

La Marne, je la vois presque quotidiennement puisque j'habite tout près de son cours, et qu'en raison de mon travail d'agriculteur, je suis amené à la traverser plusieurs fois par jour. En tant que président de l'association, je la descends pour une inspection avec des techniciens au minimum une fois par an, et plutôt trois fois qu'une. Notre but est essentiellement de préserver la végétation naturelle, qui tient les berges, et d'essayer de prévoir les évolutions potentielles de ce milieu. Par exemple, nous tenons absolument à préserver toutes les variétés de saules, frênes et aulnes, nombreuses au bord de la rivière. L'aulne est un arbre magnifique qui protège les berges avec un chevelu racinaire très intéressant. Malheureusement, ces arbres sont sujets à des maladies dites cryptogamiques et commencent à disparaître dans certains secteurs, et ce, à notre plus grand regret. D'un autre côté, vous avez une végétation d'espèces exogènes, implantées par l'homme, qui nous cause quelques soucis. Le peuplier est ainsi terriblement néfaste ici, sur les berges. En effet, son système racinaire très superficiel fait qu'en cas de tempête, l'arbre ne peut résister aux agressions et se couche dans la rivière, entraînant avec ses racines des mètres cubes de terre. Voilà pourquoi nous souhaitons éloigner ces arbres de la berge. Je pense également à l'*Acer negundo*. Mais l'espèce qui nous gêne le plus est vraiment la renouée du Japon, qui est une sorte de bambou avec un rhizome assez important, une plante parasitaire qui envahissait, à l'époque, les jardins de grand-mère. Comme cette plante invasive empêchait tout le reste de pousser, tout le monde s'en est débarrassé, la jetant dans des ordures qui finissaient par échouer dans des décharges sauvages. Et c'est à partir de ces décharges que la renouée s'est propagée, se déplaçant certainement avec les courants en période de crue, et parvenant à se développer sur n'importe quel terrain. C'est de cette manière que la renouée du Japon colonise les berges de la rivière. Et quand elle s'installe, plus rien d'autre ne pousse. Il n'existe pour le moment aucun moyen efficace pour s'en débarrasser, les produits chimiques étant naturellement proscrits aux abords de la rivière. Le seul moyen pour nous de la détruire serait de la bâcher avec un plastique pour l'étouffer.

Pouvez-vous me citer quelques affluents de la Marne ?

En aval de Vitry, en rive droite, on trouve le Fion, une petite rivière de Champagne. On a aussi de petites rivières comme la Moivre, le ruisseau de la Veuve, et ensuite, celui d'Isse qui rejoint le canal de l'Aisne à la Marne. Ensuite, on rencontre la Livre. J'espère ne pas en oublier... Et toujours, rive droite, à Aÿ, le Cubray qui a fait beaucoup de dégâts lors du dernier orage. Sur la gauche, on a la Guenelle qui coule dans le lit majeur de la Marne et s'y jette à Mairy-sur-Marne. Ensuite, on a la Coole qui est aussi une rivière de Champagne. Rive gauche, on a la Somme-Soude qui est l'affluent le plus important se jetant dans la Marne à Jâlons. On trouve ensuite la Tranchée, la Presle et le Cubry, etc. Voici maintenant une petite anecdote concernant la Somme-Soude. À l'époque où il n'y avait pas assez d'eau pour alimenter Paris, le baron Haussmann avait imaginé détourner cette rivière pour la faire passer par le Morin et irriguer ainsi la capitale. Mais, le diagnostic d'un médecin, affirmant que l'eau de la Somme-Soude était de mauvaise qualité et donnait des goitres, permit aux riverains de garder leur rivière.

Ludovic Lagarde, metteur en scène

J'aimerais connaître votre nom, votre prénom et votre fonction.
Je m'appelle Ludovic Lagarde, je suis metteur en scène de théâtre et d'opéra, et je dirige depuis un an la Comédie de Reims, Centre dramatique national.

Vous venez de me dire que ce voyage sur la Marne évoquait chez vous le silence, la tranquillité...
Oui. L'arrivée tout d'abord m'a saisie, comme un effet d'exotisme très puissant. Je me suis dit : « Quelle quiétude, quelle étrangeté tout à coup ! » Je n'ai de passion ni pour les rivières ni pour les fleuves, probablement parce que, jusqu'à présent, je les voyais de la berge, et que pour moi il n'y avait pas assez de mouvements, pas assez de vues. Mais, et peut-être est-ce mon fond mélancolique ou contemplatif, se retrouver sur le pont du bateau, regarder, écouter, tout cela produit une variété de vues permanente : une lumière qui change, mais aussi des sons qu'on entend, comme le bruit du moteur... Et cela crée chez moi une accalmie ; ça me détend. Cela m'évoque aussi mon père qui est originaire de cette région, son enfance, ses récits.

Je crois que l'eau est liée pour vous à un auteur avec qui vous travaillez souvent.
Il s'agit d'Olivier Cadiot. Je travaille avec lui depuis presque vingt ans maintenant. J'ai la chance depuis de nombreuses années d'aller chez lui, quelque part entre la Dordogne et la Charente. Il y a une rivière qui passe au fond de son jardin : la Dronne. Les premières fois, j'avais un peu de mal à m'y baigner. Ce n'était pas quelque chose qui m'était familier : je suis plutôt un homme de la mer et je n'avais pas d'attrait particulier pour les rivières.
Puis Cadiot me l'a fait découvrir sous des aspects très différents. La rivière est son monde et son terrain de jeu. On la retrouve dans son écriture ; depuis des années, elle a une part extrêmement importante dans son travail. D'ailleurs, il vient justement de finir un texte qui s'appelle *Un mage en été*, que je vais créer au festival d'Avignon en juillet prochain. Il s'agit d'un homme au bord d'une rivière qui voit une photo de Nan Goldin, « Sharon in the river », photo d'une femme très étrange, nue, seule dans l'eau. Cela déclenche chez lui des mécanismes poétiques très puissants : il va décrire les couleurs, les sensations, les matières ; et il va vouloir rejoindre cette femme qui est au milieu du gué, au milieu du courant. Mais, petit à petit, il s'en éloigne et pénètre d'une manière totalement imaginaire dans l'archéologie de la rivière jusqu'à des temps très reculés, ceux des drakkars...
Cadiot me fait aimer la rivière autrement. Il l'aborde aussi comme un poète, et on pense là à Rimbaud bien sûr. Quand on se baigne ensemble dans la Dronne, tout d'un coup, la sauvagerie de cet endroit, les évocations d'Olivier nous transportent dans l'Amazone. Le fleuve, comme chez Rimbaud, devient un tout autre paysage. Il a une force que l'on ne soupçonne pas, surtout quand on le voit comme on a l'habitude de le voir avec un regard beaucoup plus urbain, regard qui est le mien d'ailleurs.

Ludovic Lagarde, metteur en scène,
directeur de la Comédie de Reims

“C’est mon petit paradis à moi, mon Canada à moi !”

Gérard Sajot, technicien, dépanneur, programmateur en hexadécimal

J’aimerais connaître votre nom, votre prénom, votre fonction.
Gérard Sajot, j’étais technicien, dépanneur, programmateur en hexadécimal sur de l’automatisme.
Nous sommes donc en aval de Fublaines, à quelques kilomètres de Meaux.
J’ai l’impression que vous connaissez bien la nature d’ici, les arbres, les oiseaux...
Oui, je vais régulièrement au Parc naturel du Pâtis qui se trouve juste derrière nous. Je dis toujours que c’est mon petit paradis à moi, mon Canada à moi ! Parce qu’il y a des étangs et des grands espaces formés dans d’anciennes gravières et d’anciennes sablières. On y trouve de nombreuses espèces de faune et de flore assez rares en Île-de-France, comme la petite et la grande naïades qui sont deux plantes aquatiques, ou bien encore l’œdipode bleu qui est un criquet avec les ailes bleues, le loriot d’Europe, les sternes qui se reproduisent depuis quelques années, et aussi des bernacles, des oies... Je viens ici tous les jours parce que la nidification ne va pas tarder à commencer. On a eu beaucoup de pluie ces derniers temps, donc les oiseaux attendent que les eaux baissent pour déposer leurs œufs sur les arbres. Et pourtant, on a ce cygne qui est assez gonflé et qui a pris les devants sur la nature ! Il s’est mis là où il y a des algues ; il a tourné en rond pour les assembler ; il a continué en amassant des herbes, des branches, des choses assez sèches dans cet espace ; et c’est comme ça qu’il a construit un nid. Actuellement, la mère couve sur deux œufs.
Quel est le poids d’un cygne ?
Entre dix et treize kilos.
L’envergure ?
Deux mètres à deux mètres soixante.
Et la hauteur ?
Un mètre soixante. Donc c’est un très bel oiseau au vol. J’adore les cygnes, mais aussi les grèbes huppés, les petits grèbes marron... Cet endroit, c’est mon petit Canada !
Les cygnes ne vous chassent pas quand vous vous approchez de leurs nids ?
Si, bien sûr, mais bon, il y a des idées préconçues. Leur bec n’est pas très dangereux : je me suis fait pincer trois, quatre fois sans avoir vraiment mal. Par contre, ce dont il faut se méfier, ce sont les ailes : elles sont très, très dangereuses. J’ai vu des cygnes casser des branches avec leurs ailes ! D’un seul coup, ils peuvent par exemple vous briser une jambe.

Miro, de Sarajevo à Chelles

Emir Sehic,
Bosniaque de Chelles, Association Paris-Sarajevo

Bonjour, j'aimerais connaître votre nom, votre prénom, votre fonction.
En bosniaque ou en français ?
En bosniaque, bien sûr !
Emir Sehic.
Plus connu sous le nom de... Miro.
Quelle est votre origine, Miro ?
Bosnienne. Je suis né à Stolac, en Bosnie-Herzégovine, enfin plutôt en Herzégovine, au sud du pays. C'est une petite ville à trente-deux kilomètres de Mostar et à cent quatre-vingt-cinq kilomètres de Sarajevo.
Quand êtes-vous arrivé en France, et pourquoi ?
Après seize mois de guerre, j'ai été obligé de quitter la ville, le pays même ! Je suis arrivé en France le 4 août 1993. Je pensais alors rentrer à la fin du conflit, et finalement, ça fait presque dix-sept ans que je suis ici.
Quel était votre travail en Bosnie ?
J'ai une formation de magistrat, métier que j'ai exercé à Sarajevo puis à Stolac. Quand la guerre a éclaté, j'étais secrétaire général dans une entreprise.
Et donc la guerre éclate...
Oui... Grâce à mon travail, j'ai réussi à ne pas être mobilisé. Je dis « grâce » parce qu'à l'époque il n'y avait pas d'armée bosniaque. Il n'y avait qu'une formation militaire croate et je ne voulais pas en faire partie, le HVO : H pour *Hrvatsko*, ça veut dire « croate », V pour *vijeće*, « militaire » et O pour *obrane*, « organisation ». J'ai donc continué à exercer mon travail presque dix mois après le début de la guerre, puis mon entreprise a fermé. Après trois mois sans travailler, un ami croate est parvenu à me faire sortir de Bosnie par Zagreb... Et ce n'était pas facile, parce qu'à l'époque il y avait déjà un conflit entre Bosniaques et Croates. Heureusement qu'il y avait toujours de vrais amis, même de l'autre côté. Je suis donc resté à Zagreb quarante-huit jours. Je pensais partir pour la Suède ou la Norvège où j'avais un cousin, mais ma sœur Amira m'a convaincu de la rejoindre à Paris. Elle avait été blessée par une balle de *sniper* à Sarajevo et était sortie du pays grâce à Reporters sans frontières. Elle s'est débrouillée pour me trouver tous les papiers nécessaires pour entrer en France.
Vous vous souvenez du passage de la frontière ?
Ah oui ! Ça restera dans mon esprit jusqu'à la fin de ma vie. J'étais très angoissé. Mon ami croate m'a rassuré, il savait que ça allait bien se passer. À la frontière, j'ai juste montré le badge militaire qu'il m'avait donné, c'était quand même un badge d'officier de la garde présidentielle ! Après je suis arrivé à Paris et, grâce à Francis Bueb, j'ai pu trouver un appartement. J'ai commencé par faire des petits boulots et j'ai ensuite travaillé pour l'association que Francis et d'autres ont créée, l'association Paris-Sarajevo. Cette belle aventure dure toujours, et on peut dire que, grâce à la guerre, j'ai pu faire la connaissance de gens qui sont devenus mes amis et avec lesquels je travaille aujourd'hui.
Vous habitez toujours à Paris ?
Non, après douze ans de vie parisienne, j'ai quitté Paris pour m'installer à Chelles. Oh ! La banlieue, je ne la connaissais pas, j'en avais bien sûr entendu parler mais pas en bien. Et puis j'y suis allé plusieurs fois pour rendre visite à des amis de Sarajevo qui habitaient là-bas, et mon opinion a changé. Aujourd'hui, cela fait cinq ans que je suis là et j'adore. Je ne regrette pas d'être parti, ça, c'est sûr !
Pourquoi Chelles ?
La Marne, le paysage, la ville... c'est magnifique ! En cinq minutes, je suis en plein cœur de Paris, et en cinq minutes, en pleine campagne, c'est extraordinaire.
Et la Marne, alors ?
La Marne, le canal, je les vois deux fois par jour quand je promène mon chien, Achille, un golden retriever de neuf ans. Ce sont toujours de belles promenades, le canal est plus près mais la Marne est plus belle. J'aime bien aussi prendre un verre dans un café au bord de la rivière, à Lagny, entre Gournay et Chelles.
Y a-t-il une rivière à Stolac ?
Oui, la Bregava, une petite rivière de trente kilomètres qui a fait la richesse de la ville grâce aux moulins. La maison de mes parents est située sur la rive. C'est là que j'ai passé mon enfance, là où j'ai appris à nager. L'eau est froide, même en été. Sa température ne dépasse jamais dix-sept, dix-huit degrés, mais c'est très agréable parce qu'il peut faire très chaud à Stolac. Aujourd'hui je m'y baigne encore, mais je n'y reste pas aussi longtemps que lorsque j'étais gosse.
Et à Sarajevo ?
À Sarajevo aussi, il y a une rivière, la Miljacka. Pendant la guerre, elle a coupé la ville et des familles en deux pendant plus de trois ans.

Emir Sehic, dit Miro, sur le canal de Chalifert, en aval d'Esbly.

PROM
au

L'Equipe de foot de Tours-sur-Marne.

Équipe de foot de Tours-sur-Marne

Nous sommes aujourd'hui à Tours-sur-Marne avec l'équipe de football de la commune, à la fin du match contre Mareuil.
Parlez-moi de votre équipe.
Quand on était en terminale, avec deux autres camarades, nous avons décidé de monter une équipe de foot. Nous sommes allés chercher des joueurs de Tours et des environs pour faire une équipe de jeunes. Et le groupe s'est formé en septembre. Nous faisons donc partie de l'équipe senior B de Tours-sur-Marne.
Contre quelles équipes des villages environnants jouez-vous ?
Contre Aÿ, Bisseuil, etc. Et aujourd'hui, nous avons perdu contre Mareuil.

Bernard Gonzales,
médecin généraliste et médecin du sport

Nom, prénom, fonction.
Bernard Gonzales, médecin généraliste et médecin du sport, spécialisé dans le football.
Avec un club particulier ?
Oui, le mythique Stade de Reims dont j'assure le suivi médical depuis quelques années.
Qu'est-ce que vous inspire la rivière ?
C'est toute une partie de ma jeunesse, puisque mes parents habitent au bord du canal de l'Aisne à la Marne et, comme mon père travaillait dans la meunerie, j'ai pu, entre trois et dix ans, assister au déchargement de péniches gorgées de blé aux Grands Moulins de Reims. Donc la vie au bord du canal, pour moi, c'est l'enfance, c'est un charme, c'est un rythme.
Et l'eau, de manière générale ?
Je suis convaincu que l'eau a des vertus apaisantes. On le constate au comportement des gens qui change immédiatement lorsqu'ils se retrouvent sur le bord d'un canal, d'une rivière, assis sur un pont, ou marchant. Ça donne un rythme. Et je ne cesse de dire à mes patients que l'eau est indispensable à la vie, et effectivement c'est très bon pour la tension, pour le cœur. Les gens se détendent au bord de l'eau.
Et la rivière Marne ?
Enfant, je me suis toujours beaucoup intéressé à la géographie, et j'étais fier de constater sur les cartes que la Marne était une rivière très longue. Et quand je faisais le parcours géographique des rivières et des fleuves, je confondais toujours la Marne et la Seine. Pour moi, le fleuve c'était la Marne, et l'affluent était la Seine.

"Pour moi, le fleuve c'était la Marne, et l'affluent était la Seine."

Avec Yves Gibeau, le Paris-Colmar à Trélou-sur-Marne

Jean-Paul Cordier,
technicien dans l'entretien des ponts roulants,
embarqué à l'écluse de Sarry en direction de Châlons

Qu'avez-vous dans la main ?
C'est un bâton de bois que je taille sur la route en me promenant. Quand je vois un bois qui me plaît, je m'arrête, je le taille, et j'en fais des bâtons de promenade. J'en ai plus d'une centaine à la maison. Je n'aime pas marcher sans bâton, et ces bâtons, l'hiver, j'en fais du petit bois, quand ils sont bien secs pour le feu. Moi, j'aime le calme, la pêche, et la marche à pied qui me permet de rencontrer beaucoup de gens.

Avec Yves Gibeau, sur le perron de la mairie de Trélou.

Le Paris-Colmar (anciennement Paris-Strasbourg), est une épreuve de marche qui existe depuis 1926. Jusque Saint-Dizier, son parcours suit le cours de la Marne. Au début des années 90, Yves Gibeau, l'auteur d'"Allons z'enfants", m'avait convaincu de la suivre avec lui. Nous sommes ici à Trélou-sur-Marne.

Péniche et canoë

Olivier Lebreton,
président du Club de canoë-kayak de Chamarandes-Choignes

Je suis président du Club de canoë-kayak de Chamarandes-Choignes, club qui tend à gagner en importance puisque depuis peu il est devenu club national. Notre secteur de navigation s'étend surtout entre Chamarandes et Choignes et nous sommes chargés, au vu de notre statut, de dresser la topographie de l'état de la Marne dans cette zone afin d'y développer le tourisme et de parfaire nos connaissances du terrain.

Est-il dangereux de pratiquer le canoë-kayak sur une rivière comme la Marne ?

La Marne est l'opposée du canal. La rivière a beaucoup plus de méandres, on se retrouve rapidement à faire cinq cents mètres de plus. Il faut également faire très attention parce que la Marne est très dangereuse... comme toutes les rivières, en fait. En période estivale, elle est très calme, mais dès qu'on entre en période de crue, elle change radicalement de visage. Je dirais qu'il faut toujours rester humble vis-à-vis de n'importe quelle rivière. La Marne a aussi ses dangers, son lot de petits inattendus, comme des coins qu'on pensait connaître et que la crue a changés. Les courants ayant travaillé les berges, on n'est plus forcément dans les mêmes conditions. Donc la Marne, même si elle n'est pas très large et pas spécialement puissante, reste quand même très dangereuse en période de crue.

En canoë, la rivière, vous la descendez ou vous la remontez ?

Un peu les deux, même s'il est plus agréable de la descendre. Mais voilà, pour des raisons purement sportives, on la remonte aussi. Dans le canoë, comme dans tout sport, on essaie de communier avec la nature qui nous entoure, on utilise les éléments à des fins sportives, et on apprend ce que l'on appelle la « lecture des paysages ». Il faut être capable de savoir à quel moment le courant va nous porter ou nous déporter. En fait, il faut arriver à se mettre à la place de l'eau, parvenir à trouver le bon trou et sentir à quel moment il va nous mener vers la porte. Quand on a un niveau de compétition, il faut savoir énormément jouer avec le courant. Mais le courant peut lui aussi jouer énormément avec nous. En effet, même si la veille tout s'est très bien passé et que vous croyez bien connaître votre bassin, le lendemain les conditions climatiques ont pu changer et on peut alors très vite être surpris. Sur la Marne, il y a déjà eu quelques accidents. Quand une personne décide de partir sans vraiment connaître la rivière et sans faire confiance aux gens qui la pratiquent, cela peut

La Marne, comme toutes les rivières, peut être très dangereuse.

finir très mal. Il ne faut pas oublier que, dans n'importe quel type de sport aquatique, ce n'est pas parce que le courant vous paraît très calme que vous ne risquez pas de tomber sur un déversoir, une chute d'eau, une ancienne écluse, un ancien halage... Tout ça peut entraîner de graves problèmes et parfois même la mort de ces gens trop imprudents.

Il y a sur la Marne ce que l'on appelle des barrages-déversoirs, pour assurer sa régulation. La Marne n'est pas linéaire comme peut l'être le canal ; elle n'a pas été creusée, et n'est donc pas naturellement régulée. Lorsqu'on pratique le canoë, il faut impérativement se méfier de ces déversoirs qui sont de véritables pièges au moment des crues. Il y a en effet, au pied de ces installations, des rappels qui peuvent se révéler être très dangereux. Le principe du rappel est un peu le même que celui d'une machine à laver qui tourne. En fait, quand vous êtes pris dans ce genre de courant, vous êtes entraîné vers le fond et vous tournez sans cesse. Vous faites une boucle et cette boucle, même avec seulement cinquante centimètres de rappel, peut vous faire garder la tête sous l'eau suffisamment longtemps pour que vous y restiez.

" Monter sur une péniche était l'un de mes plus grands rêves. Je suis petite-fille de marinier, ma mère est née sur une péniche, mais je n'avais jamais eu la chance de monter à mon tour à bord de l'un de ces bateaux. Alors aujourd'hui, c'est un véritable baptême ! Mon premier voyage en péniche !
Moi qui n'ai pu connaître ni mon grand-père, ni son métier, je pense avec émotion à ce qu'il pouvait ressentir en travaillant sur ces bateaux et à ce que fut sa vie. Vous savez, quand je voyais passer les péniches, je n'avais qu'une idée en tête : pouvoir un jour embarquer sur l'une d'elles. C'est ainsi depuis que je suis toute petite, et je me souviens d'ailleurs qu'à cette époque, les péniches étaient encore tirées par des chevaux !
Avoir pu réaliser ce rêve d'enfant, c'est indescriptible comme sentiment... C'est quelque chose que je n'aurais peut-être jamais pu vivre si je ne vous avais pas rencontrés."

Madame Royer et son mari

Canoë oublié sur l'île Fanac.

CERCLE NAUTIQUE
CANOË-KAYAK

PLAGE DE MEAUX

MEAUX
CERCLE NAUTIQUE
AVIRON

Après 37 ans de fermeture, réouverture de la plage de Meaux en 2007.

“J’ai appris à nager aux bains de Châlons, avec Monsieur Odo.”

J’ai appris à nager aux bains de Châlons, avec Monsieur Odo. C’était lui qui tenait les bains, qui étaient un haut lieu de divertissement pour les Châlonnais. On y allait à partir du mois de mai jusqu’à fin août début septembre, pour passer des journées entières à nager, à faire du canoë ou du pédalo. À nous éveiller aussi à des histoires d’amourettes ! Mes parents, qui étaient quand même des bourgeois, avaient une cabine où l’on mettait les rames et le canoë.
Je me souviens de balades en canoë avec mon

les bains municipaux de Châlons en Champagne

père. On allait à un endroit qui s’appelait « la rivière enchantée ». C’était un bras de la Marne qui se trouvait après le pont coupé, en amont de Châlons, vers Mairy. Tout cela avait un côté sauvage, on passait entre les roseaux avec le canoë, c’était un petit peu notre jungle !

Jean-Marie Songy

Construits dans les années 30, la ville les ferma en 1979

Patrick David, médecin anesthésiste, vice-président de Médecins du Monde

Comment a commencé votre histoire avec la Marne ?

Pour moi, la Marne était surtout une question de saisons parce que dans la famille, depuis trois générations, nous avions des pâtures près de Châlons-sur-Marne, au bord de la rivière, près du pont coupé de Compertrix. Au moment où la Marne montait en hiver, il y avait cette menace de l'inondation des prés, et l'angoisse de mon père qui allait surveiller les bêtes. C'était finalement une préoccupation qui concernait un peu toute la famille. Puis venait, avec le printemps, la saison des bains châlonnais, des pique-niques en bord de Marne, ce qui signifiait que les grandes vacances approchaient. C'est ainsi que les saisons rythmaient notre vie autour de la rivière, à Châlons.

Vous êtes vice-président de Médecins du Monde, ce qui implique un engagement très profond auprès d'une organisation humanitaire. Quel est le lien entre cette vie et votre histoire originelle née à Châlons ?

Devenir vice-président de Médecins du Monde correspond à un long cheminement, mais qui n'est pas sans rapport avec ces inondations de mon enfance. Je me souviens par exemple d'inondations au Bangladesh, où les éleveurs étaient obligés de mettre les vaches sur des bateaux pour sauver tout un cheptel. Ça faisait écho avec certaines images de mon enfance, mais à une échelle beaucoup plus cataclysmique.

De la même façon, l'eau a souvent été un moyen d'accéder à des populations vulnérables. Pour donner un exemple, je me suis trouvé en mer de Chine vers la fin des années 1980, au large du détroit du Mékong, pour aller chercher les *boat people* vietnamiens. Nous avons aussi monté un programme au Sud-Soudan, où la rivière est devenue une manière d'accéder aux populations qui étaient alors exclues des soins. Ainsi, il me semble que Médecins du Monde a souvent su utiliser cet élément de l'eau pour joindre des populations isolées. Ma propre fille s'appelle Lena, mais Lena est d'abord le nom d'une rivière qui traverse la Sibérie, région dans laquelle je me suis engagé avec Médecins du Monde auprès des populations autochtones au nord du cercle arctique. Voilà dans quelle mesure mon implication professionnelle reste sous-tendue par toutes ces images de mon enfance passée auprès de la rivière. Je reste intimement convaincu que l'élément aquatique a rythmé et influencé la vie de tous les Châlonnais, et continue de le faire.

Katy Couprie,
artiste peintre, illustratrice

“ Mon rapport à la Marne se résume et s'épanouit grâce à ma pratique du kayak (plutôt sur la mer, normalement). J'ai découvert ce pays haut-marnais, et l'Aisne aussi, vers Château-Thierry, au fil de l'eau, à sa hauteur, en ramant. C'est un tout autre lieu dès qu'on embarque en silence, on n'y voit plus que des arbres, des oiseaux, des champs rarement. Les arbres sont plus grands, plus beaux de ce côté-là, très vite on ne sait plus du tout où l'on est. Le paysage prend de l'épaisseur et du mystère. C'est magique et fort dépaysant. Tout près. C'est aussi la Marne qui me permet de glisser en rêvant dans mes nombreux voyages en train vers ou de Paris, à l'affût des noues et des promesses...”

“Mon père m'accrochait à une corde, et ma bouée, c'étaient des bûches.”

Nicole Plisson, ancienne employée de la maroquinerie

On m'a dit que la rivière Marne avait une grande importance pour vous.
J'ai toujours connu la Marne parce que je suis née à Nogentel dans l'Aisne, et je me souviens de la Marne quand j'ai appris à nager, à l'âge de onze ans. Mon père m'accrochait à une corde, et ma bouée, c'étaient des bûches, deux grandes bûches, accrochées à une ceinture, qu'il me plaçait sous la poitrine. Il me faisait faire les mouvements. Quand j'allais un peu loin il me remontait avec la corde.
Quels autres souvenirs avez-vous sur la Marne ?
Je me rappelle aussi avoir vu les bateaux-lavoirs ! Ce qu'on appelait les bateaux-lavoirs, c'étaient des grandes barques, comme la vôtre, mais qui étaient aménagées. Les dames allaient laver leur linge dans la Marne. Ginette, une de mes cousines, allait laver à la main. Elle partait avec son baquet, prenait sa brouette, sa lessiveuse, et elle allait laver son linge dans la rivière. Cela a duré jusque dans les années 1950.

"Je me souviens bien des débuts du ski nautique, c'était à la libération, les Américains avaient laissé deux Zodiacs à Mont-Saint-Père."

Entre Dormans et Sauvigny

Nicole Bastien,
infirmière, ancienne adjointe au maire à Château-Thierry

Dans les années 1950, il y avait une grosse activité sur la Marne : ski nautique, water-polo, etc. Il y avait un garage à bateaux près de la poste et un petit mécanicien de bateau sur le quai. Et puis le ski nautique a été interdit en ville. C'est ainsi que la Marne a perdu toute activité, plus rien ne s'y passe, fini les guinguettes ! Il n'y a rien, vraiment rien !

Racontez-moi vos sorties sur la Marne.

On y allait tous les dimanches. On faisait énormément de ski nautique puisqu'on avait un parcours à l'écluse d'Azy. On avait un kilomètre et demi à l'époque ! Et puis, on faisait beaucoup de canoë-kayak. Au club, à l'époque du ski nautique, on était une trentaine. Je peux vous assurer que les dimanches où l'on faisait du ski, beaucoup de gens venaient nous voir. On a même fait des soirées de fête à la Saint-Jean, en bateau sur la Marne, avec des torches pour nous éclairer. Les gens aimaient ça ! Je me souviens bien des débuts du ski nautique, c'était à la Libération, les Américains avaient laissé deux Zodiacs à Mont-Saint-Père, chez Vallette & Saunal, une grosse entreprise de dragage sur la Marne. C'est comme ça que le ski nautique a commencé, avec monsieur Saunal, mon mari, et beaucoup de gens de l'époque qui avaient à peine vingt ans. Et j'ai connu la Marne avec une circulation terrible : des péniches à grains, de bois, et dans les deux sens ! Quand on faisait du ski nautique, on avait notre passage à nous, on faisait de grosses vagues...

Roger Fléchy,
adjoint au maire de Bologne, spécialiste de l'eau

J'aimerais connaître votre nom, votre prénom, votre fonction.

Roger Fléchy, je suis adjoint au maire de Bologne, petite ville en bordure de Marne de deux mille habitants. Auparavant, je travaillais chez Suez, et j'ai ensuite créé ma boîte de conseil environnemental. J'ai décidé de venir en Haute-Marne pour profiter de la nature et, comme je suis un amoureux de l'eau, j'ai trouvé une propriété, entre le canal et la Marne, où j'exploite des chambres d'hôte.

Que pouvez-vous nous dire sur l'eau et la Haute-Marne ?

On peut reprocher à cette région le manque d'économie ; en revanche, et j'insiste sur ce fait, on peut affirmer que l'eau est très peu polluée,

Roger Fléchy

Martine Delétrée aux bains de Châlons.

que la source n'est pas très loin, et que la Marne alimente Paris en eau. La Haute-Marne est une région réservoir, un « château d'eau », comme on l'appelle.

Alors là nous sommes sur un méandre, une très belle boucle de la Marne entre Froncles et Villiers-sur-Marne. Vous êtes pêcheur : pourriez-vous m'énumérer les poissons que l'on trouve ici ?

Nous avons beaucoup de truites, c'est une rivière de première catégorie, donc des truites arc-en-ciel, des truites fario, des brochets malheureusement nuisibles mais qui sont tout de même des grosses prises pour les pêcheurs, de la carpe, du gardon, du goujon, du vairon, du poisson blanc également.

Pourquoi les brochets sont-ils nuisibles ?

Le brochet et la truite font mauvais ménage. Le brochet est un prédateur, il se nourrit notamment de poisson. Il élimine entre autres les truites, mais aussi le poisson blanc, le poisson fourrage, le gardon, les petits poissons. Pourquoi les truites ? Parce que la truite ne bouge pas, qu'elle est plantée sous une pierre, facile d'accès pour le brochet.

D'autres espèces ?

Oui, chez moi, dans un bras bief de la Marne et du canal, j'ai attrapé des écrevisses. C'est rare, mais il nous arrive encore d'en attraper quelques-unes. Je crois que ce sont d'anciennes espèces. Il faut dire que dans ce département la qualité de l'eau est très bonne ; c'est une eau très oxygénée, assez limpide, sauf quand il y a des pluies, des turbidités.

Jean-Brice Rougemont, Conservatoire du patrimoine naturel de Champagne-Ardenne
Le Conservatoire a été créé en 1988 à l'initiative de l'association La Hulotte. Sur la Marne, nous avons quelques sites comme les prairies de Vésigneul où nous réalisons des actions de fauche avec des retards de fauche, qui sont notamment propices pour le criquet ensanglanté qui est un petit criquet aux ailes rouges.

Arlette Colson et Michel Petit, adjoints au maire d'Eurville-Bienville
À l'époque, Eurville et Bienville étaient deux communes distinctes, avec Eurville sur la rive gauche de la Marne et Bienville sur la rive droite. Les deux villages ont fusionné en 1972 et les habitants s'appellent les Eurvillois-Bienvillois.

Wily Dubos, ancien directeur de centres culturels à l'étranger
J'avais douze ans, et on allait à Ettlingen en Allemagne, une ville qui était jumelée avec Épernay. Là-bas, il y avait une piscine, donc on pouvait apprendre à «schwimmen», comme ils disaient. En ce qui concerne la Marne, on allait se baigner à la «Tête à l'âne» à Épernay, d'ailleurs c'est un mot que je n'ai jamais très bien compris.

Jean-Marie Meunier, gérant de société
Je suis arrivé à Loisy-sur-Marne en 1957. Les baignades étaient des choses extraordinaires, et tous les étés nous passions notre temps dans la Marne, à Soulanges, Loisy et nous y retrouvions des gens de la ville, des gens de Châlons.

Monique Colin, ancienne éclusière, vit dans l'écluse n° 1 des Batailles
Cette écluse est la première du versant Marne à partir du tunnel de Balesmes. À l'époque, il n'y avait pas les moyens dont on dispose aujourd'hui et les bateaux attendaient parfois trois heures avant de parvenir à franchir le tunnel.

Jacques Denis, chasseur en Haute-Marne
Il y a une dizaine d'années, nous avions avec un de mes amis une chasse au canard qui partait du sud du lac du Der, c'est-à-dire à la limite de la Marne, et qui descendait presque au sud de Vitry-le-François, là où la rivière est encore sauvage.

Jean-Claude Lambert, responsable administratif à la société Omya
Cette usine, j'y suis entré quand j'avais seize ans, c'était le 14 juin 1971.

Roger Rondeau, ancien boulanger
J'ai beaucoup de souvenirs d'enfance mais celui qui m'a le plus marqué est l'odeur du *Roi de Norvège*, un bateau que les mariniers entretenaient. Petit, j'allais souvent en vacances à Condé-sur-Marne et cette odeur si particulière qu'avaient les péniches en bois m'est toujours restée.

Monique et José Collet, habitants de Chassins
Mon grand-père était batelier. Il était chargé du transport de charbon, de blé, de sable et de bois. Il amenait du bois à Dormans pour les anciens charpentiers Moussez, les anciennes usines de mine, et aussi pour les maisons de Champagne comme Mercier.

Richard Dupuis, professeur à l'université de Reims
La patrimonialisation rurale de la Marne le long de la Marne est un enjeu majeur, et j'en ai fait mon principal sujet de recherche.

Henri Garressus, chef d'équipe VNF
Je suis responsable de l'entretien du secteur de Chaumont, au niveau entretien : entretien du canal, des berges, les chemins de halage, et tout ce qui dessert le canal, maisons éclusières, etc.

Jean-François Grandjean, premier adjoint au maire à Damery
Juste en aval du pont, on peut apercevoir une île que l'on connaît sous deux dénominations différentes : l'île Baradat, certainement en raison du nom d'un ancien seigneur de Damery qui possédait le château, et l'île à Breton, du nom d'un ancien propriétaire.

Maurice Bailleux, de Pogny.

Denise Collard, passionnée de généalogie.

Agnès Boudjemaa et Yves Neveux, embarqués à Nogent l'Artaud.

Michel Bouvier, architecte à Saint-Dizier.

Nathalie et **François Thuillier**, restaurateur et propriétaire de la Source bleue entre Villiers et Joinville
La Source bleue c'est un endroit de cinq hectares où il y a deux étangs dont une source qui a une couleur bleue assez rare, et un moulin du 18e siècle devenu un restaurant en 1996.

Age Miedema, Hollandais, éleveur de chevaux en Haute-Marne
Mon nom est Age, prononcé "Areu", je suis originaire de la Fritzland, de la Hollande. Ça fait vingt ans que je suis dans le coin de la Haute-Marne. J'ai une ferme avec des chevaux, je suis en retraite, et maintenant j'ai acheté une Harley Davidson.

Stéphanie Leclerc, chargée des Affaires culturelles de la ville de Châlons-en-Champagne
Mes parents étaient mariniers, et jusque l'âge de onze ans, j'ai vécu sur les bateaux. On allait là où nous menaient les affaires, surtout dans le nord de la France, en Belgique et en Hollande.

Daniel Conraux, maire de Loisy-sur-Marne
Tous les villages de la vallée de la Marne subissent les effets des inondations. Nous sommes habitués à vivre avec un niveau d'eau très bas en été, et en hiver, il arrive que les inondations coupent les routes, que l'eau vienne lécher le seuil des maisons.

François Aubert, professeur de biologie dans l'enseignement agricole à Chamarande-Choignes
Il y a deux arbres caractéristiques de la rivière en Haute-Marne : l'aulne glutineux et le frêne. L'iris des marais ou faux-acore est un bel iris à fleur jaune qui pousse les pieds dans l'eau.

Christophe Jeanmougin, accordéoniste, auteur-compositeur
J'ai régulièrement donné à mes compositions des titres en rapport avec la Marne : *Cuvée légère*, *Quand les Champenois s'en mêlent*, *la Fête au pressoir*, *les Coteaux*, et aussi *le Petit Vin blanc*.

Catherine Bassot, Sonia Boudjemaa, Sandrine Puppini et **Sylvie Rondeau**
Venues nous accompagner en danse et en chanson lors du passage du canal à la rivière Marne.

Christian Chollet, conseiller municipal, animateur du club d'histoire de Joinville
Henri le Balafré était un seigneur de haute stature. Tous les Joinville et les Lorraine aimaient le pouvoir pour le pouvoir.

Michel Delaitre, ancien agriculteur et maire de Méry-sur-Marne, et son épouse **Marie-José Delaitre**
On raconte que le chemin qui a inspiré *Le Coche et la Mouche* de La Fontaine se trouve à Méry-sur-Marne. La Fontaine venait régulièrement en diligence rendre visite à son ami le châtelain de Méry. Il aimait se reposer sur une pierre en haut de la place du village avant de monter jusqu'au château. Corot, qui était de Luzancy, le village de l'autre côté de la Marne, connaissant cette histoire, est venu peindre cet endroit. C'est du moins ce que nous disent les anciens.

Nicolas Chapon, Journaliste au *Journal de la Haute-Marne*
Le Journal de la Haute-Marne, lancé par la famille Bletner, est une entreprise qui se transmet de génération en génération depuis des décennies.

Alain Guery, Raphaël Mandron et **Daniel Trichot**, marcheurs, embarqués à bord à l'écluse n°65 des Bruyères
À Courdemange, dans petite rivière, la Charonne, l'année dernière, on a trouvé des anguilles. Une fois, on a assisté à une pêche électrique, technique d'échantillonnage organisée par l'Office national des eaux et des forêts. Les anguilles, les poissons, sont anesthésiés, ils remontent, on les attrape, on les compte et on les relâche.

Laurent Chanet, forain, sportif de haut niveau, président du club de boxe de Saint-Dizier
Je suis arrivé à Saint-Dizier il y a trente cinq ans. J'ai été adopté par les habitants, considéré comme un vrai bragard. J'ai eu plusieurs titres de champion de boxe en tant qu'amateur, mais surtout professionnel : champion de France, champion d'Europe, demi-finaliste des championnats du monde en Angleterre. Aujourd'hui, on a une très bonne écurie à Saint-Dizier.

de PARIS
PA 2530

Le Tour de France et la Marne

Entre Trélou-sur-Marne et Mont-Saint-Père

Quiconque porte attention au Tour de France, chaque année en juillet, ne peut qu'être saisi du lien étroit unissant cette grande compétition cycliste au territoire sur lequel elle se déroule. Autrement dit, du rôle majeur de la géographie de notre pays. En matière de sport, bien sûr : la haute montagne, la moyenne montagne, les plaines ou les bords de mer où souffle le vent ; bref, tout ce qui peut peser sur les stratégies de course ou se révéler propice à tel ou tel type de coureur a son influence, dans un affrontement de longue durée qui échappe aux stricts repères chronométriques. Mais aussi, et j'oserais dire surtout, en matière de décor et d'environnement, la France étant à cet égard assez privilégiée avec sa variété de paysages, de climats et de terroirs. Alpes et Pyrénées incontournables, bien sûr, Bretagne « fille aînée du cyclisme », Nord et Pas-de-Calais populaires sont des lieux emblématiques du Tour. D'autres régions parfois moins visitées n'en recèlent pas moins des trésors au regard des spectateurs et des téléspectateurs ; et, du reste, la télévision les magnifie pour notre plus grand plaisir : châteaux, églises et cathédrales, vestiges du passé ou réalisations contemporaines... Sans oublier les ponts, qui symbolisent le passage, la marche en avant, la conquête, la rencontre... J'aime ces franchissements comme si, l'un après l'autre, ils nous conduisaient au but, à la fin de l'aventure, à la découverte de nouveaux territoires et de nouvelles populations. Mais, là où il y a pont, il y a forcément fleuve ou rivière, vallées et gorges – et notre pays en est riche.

Lorsque, le dernier jour de la Grande Boucle, la caravane atteint Paris et les ponts sur la Seine, c'est toujours magique. Comme peut l'être le pont de Saint-Nazaire sur la Loire ou celui de Tancarville sur la Seine, fruits de la technologie et de l'intelligence humaine. Et bien d'autres, plus modestes mais non sans charme, au détour de nos provinces et des méandres de nos cours d'eau. La Marne fait partie de ces rivières sans histoire, apparemment un peu paresseuses, jalonnée par une série de villes tout aussi paisibles – j'en ai compté une dizaine tout au long de son lit – où le Tour de France a un jour fait étape : sur un peu plus de cinq cents kilomètres, dans six départements, la moyenne est appréciable et témoigne de la bonne adéquation entre un événement international, certes, mais attaché à ses racines et des sites à visage humain qui renforcent l'attractivité de notre tourisme.

La Marne ne constitue-t-elle pas un carrefour pour la navigation de plaisance ? Et de Chaumont à Alfortville en passant par Joinville, Saint-Dizier, Vitry-le-François, Châlons, Épernay, Château-Thierry, Meaux, Créteil et Nogent, l'axe sud-est – nord-ouest, celui de la Marne, est souvent celui de l'itinéraire retour du peloton vers Paris, en provenance des Alpes – ou inversement, si le parcours « descend » du Nord.

Mais foin de chiffres et de recensements, dont l'évocation a pour utilité principale de nous rafraîchir la mémoire. Il faut retenir de la Marne qu'elle a donné lieu depuis un demi-siècle à d'autres batailles que celle qui a fait sa renommée ; joutes sportives des sprinters, souvent, ou des échappés tenaces, assurément moins guerrières et qui, liberté retrouvée, participent du rapprochement social que permet le rendez-vous estival du Tour de France.

Pour y avoir contribué durant plus de trente ans, je peux attester de la fierté que ressent ce « peuple du Tour » qui, sur les flancs des grands cols ou sur les rivages ombragés de nos rivières, communie confusément au sport et à la géographie de notre pays. Et il y a plus de cent ans que cela dure !

Jean-Marie Leblanc,
ancien directeur du Tour de France

La Marne, les archéologues et les soldats

Etymologiquement, le nom Trilport – du latin trilportum – signale l'existence à

cet endroit de gués sur la Marne.

La vallée de la Marne a vu se succéder bien des civilisations. Il y a cinq mille ans, au Néolithique, on y a creusé dans la craie des chambres funéraires où étaient déposés avec soin, au fur et à mesure de leur décès, les corps des défunts, et jusqu'à plusieurs centaines. Un visage féminin était parfois sculpté sur les parois. Au temps des Gaulois, il y a vingt-cinq siècles, les plaines crayeuses alors fertiles de la Marne, de l'Aisne et de leurs affluents ont vu s'établir de nombreux villages que jouxtaient leurs cimetières. Les morts y étaient inhumés dans des fosses individuelles, accompagnés d'armes, de bijoux, de poteries et parfois de chars. Ces tombes étaient faciles à repérer en plantant dans le sol une sonde pointue en fer : l'instrument s'enfonçait beaucoup plus facilement à l'emplacement d'une sépulture que dans la craie avoisinante. Aussi, entre 1850 et 1914, furent découvertes et très sommairement fouillées, par des notables curieux d'archéologie, plusieurs dizaines de milliers de tombes. La documentation et les objets ont pour la plupart disparu ou sont dispersés sans indication de provenance dans de nombreux musées, et ce fut sans doute l'un des plus grands dommages scientifiques qu'ait connu alors l'archéologie française.
Ces torques et ces bracelets de bronze, ces fibules moulées, parfois rehaussées d'ambre ou de corail, ces vases élégants au profil aigu, ces épées avec leur fourreau orné servirent pourtant aux archéologues français à baptiser « marnienne » la civilisation gauloise, dite aussi celtique, qui s'étendait alors du Bassin parisien à la Bohême. Mais faute de publications sérieuses, ce fut un autre terme, celui de La Tène (du nom d'un site des bords du lac de Neuchâtel), qui s'imposa finalement après la Première Guerre mondiale pour désigner cette civilisation. Un archéologue local, pharmacien à Châlons-en-Champagne, déplora qu'ait été ainsi perdue une « seconde bataille de la Marne ».
D'ailleurs, lorsque cette guerre commence, le plus grand préhistorien français du temps, Joseph Déchelette, capitaine et engagé volontaire en dépit de son âge, écrit à Camille Jullian, professeur au Collège de France : « Je ne doute pas que cette bataille de la Marne livrée sur l'emplacement des grandes nécropoles gauloises ne vous ait donné comme à moi une patriotique et réconfortante vision. Épée de La Tène ou fusil modèle 1886, c'est toujours la même lutte de l'âme celte contre la brutale agression des Germains. » Quelques semaines plus tard, Déchelette tombait au Chemin des Dames. Sa citation de guerre mentionne : « A fait gagner trois cents mètres à sa compagnie… »
Après cette première bataille de la Marne, les deux armées ennemies allaient s'enterrer pour quatre ans sur l'immense front qui courait de la Somme à Verdun. Elles creusèrent des milliers de kilomètres de tranchées striant le sol, que perforaient en même temps bombes et obus. On retire encore chaque mois plusieurs tonnes de ces munitions et l'on estime qu'il faudra encore six siècles pour en débarrasser totalement le sol – mais leurs traces dureront, elles, indéfiniment. Ces travaux militaires rencontrèrent de nombreux sites archéologiques, dont la quasi-totalité fut détruite. En surnagent quelques mentions éparses, et sans doute une seule vraie fouille. Car, à quelques kilomètres à peine du lieu où Déchelette venait d'être tué, en contrebas du Chemin des Dames tenu par les Allemands, un soldat allemand, Hans Niggemann, fouilla sous les bombes à Bucy-le-Long et à quelques dizaines de mètres de la ligne de front, de février à avril 1915, et trouva une trentaine de tombes gauloises, dont il établit soigneusement le plan. Il rapporta les objets au musée de Berlin, où ils sont toujours. Cette activité inusuelle rencontra la perplexité de l'armée française, qui sur ses cartes nota l'emplacement des tranchées de fouilles en l'assortissant d'un point d'interrogation. La nécropole comportait en fait plus de trois cents tombes, dont une grande partie serait détruite au début des années 1970 par le creusement d'une carrière de graviers. Ce qui en restait fut fouillé dans les années 1990 et, sous la terre arable, on pouvait alors voir, s'enchevêtrant, le semis brun des tombes gauloises, les tranchées grises de l'armée allemande, et les sondages tâtonnants du soldat Niggemann.

Jean-Paul Demoule,
ancien président de l'Institut national de recherches archéologiques préventives, professeur de protohistoire européenne à l'université de Paris-1

Souvenirs d'enfance

Guy Vignon,
ancien viticulteur à Dormans

Je crois que vous êtes de ceux qui incarnent la mémoire de Dormans. Quels sont les grands souvenirs que vous avez de la rivière et de la ville?
J'ai connu la période des bateaux tirés par les chevaux. Et quand j'étais gosse, c'était vraiment le début des péniches à moteur. Mais c'était assez pittoresque les bateaux à chevaux, parce qu'il fallait que le bateau soit du côté droit quand il descendait le courant, et il fallait aussi baisser le mât pour ne pas que les bateaux s'accrochent un petit coup sous les ponts. Pour parler poliment, en général, ça s'engueulait fortement.
Est-ce qu'il y avait un port à Dormans?
Il y avait toujours des bateaux à Dormans qui déchargeaient du charbon et des tuiles. Après, avec les silos, il y avait surtout les péniches de grains parce qu'à ce moment-là le blé partait par bateau pour aller aux Moulins de Paris. Il y avait un vrai trafic avec la région parisienne, et les péniches partaient aussi beaucoup de Vitry-le-François.
Vous êtes-vous baigné à Dormans?
Oui, à la plage des Vieux-Saules qui avait été aménagée pendant la guerre. C'était en 1940, les gars du Génie sont venus à Chassins pour je ne sais quelle raison, et pendant leurs loisirs, ils ont aménagé cette plage. Il faut dire qu'ils étaient sacrément outillés.
Quels sont vos souvenirs de la guerre de 1939-1945 à Dormans?
J'avais seize ans à cette époque, et je me rappelle les bombardements à Dormans avant l'exode. Dès le 10 mai 1940, presque tous les jours les avions allemands venaient sur Dormans, surtout quand a commencé l'exode, pour essayer de détruire le pont. Il fallait bien aller au ravitaillement, et en allant chercher du pain j'ai dû me rouler dans les orties parce que les bombes tombaient à ras de nous, et on recevait de la terre. Ils bombardaient avec leurs Stukas qui sifflaient, ça faisait comme un bruit de sirène, plus démoralisant encore que les bombes qui éclataient. Durant l'exode, les campagnards partaient avec leurs chevaux, il n'y avait pas beaucoup d'automobiles à cette époque. Beaucoup d'autres prenaient le train. J'en ai même vu qui sont partis en brouette. Nous, nous ne sommes pas partis très loin, nous n'avons pas passé la Seine. Nous sommes revenus au bout de six jours.
Et j'aime mieux vous dire que ça fait drôle, quand on rentre, et qu'on ne voit personne : nous étions absolument seuls, seuls, seuls dans la commune! Les Allemands avaient lancé des bombes incendiaires tout autour du pont, et Dormans brûlait encore quand on est rentré. Nous sortions de la forêt, et aussitôt qu'on est sorti, d'un seul coup, on a aperçu des toits éventrés. Je vous dis : plus on approchait avec les chevaux, plus on voyait les tuiles des toits se soulever. C'était incroyable, parce que c'était surtout la rive gauche qui a été détruite, sur la rive droite il y a eu très peu de dégâts. Dans mon village, à Chartèves, il n'y a pas eu d'incendie, mais vous connaissez la technique des Allemands pour signaler leur avance : aussitôt qu'ils arrivaient dans un village, ils mettaient le feu à une maison. Dans tous les villages aux alentours, il y a eu des maisons brûlées.

Léo Bassot, venu nous rejoindre à Isles-les-Meldeuses

Je n'ai pas de poème sur l'eau, j'ai apporté un poème sur l'Autre :

L'Autre :
Celui d'en face, ou d'à côté,
Qui parle une autre langue,
Qui a une autre couleur,
Et même une autre odeur,
Si on cherche bien...
L'Autre :
Celui qui ne porte pas l'uniforme
Des bien-élevés,
Ni les idées
Des bien-pensants,
Qui n'a pas peur d'avouer
Qu'il a peur...
L'Autre :
Celui à qui tu ne donnerais pas trois sous,
Des-fois-qu'il-irait-les-boire,
Celui qui ne lit pas les mêmes bibles,
Qui n'apprend pas les mêmes refrains...
L'Autre :
N'est nécessairement pas menteur, hypocrite,
Vaniteux, égoïste, ambitieux, jaloux, lâche,
Cynique, grossier, sale, cruel...
Puisque pour Lui, L'AUTRE...
C'est Toi.

Robert Gélis, *Poèmes à tu et à toi.*

Je n'ai pas un poème sur l'eau, j'ai un poème sur l'Autre.

Frédéric Vitoux, écrivain et Académicien

“La Marne, dans mon imaginaire, c’est le cinéma.”

J’ai beaucoup écrit comme journaliste, comme écrivain ; il m’est arrivé aussi d’écrire en tant qu’essayiste, romancier, biographe, et j’ai également participé à l’élaboration d’un dictionnaire. J’ai été élu à l’Académie française en décembre 2001. En mars 2003, j’ai pris officiellement mes fonctions parmi mes confrères sous la Coupole. Je suis au quinzième fauteuil. J’ai succédé à Jacques Laurent qui, lui-même, avait succédé à l’historien Fernand Braudel. Un fauteuil qu’avait occupé aussi Eugène Labiche, entre autres.

Nous approchons de Joinville, et donc des anciens studios de cinéma : je crois savoir que vous êtes aussi cinéphile ?

Je suis d’une génération sans télévision mais parfaitement télévisuelle ; autrement dit, j’ai toujours eu une passion pour le cinéma. Malheureusement, je suis trop intellectualiste, beaucoup trop anxieux et solitaire pour être efficace sur le tournage d’un film, mais l’activité cinématographique m’a toujours plu. Je m’y suis intéressé comme le fait un cinéphile, avec passion. J’ai d’ailleurs longtemps été critique de cinéma pour des revues comme *Positif* ou *Le Nouvel Observateur*, et je pense en effet que mon imaginaire, ma culture, sont autant cinématographiques que littéraires.

Avez-vous en tête quelques scènes de films en rapport avec la Marne ?

La Marne, dans mon imaginaire, c’est le cinéma, et cette ambiance de la Belle Époque. La Marne coexiste avec le cinématographe. Il y a les studios, à Saint-Maurice, Joinville, mais aussi les films, comme *La Belle Équipe* de Julien Duvivier avec Jean Gabin et ses scènes de guinguettes. C’est cette époque finalement qui m’est chère : le temps des échappées hors de Paris, une sorte de bonheur qui définissait les années 1930.

Ce qui a été formidable avec *La Belle Équipe*, c’est qu’il a été un des très rares films à posséder deux fins. Laissez-moi vous en résumer rapidement le sujet. C’est l’histoire d’une bande de chômeurs, en pleine crise économique, qui remportent une loterie et décident avec cet argent d’acheter une guinguette au bord de la Marne. Il y a, en toile de fond de cette aventure, tous les conflits, les rivalités, les différences d’intérêts et de caractères. Le film se concluait par une fin tragique qui ne satisfaisait pas les producteurs. Ils pensaient qu’elle n’était pas assez commerciale et ils ont donc demandé au metteur en scène d’en tourner une autre, plus heureuse. Et c’est ce qu’il fit. Alors, on assiste aujourd’hui à un film qui a tantôt une fin tragique, tantôt une fin heureuse !

Quels sont pour vous les plus grands films dont l’action se passe sur une rivière ?

Il y a *La Rivière sans retour* d’Otto Preminger. Preminger, qui n’a curieusement pratiquement pas tourné de western. C’est une œuvre formidable avec Robert Mitchum et Marilyn Monroe. Il y a aussi ce film initiatique assez intéressant de John Boorman dont le titre est *Délivrance*. Il raconte l’errance tragique de gens qui se réveillent dans l’épreuve, avec des cris abominables. Ah, et j’allais oublier Jean Vigo, *L’Atalante* !

Et dans la littérature ?

Dans la littérature, il y a Mark Twain et le Mississippi, évidemment... Bernard Clavel, qui était un écrivain populaire dans le sens le plus probe du terme et qui a beaucoup écrit sur le Rhône et ses pirates ; il a su donner vie à tous ces gens des bords du fleuve avec chaleur et ferveur. Comme nous parlons de chef-d’œuvre littéraire, je repense à *L’Éducation sentimentale*, quand Frédéric Moreau arrive à Paris en bateau. C’est quelque chose, cette image, qui pourtant n’est que le début du livre de Flaubert.

Et si je vous dis Meaux, où nous sommes passés hier ?

Je pense bien sûr tout de suite à Bossuet. Ce qui m’amusait avec Bossuet, ce sont les petits soucis qu’il a causés à l’Académie française, qui, autrefois, était très soucieuse des traditions, des usages. Pour parler d’un évêque, on dit aujourd’hui « Monseigneur ». Et Maurice Druon, qui était l’ancien secrétaire de l’Académie française, tenait, lui, à l’ancienne appellation du temps de Bossuet, qui était non pas « Monseigneur » mais « Monsieur de ». Et quand je pense à Bossuet, je n’ai pas envie de dire « Monseigneur Bossuet, évêque de Meaux », mais « Monsieur de Meaux ». Cette ancienne appellation, j’y tiens beaucoup et je la trouve assez jolie. Actuellement nous avons à l’Académie française un évêque qui a remplacé il y a peu René Rémond. Il est évêque d’Angoulême, et je prends donc plaisir à l’appeler Monsieur d’Angoulême.

Continuons notre petite géographie de la Marne. Nous avons traversé les vignobles de Champagne. Vous êtes le biographe de Céline : quel était son rapport au vin ?

Là où il y a la vigne, il y a la civilisation. Et en disant cela, je pense exactement le contraire de Céline. Céline, à qui j’ai consacré tant d’études, tant de livres, tant d’années, considérait que la décadence de l’Europe était venue avec la plantation du vignoble : dès le Ve siècle avant Jésus-Christ, en Grèce, les gens, devenus alcooliques, auraient entraîné la civilisation dans la décadence ! Céline imaginait aussi que l’Europe serait envahie par les Chinois, mais qu’ils s’arrêteraient à Épernay, à la hauteur des caves de

champagne, où ils seraient en quelque sorte corrompus par la vigne. Je pense évidemment tout le contraire : la civilisation commence à partir de Château-Thierry, de Dormans et vers les limites de la Marne. Épernay a donc un double statut : elle représente, par son champagne, un haut lieu de civilisation, mais également le lieu où vont s'abîmer les envahisseurs. Telle était la vision à la fois ludique, fantasmagorique et hallucinée de Céline qui était l'homme de toutes les exagérations. Et c'est en même temps ce qui lui conféra le style le plus incroyable du XXe siècle, en raison justement de cette préciosité mêlée à un grossissement incroyable de la vie.

Nous abordons les rives de Noisiel, dont le nom était associé à celui du chocolat Menier.

Quand on prononce le nom du chocolat Menier, c'est comme une petite madeleine de Proust pour moi. C'est un goûter complet en quelque sorte. Il se trouve que, parmi les membres de la famille Menier, il y avait deux frères, Antoine et Hubert. C'est eux, je crois, qui avaient hérité de cette affaire et Antoine était un ami intime de mon oncle avec lequel je passais mes vacances. Ce Menier reste pour moi une sorte de personnage mystérieux, contemporain de ma jeunesse.

Vous semblez ne rien perdre du paysage. La rivière, l'eau sont d'une grande importance pour vous?

Dès que l'on parle de l'eau, on évoque le temps, la mémoire... Tous les thèmes de l'eau sont effectivement très porteurs et entraînent à la rêverie. J'y suis d'autant plus sensible que j'ai vécu au bord de la Marne, mélangée à l'eau de la Seine. Une Marne donc impure, mais qui était quand même, pour moitié ou presque, l'eau que j'ai vu couler depuis mes fenêtres, sur le quai d'Anjou dans l'île Saint-Louis. J'ai la chance d'habiter la maison où je suis né, où mon père est physiquement né et où mon grand-père s'était installé en 1906. On peut dire que depuis mon enfance, sans avoir jamais déménagé, j'ai vu en même temps tout le fil de l'histoire, le fil du temps, de la mémoire, des évolutions du monde. J'ai évolué depuis ce point fixe qu'était mon enfance. Un point fixe face à l'eau et les thèmes qui y sont liés ne peuvent alors naturellement que me porter et m'emporter. Ce n'est pas par hasard si un des écrivains qui a le plus marqué mon imaginaire est un écrivain de l'eau, Joseph Conrad.

Faites-vous partie de ceux qui revendiquent la Marne comme étant le fleuve qui traverse Paris?

Il y a une discussion de géographes pour savoir qui, de la Marne ou de la Seine, devrait porter le nom de rivière ou de fleuve. Ces discussions géographiques techniques, je ne risquerais pas de m'en mêler, surtout à notre époque où l'on valorise cette notion de métissage, qui aujourd'hui est une notion «tarte à la crème» de toutes les valeurs du XXIe siècle. C'est un beau mot en tout cas que celui de «métissage». J'ai pour ma part le sentiment, quand je suis devant l'eau, de me trouver face à un élément métissé. Je ne me permettrais pas de provoquer un débat sur «l'identité nationale» des eaux qui coulent devant moi, encore moins de me prononcer si elles doivent s'appeler Marne ou Seine.

En revanche, j'ai le sentiment que les eaux qui coulent devant moi m'entraînent vers la mer, et, en amont, me remontent spontanément plus vers la Marne, à cause de sa mémoire culturelle. En même temps, là où tout se rejoint, si je puis dire, la Marne comme la Seine, c'est le plateau de Langres, dont est originaire l'un des hommes dont je suis le plus proche, Diderot.

Frédéric Vitoux,
écrivain, académicien

les studios de Joinville.

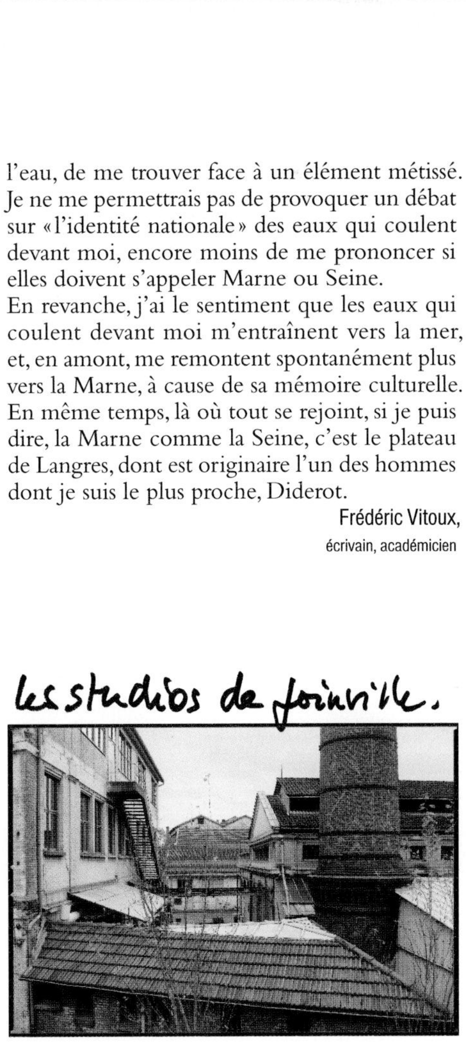

Miguel da Silva,
altiste, membre fondateur du quatuor Ysaÿe

La Marne, vers Troissy

Tout d'abord, parlez-moi du quatuor Ysaÿe.
C'est une formation qui existe depuis maintenant vingt-cinq ans, créée en hommage à Eugène Ysaÿe, un merveilleux violoniste, très pédagogue, et aussi un illustre chef d'orchestre du début du XXe siècle. Les activités de ce quatuor sont multiples et variées, allant de la scène – nous donnons des concerts dans le monde entier – jusqu'à l'enseignement, la transmission jouant un rôle important dans notre conception.
Pouvez-vous dire quelques mots sur votre instrument ?
Je joue de l'alto ; il s'agit plus particulièrement d'un alto crémonais de la fin du XVIIIe siècle. Il a été fabriqué par Lorenzo Storioni, fameux luthier qui incarne la grande période de la lutherie italienne, dans la lignée des grands noms que tout le monde connaît, comme Stradivarius ou Guarnerius, ou encore Carlo Bergonzi...
Comment vous est venue cette passion pour l'alto ?
Je crois que l'idée de l'alto est liée à l'idée de la couleur du son. Au départ, j'ai commencé par jouer de la clarinette, mais un problème de dentition, lié à un accident de vélo étant enfant, m'a empêché de poursuivre. J'ai souvenir d'avoir alors été questionné par Jacques Murgier, directeur du conservatoire à Reims et peut-être l'un des plus grands directeurs de France, qui m'a demandé pourquoi je voulais faire de la clarinette. J'ai essayé de lui décrire la mélancolie du son, car je sentais un côté tragique dans cet instrument ; il m'a alors répondu qu'il existait un autre instrument comprenant toutes ces particularités sonores, à savoir l'alto. J'ai alors franchi le pas, et si mon professeur de clarinette était un homme qui me vouvoyait et à qui je disais « Monsieur », je suis alors arrivé devant une femme qui avait des jambes sublimes, qui m'a fait un sourire et que je n'ai plus quittée pendant dix ans. Les grands choix tiennent à peu de chose : une paire de jambes

Vous abandonnez-vous lorsque vous jouez ?
C'est le paradoxe du comédien. On s'abandonne tout en contrôlant des choses. On contrôle l'abandon, mais on ne peut pas être submergé par l'émotion. Cela n'est pas possible. Comme il est impossible de perdre ses moyens, il faut juste essayer de maîtriser son émotion pour pouvoir étayer le discours, et l'emmener au bout.
Mais il est clair que, lorsque vous jouez la cavatine de l'opus 130 de Beethoven, et que vous arrivez au passage dans lequel il mentionne sur la partition *« Beklemmt »*, qui signifie « oppressé », vous ne pouvez pas rester insensible. Vous avez des frissons, vous sentez comme quelque chose qui vous passe sur la peau, c'est réellement de l'ordre épidermique. Jamais on n'est allé aussi loin dans la recherche du tragique et de l'émotion musicale, mais notre métier nous oblige aussi à tenir un tant soit peu de distance.
Quelle est l'importance de la rivière pour vous ?
Mon rapport aux péniches et aux bateaux est très sensible. En effet, lorsque j'étais enfant, ma mère adorait la série *L'Homme du Picardie*, qui met en scène un artisan marinier. Après l'avoir vue, bouleversée, elle m'emmenait souvent au bord du canal voir passer les péniches. En grandissant, je me suis toujours demandé pourquoi elle regardait pendant des heures passer ces bateaux, et je pense maintenant que c'est parce qu'elle avait envie de partir. Avec le recul, je pense que c'est une pensée qui m'a inquiété sans relâche pendant l'enfance. Maintenant, je peux dire que mon rapport à l'eau et à la rivière s'exprime en termes de fluidité musicale ; et ce lien est essentiel car c'est avant tout un rapport au temps. Un des grands compositeurs qui a été fasciné par l'eau est Schumann ; il était totalement fasciné par le Rhin. La notion de temps dans la musique est une chose si difficile à concevoir, que l'on ne cesse de la visiter pour essayer de la comprendre. Il est clair que, depuis que je suis sur le bateau, et que l'on glisse comme ça sur l'eau, le rapport au temps, le rapport à l'abandon est assez fascinant.
Si vous preniez votre alto maintenant, dans ces mêmes conditions de pluie, et que vous étiez seul sur le bateau, que joueriez-vous ?
Je jouerais quelque chose qui est lié au rythme que je ressens à cet instant. Je pense que je jouerais le prélude de la *Première Suite* de Bach. C'est un rythme constant, non pas accidenté, mais avec tout de même des méandres harmoniques similaires aux quelques virages que l'on vient de passer.

La Marne, vers Essômes-sur-Marne.

"Depuis que je suis sur le bateau,
et que l'on glisse comme ça sur l'eau,
le rapport au temps, le rapport à l'abandon
est assez fascinant."

“C’est un lieu où souffle un esprit véritablement extraordinaire, tout comme Aÿ et Mareuil-sur-Aÿ.”

Jean-Paul Kauffmann, écrivain, journaliste

Ce que j’aime bien avec la Marne, c’est ce jeu de cache-cache avec le canal latéral. Et c’est un peu comme pour la comptine du furet : « Il court, il court, le furet ; il est passé par ici, il repassera par là... » Il en va de même pour la Marne et le canal qui sont deux veines, deux artères complices. C’est-à-dire que, pour remplir le canal, on a besoin de la rivière, et pour remplir ou vider la Marne, on a besoin du canal.
Il arrive un moment, à partir de Saint-Dizier, où on est obligé de l’abandonner, parce qu’il est très difficile de suivre ses berges, l’accès à la rivière relevant du domaine privé. C’est d’ailleurs contraire à ce qu’on appelle, je crois, la servitude de marchepied.
Et puis je pense surtout que la Marne est une rivière très méconnue, surtout dans la partie Haute-Marne. Son nom n’évoque, pour les gens, que des faits de guerre, la bataille de la Marne et peut-être aussi un vignoble. Et c’est vraiment dommage car le territoire de la Haute-Marne est vraiment le plus beau, le plus intéressant. C’est celui qui m’a le plus émerveillé. C’est encore une France inconnue, très ignorée, intacte, indemne, qui n’a pas subi de transformations majeures. Je crois d’ailleurs, qu’après les Landes, c’est la plus grande forêt de France. La Haute-Marne a donc ce côté véritablement bucolique qui m’a beaucoup séduit. Et c’est dans ce secteur que la Marne prend son élan. C’est ici qu’elle commence par être un ruisseau, puis une petite rivière, et c’est émouvant de voir cette progression, jusqu’à Alfortville, où elle se jette dans la Seine. Même si, avant Paris, nous n’avons pas vraiment su la préserver.
À mon avis, le plus bel endroit de la vallée de la Marne reste le coteau de Chassins. Il y a, au sommet de ces collines, de ces nids de côtes, une superbe tour. C’est d’ailleurs là-bas qu’Henri de Guise reçut sa balafre et son surnom, Henri le Balafré. C’est un lieu où souffle un esprit véritablement extraordinaire, tout comme Aÿ et Mareuil-sur-Aÿ. Sur un côté de Mareuil, se trouve la côte des Goisses de Philipponnat. Un très bel endroit aussi où l’on peut voir se refléter le coteau sur le canal, imitant, paraît-il, une bouteille de champagne.

Quel est votre vin préféré ?

J’aime beaucoup le vin de Champagne mais, à l’inverse de la mode, je lui trouve toute son expression dans le pinot noir plus que dans le chardonnay, les blancs du Mesnil-sur-Oger ou d’ailleurs. Cette variété de champagne corsé, je la trouve beaucoup plus intéressante que le chardonnay. Certes, son approche est moins évidente, mais je n’aime pas plus l’évidence en matière de littérature qu’en matière de vin. J’aime bien les choses qui ne se livrent pas d’emblée et qu’il faut apprivoiser, déchiffrer. Et un champagne fait uniquement de pinot noir, ça ne plaît pas d’emblée à certains palais, l’apprécier demande une initiation...
La vallée de la Marne, pour moi, c’est l’endroit le plus intéressant s’agissant du champagne. En comparaison, la beauté de la côte des Blancs est tout à fait contestable. C’est beau, bien sûr, un vignoble est toujours beau, mais on n’y retrouve pas cette résonance entre le vignoble et la rivière qui fait tout le caractère de la Marne.

Avez-vous quelques souvenirs de grandes bouteilles, de grandes années, de dégustations exceptionnelles ?

Mon souvenir œnologique le plus fort remonte à 1983. Et c’est d’ailleurs une très curieuse histoire. Le domaine Bollinger, qui fait un champagne que j’aime beaucoup, procédait à des travaux dans ses caves et, à un moment, comme dans *Tintin*, un mur s’est effondré, laissant apparaître une cave secrète. C’était la cave privée de Madame Bollinger. Il y avait là des millésimes de vins rouges mis en bouteille à Aÿ et de très vieilles bouteilles de champagne.
Pour cette occasion, une manifestation réunissant quelques journalistes fut organisée afin de goûter ces vins très anciens. Je me rappelle d’un 1870 de Laffitte qui avait été récolté au moment où les vendangeurs apprenaient la défaite de Sedan, en septembre 1870.
Nous avons également dégusté un 1914, vendangé uniquement par des femmes puisqu’en septembre 1914 tous les hommes étaient sur le front. Il faut préciser qu’il ne s’agissait pas de pièces de musée, et que goûter ces vins ne revenait pas à faire disparaître des pièces de collection. Au contraire, car le vin, c’est quand même une matière vivante. Il est même la seule chose qui devient plus délectable encore en vieillissant.
Et ce champagne qui avait encore une très légère effervescence, cette acidité qui lui avait permis de traverser les âges, a été certainement un de mes plus beaux souvenirs dans ce domaine. Bien sûr à cause de la date, 1914, du contexte très particulier de sa production, mais surtout parce qu’il était vivant. Peut-être aussi parce qu’il s’agissait d’un vin de la Marne et que j’aime ses grands vignobles. Les grands vins sont toujours en accord avec une rivière ou un cours d’eau, ce qui n’est pas le cas de la côte des Blancs ou de la montagne de Reims. Ce n’est pas un hasard si les grands vins de Bordeaux regardent la Gironde et que les vins de Saint-Émilion sont tournés vers la Dordogne.

Joëlle et Jean-Paul Kauffmann

Dans les caves
de la Maison Deutz.

"les Côtes noires", à la sortie de Moëslains

Napoléon, dernière victoire et prune impériale

En 1814, Saint-Dizier a été une des dernières victoires napoléoniennes avant Waterloo l'année suivante. De l'actuelle place de la base aérienne 113, on voit les Côtes noires d'où Oudinot et Kellermann ont dirigé la dernière charge de cavalerie qui a repoussé les armées russes de Landskoï et surtout de Wintzingerode dans la forêt de Trois Fontaines avant leur repli sur Robert-Espagne près de Bar-le-Duc.

Major Lemaguet

Je pourrais vous parler d'un combat qui a eu lieu ici, à Choignes, sur le bord de la Marne, en janvier 1814. Tout d'abord, il faut savoir que le village s'étalait à l'époque, avant la construction du canal, de part et d'autre de la Marne et qu'un pont reliait les deux parties. Nous sommes donc à l'époque napoléonienne, et la France est envahie par les armées de la coalition, à savoir les Wurtembergeois. Mais Napoléon a commencé la campagne de France pour arrêter l'invasion et sauver son trône. Or, des éléments de l'armée française, arrivant de Langres pour s'installer à Chaumont, apprennent que le village de Choignes est en partie occupé par l'ennemi et décident de l'en chasser. L'affrontement est déclenché près du pont par les grenadiers à pied de la Garde du général Mortier. Le combat est très violent et cause énormément de morts. Les Wurtembergeois, qui n'occupaient qu'une partie du village du côté de l'actuel canal, sont forcés de se replier. C'est certainement l'un des derniers succès de Napoléon, puisque cette victoire intervient trois mois à peine avant son abdication à Fontainebleau...

Jean Cartry

Dans le verger conservatoire de Dormans, on trouve la prune impériale ; il y en a encore beaucoup dans la région. La variété est née comme cela : en 1814, les troupes russes qui poursuivaient Napoléon étaient cantonnées à Boursault et à Œuilly. Les soldats avaient dans leur sacoche des prunes séchées et, comme tous les soldats, ils ont mangé les prunes et jeté les noyaux dans la nature ; ces noyaux ont germé et les arbres ont donné les prunes impériales. On dit qu'on les produit francs de pied : on plante le noyau et on obtient le fruit. D'où l'origine de la prune impériale dans la vallée de la Marne. Et son fief se trouve à Boursault et Œuilly.

Guy Vignon

"Marne" viendrait de "Matrona", mère nourricière, mais ce nom semble lui-même issu du gaulois "mátra", mère, et de la racine hydronimique très courante "Onna".

Raymond Desfossé,
ancien sapeur-pompier, scaphandrier autonome

"Et je me suis retrouvé face à face avec la femme qui s'était jetée à l'eau."

"Léon Deubel, poète maudit, se suicida dans la Marne après avoir brûlé tous ses manuscrits, le 6 juin 1913, à Maisons-Alfort. C'est grâce à son ami, l'écrivain Louis Pergaud, qui a retrouvé une partie de ses textes, que son œuvre n'est pas tombée dans l'oubli. Parmi ses poèmes, citons *Régner, Le Chant des routes et des déroutes, Sonnets intérieurs, Vers la vie...* Sur son acte de décès, on peut lire : « Deubel 1399 (mairie du 4e arrondissement de Paris). L'an mil neuf cent treize le dix-neuf juin à trois heures du soir ; acte de décès de Léon, Louis Deubel, sans profession, domicile inconnu, né le vingt-deux mars mil huit cent soixante-dix-neuf, à Belfort (Territoire de Belfort), décédé vers le six juin courant, dans la circonscription de Charenton et transporté 3, quai de l'Archevêché. Fils de Louis, Joseph Deubel et de Marie Joséphine Mayer, décédé, célibataire. »

Patrick Mouze

Tombeau du Poète

Par les sentiers abrupts où les fauves s'engagent,
Sur un pic ébloui qui monte en geyser d'or,
Compagnon fabuleux de l'aigle et du condor,
Le Poète nourrit sa tristesse sauvage.

À ses pieds, confondus dans un double servage,
Multipliant sans cesse un formidable effort,
Les Hommes, par instants, diffamaient son essor ;
Mais lui voyait au loin s'allumer des rivages.

Et nativement sourd à l'injure démente,
Assuré de savoir à quelle ivre Bacchante
Sera livrée un jour sa dépouille meurtrie ;

Laissant la foule aux liens d'un opaque sommeil,
Pour découvrir enfin l'azur de sa patrie
Il reprit le chemin blasphémé du soleil !

Léon Deubel (1879-1913)

J'étais sapeur-pompier professionnel.
Avec des spécialités ?
Oui, justement, une spécialité de scaphandrier autonome.
Est-ce que vous pourriez m'expliquer en quoi consiste cette fonction ?
Il s'agit parfois de rechercher des armes à la suite de réquisitions de la gendarmerie, mais surtout de rechercher des personnes tombées dans le canal de Reims. Il nous arrivait aussi d'intervenir dans le secteur de la Marne à Épernay, mais c'était toujours un peu compliqué la Marne, parce qu'il y avait souvent du courant, et cela rendait la mission difficile. En revanche, l'avantage de cette rivière, c'est que la visibilité est quelque peu supérieure au canal.
Je me souviens d'une de mes premières interventions, je venais d'acquérir mon diplôme. Une personne s'était jetée dans le canal. On avait retrouvé ses vêtements bien repliés sur le bord, donc on connaissait l'endroit où elle avait sauté. Pour faire des recherches dans l'eau, on était accroché à une commande reliée à une personne sur la berge, et on balisait le fond de l'eau sur une vingtaine de mètres. On effectuait ainsi plusieurs allers-retours de cinquante centimètres en cinquante centimètres.
Au bout du troisième, ou quatrième passage, je raclais bien le fond, j'avais les bras bien étendus pour être le plus efficace possible, et je me suis retrouvé face à face avec la femme qui s'était jetée à l'eau. Et je ne peux pas dire que j'ai eu la peur de ma vie, mais j'ai eu l'impression que tout s'arrêtait, une trouille pas possible. Je l'ai prise par les épaules et je l'ai remontée comme un bouchon. Ça a été quelque chose de terriblement paniquant.

Léon Deubel, poète maudit, se suicida dans la Marne le 6 juin 1913, après avoir brûlé tous ses manuscrits. Parmi ses poèmes, "Le chant des routes et des déroutes".

C'était, un matin, en novembre. Je m'étais levée relativement tôt pour aller faire mon jogging et, à huit heures et demie du matin, j'ai trouvé un cadavre dans la Marne. C'était un cinquantenaire qui s'était suicidé. Donc voilà, ça refroidit. C'est un jogger qui était devant moi qui a vu le corps dans l'eau et qui s'est arrêté. Il m'a demandé si j'avais un portable ; d'habitude je ne l'emmène jamais pour courir mais, coïncidence, je l'avais pris ce jour-là. Il a appelé les pompiers, m'a rendu mon téléphone et m'a dit qu'il fallait qu'il parte travailler. Il s'est retourné, est parti en sprint, et je me suis retrouvée toute seule, à huit heures et demie, avec un cadavre, à attendre un quart d'heure que les pompiers arrivent.

Elsa Grzeszczak,
comédienne

Jean-Pierre Formet, maire de Bignicourt-sur-Marne, ancien conducteur de train, formateur de conducteurs

La bécassine des marais et le chevalier gambette

Nous sommes ici dans le chantier naval de Vitry-le-Francois, grande ville de la batellerie. Mais je crois que vous êtes venu nous parler d'un autre lieu.
Oui, c'est du lac du Der-Chantecoq, un lac artificiel qui a été édifié en 1974 avec un double objectif : celui d'écrêter les crues de la rivière Marne et de soutenir son étiage, l'étiage étant le moment où les rivières ont un niveau d'eau très bas et où il faut maintenir le niveau du cours d'eau. Le lac du Der, œuvre importante du Génie civil, fait partie du projet des Grands lacs de Seine qui comprend le lac du Der qui a un impact direct sur la Marne, le lac du Temple, le lac d'Orient et le lac de Pannecière.
Tous, hormis la Pannecière, sont situés dans la région de Vitry-le-François, de la Champagne humide, d'une part parce que cette région est dépressionnaire, et d'autre part parce que son sous-sol qui est essentiellement composé de trente à cinquante mètres d'argile de Gault est très imperméable. Le fonctionnement du Der est une dérivation du cours d'eau par un système de canal d'amenée, un réservoir et des canaux de restitution. Il faut donc que l'endroit où l'on emmagasine l'eau soit imperméable pour pouvoir à un moment donné la restituer à la rivière et soutenir ainsi l'étiage. C'est très important, parce que, Paris étant une zone très peu aquifère, les deux-tiers de l'eau des Parisiens sont puisés dans ces lieux.
C'est aussi le lieu ou j'exerce ma passion, la photographie de nature.
Que photographiez-vous? Quels oiseaux chassez-vous?
Ce qui m'intéresse, c'est le bocage champenois, et particulièrement le lac du Der. Pourquoi? Parce qu'il est devenu au fil du temps un haut lieu de migration d'oiseaux, notamment ceux qui viennent du nord de l'Europe stationner sur le lac et inversement, d'autres qui vont venir d'Afrique en période estivale pour s'y reproduire. C'est donc un ballet incessant d'espèces. Les anatidés : l'oie cendrée, l'oie des moissons, l'oie rieuse, le harle bièvre, le canard sauvage, le canard siffleur, le canard souchet, la sarcelle d'hiver, la sarcelle d'été, le canard pilet, etc.; également le faucon pèlerin; mais aussi des ardéidés, avec un panel de hérons extrêmement riche qui comporte, à une exception près, toutes les espèces nichant en France.
L'oiseau emblématique du lac est la grue cendrée. C'est aussi l'espèce d'oiseau que j'affectionne le plus. Le lac du Der est devenu la principale halte de son parcours migratoire. Depuis les années quatre-vingts, on observe un phénomène d'hivernage. Dimanche dernier, au dernier comptage, on en a recensé 68000 stationnées sur le lac avant de remonter vers le Nord de l'Europe. On compte environ 280 espèces d'oiseaux qui viennent soit en été soit en hiver; 40 espèces de mammifères; et 45 espèces odonates avec les deux grandes classes de libellules : les zygoptères ou demoiselles, et les anisoptères. On les distingue grâce à leurs ailes. Certaines replient leurs ailes lorsqu'elles se posent : ce sont les zygoptères; les autres gardent leurs quatre ailes écartées : ce sont les anisoptères.
***Quid* des plantes?**
On recense environ 280 espèces de plantes inféodées au milieu aquatique, dont certaines inscrites sur des listes rouges françaises voire mondiales d'espèces menacées, comme l'utriculaire vulgaire qui est une plante aquatique carnivore, ou la Sagittaire à feuilles en flèche.
D'où vient votre intérêt pour les grues cendrées?
Je pense qu'il y a un rapport avec l'enfance. Je suis né en bordure du lac du Der, à Hallignicourt, au lieu-dit la Bobotte situé sur un couloir migratoire emprunté de tous temps par les grues. Et j'ai le souvenir du chant des oiseaux qui passaient bien souvent dans la nuit au-dessus de mon village et de mon père disant : « On entend les grues, elles annoncent l'hiver. » Ou inversement : « Elles annoncent le printemps. » Le phénomène de la migration m'interpelle énormément : qu'une hirondelle qui niche dans votre grange revienne l'année d'après dans cette même grange, c'est quelque chose de fascinant.
Pouvez-vous revenir sur le phénomène de marnage?
Le marnage, c'est le phénomène de variation du niveau d'eau, c'est-à-dire que le lac du Der fonctionne comme une marée annuelle avec une période où il est rempli et une autre où il commence à se vider. Au mois de décembre, le Der doit être vide parce que toutes les grandes crues, de 1910, de 1924 ou de 1955 ont eu lieu au mois de janvier. Par conséquent, il faut qu'avant janvier on puisse emmagasiner le maximum d'eau dans le lac. On va donc le remplir petit à petit jusqu'au mois de juin, où il va atteindre sa cote maximum. Ensuite, c'est le phénomène inverse : on restitue cette eau petit à petit. On a donc une marée montante sur l'ensemble du lac et une marée descendante.
Ce phénomène de marnage a eu un effet sur les parcours migratoires. Il a par exemple entraîné la formation de vasières, de petits îlots. Et, depuis, les limicoles, ces oiseaux qui vivent dans la vase comme la bécassine des marais, le chevalier gambette, le chevalier culblanc etc., lorsqu'ils quittent fin août leur lieu de nidification au nord de l'Europe, ont pris l'habitude de se poser sur le lac du Der.

le lac du Der-Chantecoq

Jean Tartivel,
ancien curé du village englouti du lac du Der

"Et les trois villages ont disparu sous les eaux."

Nom, prénom, fonction
Jean Tartivel. Prêtre depuis le 21 décembre 1947.
Où êtes-vous né ?
Je suis né à Trois-Fontaines-l'Abbaye dans la Marne, près de Saint-Dizier. Mes parents étaient au service du comte et de la comtesse de Fontenoy au château du village.
Quel a été votre parcours pour devenir prêtre ?
J'ai fait six années de secondaire au petit séminaire de Châlons, près de la porte de Sainte-Croix, où vous êtes passés tout à l'heure, et puis ensuite six années au grand séminaire où j'ai étudié la philosophie et la théologie.

Après plusieurs ministères, j'ai exercé à partir de 1964 à Bussy-aux-Bois, près de Vitry-le-François et ensuite à Louvemont, au moment où l'on a commencé à faire disparaître les villages.
Pourquoi ces villages ont-ils disparu ?
Il s'agissait, selon le terme technique, de « mettre en réserve l'eau de la Marne » et il fallait pour cela une cuvette naturelle. C'est dans cette cuvette naturelle que se situaient les trois communes disparues : Chantecoq, Nuisement-aux-Bois et Champaubert qui totalisaient à elles trois cent et quelques habitants.
Il y a eu un décret d'utilité publique, c'est à dire qu'il faut accepter que des petits groupes cèdent pour le bien commun, et les personnes ont dû s'en aller. Elles ont bien sûr été indemnisées, et, en 1969-70, les villages étaient vides. Comme la plupart des habitations étaient des maisons à pans de bois, ceux qui le voulaient pouvaient essayer d'emmener avec eux leur maison, sinon on mettait le feu aux poutres.
Parlez-nous des églises et des cimetières.
Trois villages ont disparu et chacun de ces villages avait son église et son cimetière. Quand les gens sont partis, les corps des cimetières ont été exhumés, puis déplacés. L'exhumation des corps se faisait en présence des familles. Cela a pris presque deux mois pour qu'à tour de rôle chaque tombe soit ouverte. Devant les familles, le responsable des Pompes funèbres générales cassait la planche du cercueil et en ressortait le crâne, les grands os des bras, des jambes et les côtes. Et quand il y avait à peu près une cinquantaine d'ossements, tout était mis dans une boîte d'un mètre de long. On fermait alors le couvercle et il y avait un numéro sur le côté pour identifier le mort.
À Chantecoq, une église en brique a été entièrement rasée au bulldozer. L'église de Champaubert était, quant à elle, située sur une presqu'île. Pour cette raison, le maire a demandé à ce qu'elle soit épargnée et la requête fut acceptée. À Nuisement-aux-Bois, l'église de bois a pu être marquée, déplacée, puis reconstruite ailleurs.
La dernière messe de l'église de Champaubert a été célébrée en septembre 1969.
Retournez-vous au lac du Der ?
Quand le petit Der a été construit en 1936, j'allais souvent m'y baigner. Mais lorsqu'on a fait le grand Der et que des plages ont été aménagées, je ne me sentais pas capable d'aller m'amuser dans cet endroit d'où des familles avaient été expulsées. Il ne s'agissait pas vraiment d'expulsions, mais j'ai vu les gens s'en aller, brûler les maisons... Je les retrouve pour les journées du souvenir. Il ne m'est pas possible de profiter de ce lac. J'y ai fait du bateau une fois, mais jamais plus je ne pourrai m'y baigner.

"Ils attendaient les aurochs et les mammouths qui passaient à gué sur la Marne pour les tuer."

Dans une darse du port de Bonneuil

Pierre Coste, ancien cadre RATP, en charge du musée de Maisons-Alfort

Quelle est l'histoire du musée de Maisons-Alfort ?
Le musée de Maisons-Alfort a été créé il y a une dizaine d'années. Il raconte l'histoire de la commune, les loisirs et les guinguettes, le territoire, les sports... Par exemple, saviez-vous que David Douillet, judoka champion olympique, et Jean-François Lamour, escrimeur, ont tous deux habité Maisons-Alfort et y ont fait leurs premiers pas dans le sport? Il y avait un très bon club de sabre, et à l'heure actuelle, il y a toujours un très bon club de judo.

Je crois que nous arrivons au niveau des darses. Pouvez-vous me parler de cet endroit?
Nous atteignons effectivement la zone industrielle où se trouve la darse de Bonneuil, premier port sur la Marne avant Paris. Les « darses » sont des bras morts de la Marne qui servent de ports de chargement et de déchargement de matériaux. Ce qui est intéressant, c'est que ces darses sont des reliquats de la Seine, puisqu'à l'origine la Seine passait par ici pour rejoindre Paris. Elle tournait au niveau de Villeneuve-Saint-Georges puis passait par Bonneuil, ce qui fait que nous nous trouvons à l'endroit exact de son ancien lit. À l'origine, il y a des centaines de milliers d'années, la Marne se jetait donc dans la Seine au niveau des darses.

Que sait-on sur les tout premiers habitants des bords de Marne ?
Nous avons, sur le territoire de Maisons, des preuves de la présence humaine sur les bords de Marne qui remontent à 160 000 ans avant Jésus-Christ. Vers le pont de Charenton, on a trouvé des traces de dépeçage d'animaux, d'os d'aurochs. On en a déduit que les hommes de Néanderthal venaient chasser sur les bords de la rivière. Ils attendaient les aurochs et les mammouths qui passaient à gué sur la « Marne » pour les tuer. Ils vivaient un certain temps à la belle saison sur les bords de la rivière. À la mauvaise saison, lorsque les eaux montaient, ils s'en allaient sur les hauteurs, vers Sucy, Boissy.

Parlez-moi de l'histoire récente de Maisons-Alfort.
Au lendemain de la Révolution, le territoire de Maisons-Alfort, qui n'était pas encore très peuplé, ne comptait qu'un milier habitants environ, essentiellement des agriculteurs et des maraîchers qui alimentaient Paris. Mais Maisons avait déjà sa célèbre école vétérinaire. En effet, les haras nationaux sont créés sous Louis XIV qui avait besoin d'énormément de chevaux. Et comme il fallait des gens pour les soigner, les écoles vétérinaires sont fondées, d'abord à Lyon, puis, en 1765, au château d'Alfort plus près de Versailles. Par ce biais, Maisons a donc connu un certain développement.

Connaissez-vous l'histoire du peuplement de votre commune ?
L'avènement du chemin de fer au XIXe siècle avec la construction du Paris-Lyon-Marseille qui a traversé la commune, a été déterminant dans le développement de la population de Maisons-Alfort. L'aménagement d'une gare en 1850 a favorisé l'arrivée d'une importante population de Parisiens. À l'époque, le Charentonneau, un quartier de Maisons qui représente le tiers de la commune, appartenait à un même groupe de propriétaires terriens. Or, en 1860, ceux-ci l'ont vendu en lotissement, ce qui a permis à une population parisienne d'acheter de petits lopins de terre en bordure de Marne. Quand on regarde une carte de Maisons-Alfort, on voit bien les différents pôles : le Vieux Maisons autour de l'église Saint-Rémi, la mairie et ses ruelles tortueuses, le fort de Charenton et, enfin, tout ce quartier du Charentonneau avec ses rues bien droites et perpendiculaires, ses lots de terrains bien carrés ou rectangulaires. Et dans les années trente, la seconde vague de construction, conséquence des congés payés, a donné naissance à toute une zone pavillonnaire.
Un autre point important dans l'histoire du peuplement de la commune concerne l'immigration arménienne. Lorsque le chemin de fer a été construit coupant le territoire en deux, on a créé la commune d'Alfortville avec sa propre mairie parce que les habitants en avaient assez d'avoir à traverser la voie pour accéder au centre ville avec toutes ses commodités. Mais Alfortville était régulièrement inondé car les bords de Seine n'étaient pas encore endigués. C'était donc un quartier un peu vaseux dans lequel on trouvait une population plutôt pauvre. Comme c'est ici que sont venus s'installer les Arméniens suite aux problèmes rencontrés alors avec la Turquie, Alfortville connaît aujourd'hui une importante culture arménienne.

Pouvez-vous me parler du passage de Charenton à Maisons-Alfort par le pont de Charenton ?
Finalement, la traversée de la Marne sur le territoire de Maisons a toujours été un passage forcé. À une certaine époque, il n'existait qu'un seul passage à gué, puis il y a eu des bacs, et enfin ce pont de Charenton, construit selon le principe du pont-levis dans les châteaux

et partiellement en bois car plus facile ainsi à détruire en cas d'invasion. Même Henri IV l'a traversé quand il est venu prendre le pouvoir à Paris. On a d'ailleurs des gravures illustrant son passage, avec les corps de pendus accrochés au pont, ceux qui lui avaient résisté.
Enfin, l'importance du pont de Charenton est prouvée par le fait même que l'édifice, d'origine romaine, a été démoli et reconstruit dix-sept fois au moins !

Existe-t-il une différence pour vous entre la couleur de l'eau de la Seine et celle de la Marne ?

Pour moi, la Seine a une couleur verte, un vert d'eau, verdâtre, alors que la Marne a peut-être plus la couleur d'un gris clair, d'un gris bleuté. La réflexion du ciel dans l'eau semble la rendre plus limpide. L'eau de la Marne me paraît beaucoup plus belle, c'est une réflexion que je me fais, réflexion pour laquelle on pourrait me taxer de chauvinisme !

"On y rencontre de grosses tortues."

Bernard Grosperrin,
conseiller municipal à Maisons-Alfort

Comment appelle-t-on les habitants de Maisons-Alfort?
On les appelle les Maisonnais. Au départ, Alfortville et Maisons-Alfort étaient un seul et même pays, qui s'est appelé d'abord Hallefort puis Alfort à partir du XVIIIe. Les bois étaient nombreux dans toute cette zone qui prolonge les forêts de Sénart et de Fontainebleau. C'étaient donc des terrains de chasse très appréciés sous Louis XV et c'est aussi pour cela que le carrefour près de la ville s'appelle Pompadour. Quant au château de Réghat, où se trouve actuellement le musée de Maisons-Alfort, c'était en fait un rendez-vous de chasse du roi. Toujours est-il que tout ce territoire a été coupé en deux lorsque les voies du PLM – le Paris-Lyon-Marseille – ont été construites. Dès lors, l'un des deux côtés s'est appelé Alfort, c'était plutôt la partie ouvrière. L'autre côté, qui réunissait à l'époque les maraîchers, les cultivateurs, est maintenant devenu le quartier résidentiel avec ses maisons, d'où Maisons-Alfort et ses Maisonnais. Aujourd'hui, les deux communes sont complètement séparées et l'une donne sur la Seine, l'autre sur la Marne.
Pouvez-vous nous donner quelques repères en nous décrivant ce que vous voyez autour de vous?
Nous nous situons entre le pont de Maisons-Alfort et le pont de Créteil que l'on commence à apercevoir. On se dirige vers l'écluse de Créteil qui va donner ensuite, de part et d'autre de la rivière, sur Bonneuil et Saint-Maur. Quand on passe cette écluse, on accède à la darse de Bonneuil. Au-delà, la boucle de la Marne n'est plus navigable. Là, nous sommes donc encore au niveau de Maisons-Alfort mais nous allons bientôt arriver au niveau de deux îles : l'île Brise-Pain et l'île Sainte-Catherine, entourées par un petit bras de Marne appelé le bras du Chapitre, et habitées par environ trois cents familles.
Trouve-t-on des animaux de rivière par ici?
Il y avait autrefois beaucoup de loutres, mais ça fait un moment qu'on n'en a plus vu. Cet animal a eu à tort très mauvaise réputation et il est aujourd'hui strictement protégé. Par contre, on rencontre beaucoup de grosses tortues. Les gens se débarrassent de leurs tortues, de Floride ou autres, et l'on en voit de plus en plus sur les berges. Cela devient un gros problème pour les pêcheurs parce qu'elles consomment énormément de poissons. C'est une espèce invasive, un peu comme les ratons laveurs.

Une liaison régulière de porte-conteneurs relie
trois fois par semaine le Havre à Bonneuil.

"Il existe une identité olfactive des rivières."

Jean-Marie Laclavetine,
écrivain, éditeur

Vous qui vivez au bord de l'eau, pouvez-vous nous décrire votre rapport quotidien à la rivière ?

J'ai un rapport très fort avec les rivières. Depuis toujours j'ai l'impression d'être né dans une rivière. C'est curieux car j'ai entendu plus souvent les gens me dire qu'ils ne pouvaient vivre sans la mer. Je suis né à Bordeaux, ville proche de la mer, j'y ai passé mon enfance, mais les rivières ont toujours été les plus importantes pour moi, d'abord la Garonne, ensuite la Loire parce que j'habite aujourd'hui au bord de ce fleuve. J'ai l'impression que l'eau me donne la possibilité à la fois d'être pleinement moi-même et d'être un peu hors du temps. Les rivières sont des coulées à l'intérieur du temps qui font que l'on peut s'abstraire de toutes les vicissitudes, du temps haché qui est celui de la vie normale et, d'un seul coup, on est ailleurs et très précisément en soi.

Quel est, selon vous, le moyen de s'approprier une rivière ?

Le moyen le plus simple est sans doute la pêche. Elle oblige à prendre connaissance du lieu, même si c'est d'une manière empirique davantage que scientifique. Elle demande une connaissance des bons coins, de la faune et de la végétation. Elle oblige à se déplacer aussi, au bord de l'eau ou dans l'eau. La pêche, c'est surtout cela, ce n'est pas simplement prélever du poisson, mais c'est davantage le fait d'être seul face à la rivière. En général, je me déplace, j'ai des waders, des bottes qui me permettent d'aller assez loin dans l'eau et de poursuivre le long des berges en des endroits peu fréquentés, où je suis vraiment seul. Dans ces moments-là, il ne s'agit pas tellement d'oublier le monde, c'est même plutôt le contraire. C'est avoir le sentiment d'être au cœur de la vie et c'est véritablement quelque chose d'unique.

Le voyage sur une rivière, depuis sa source jusqu'à la confluence, qu'est-ce que cela évoque pour vous ?

La dernière rivière que j'ai trouvée est la Save, qui est un affluent du Danube. J'y suis allé il n'y a pas très longtemps parce que je voulais écrire un carnet de voyage en Croatie.

J'ai donc longé la Save en Slovénie, en Croatie, en Bosnie-Herzégovine jusqu'à sa confluence avec le Danube, qui est Belgrade en Serbie. En suivant les rivières, on constate à quel point elles sont porteuses de l'histoire des hommes ; en parcourant la Save, on se rend compte que l'on peut retracer, presque assister à ce qui a pu arriver dans cette région du monde. Cela me rappelle aussi l'histoire de Vukovar... Et je ne peux m'empêcher de penser à la Miljacka qui partageait Sarajevo en deux au moment de la guerre. La rivière dans ce cas devient une ligne de front porteuse, non seulement de souvenirs, mais aussi, aujourd'hui, de réalités tangibles, brutales et douloureuses. Mais dès que l'on s'éloigne de Sarajevo et qu'on monte un peu dans la montagne, c'est une rivière absolument splendide, un peu comme la Neretva à Mostar.

Quel est votre premier réflexe lorsque vous découvrez une rivière ?

Quand on arrive au bord d'une rivière le matin à l'aube, au moment où le soleil est sur le point de se lever, il y a cette chose qui nous engage de façon extrêmement intense : tous nos sens sont en éveil. Pas simplement la vue, bien sûr, mais aussi l'ouïe, parce que l'on entend tous les bruits des animaux qui sont présents et se réveillent, et puis aussi l'odeur. L'odorat est un sens extrêmement important dans ma prise de contact avec la nature et notamment avec les rivières, parce que chaque rivière a, et c'est peut-être lié à des souvenirs, quelque chose de proustien. Il y a une identité olfactive des rivières, sans doute due à la végétation, au fait qu'il y a de l'anis, de la menthe, de la vase et qu'en certains endroits l'eau croupisse alors que dans d'autres elle coule. Il y a les mousses aussi. Toutes ces odeurs de décomposition ou d'autres beaucoup plus vives et fugaces, composent un tableau olfactif extrêmement prenant qui fait partie de la vie d'une rivière et de notre vie.

Jacques Belloir, maire de Mont-Saint-Père
Bruno Dervin, Nicole Fargette et Frédéric Lecertisseur, élus de Mont-Saint-Père

Parlez-moi de Mont-Saint-Père.
Mont-Saint-Père est situé à un croisement entre la vallée et les routes qui montent vers Fère-en-Tardenois et celles qui descendent vers Château-Thierry. C'est un village qui a souffert lors de la guerre de 1914-1918, notamment à cause de l'intérêt stratégique que représentait son pont. Après la guerre, il a été décrété que les villes du sud aident les villes du nord à se reconstruire. Et, à cette époque, Saint-Émilion a porté son choix sur Mont-Saint-Père. La reconstruction du village a donc été faite avec les deniers de Saint-Émilion.
Vous êtes à Mont-Saint-Père depuis combien de temps?
Depuis vingt-six ans, et je suis très heureuse d'y habiter. C'est un charmant village avec des promenades en bord de Marne, la forêt, et le vieux village dont la rue Saint-Émilion qui domine la vallée de la Marne. On compte presque sept cents âmes ici. Il y fait bon vivre, tout simplement.
Quand on passe à Mont-Saint-Père, on aperçoit une sculpture de Léon Lhermitte. Qui était-il exactement?
Léon Lhermitte est un grand peintre de la région de la fin du XIXe siècle. Il a surtout peint des paysages champêtres, des sujets agricoles, tout ce qui touchait à la ruralité. Son père était instituteur à Mont-Saint-Père; malheureusement, il est aujourd'hui presque plus connu à l'étranger qu'en France. On parle souvent de la famille Lhermitte, puisqu'ils sont devenus des grands professeurs de médecine. On compte parmi les descendants Emmanuel Lhermitte, un libraire de livres anciens formidable à Paris, et, bien sûr, le comédien Thierry Lhermitte.
Comment appelle-t-on les habitants de Mont-Saint-Père?
On nous appelle les Montépierrins et Montépierrines.
Il existe en face de Mont-Saint-Père une île au milieu de la Marne. Quelle en est la superficie?
En superficie, elle fait vingt-sept mille mètres carrés, soit deux cents mètres de long sur deux cent trente de large.
Y a-t-il des traces de cette île dans les archives? A-t-elle toujours été ainsi?
Avant, l'île était plus grande, mais avec les écluses le niveau de l'eau est monté. Sur la pointe de l'île, il y avait d'ailleurs un petit ponton et les bateaux pouvaient s'amarrer tout près.
Il y a une dizaine d'années, le niveau de la Marne avait été baissé afin d'effectuer des travaux de rénovation de l'écluse, on a justement retrouvé les vieux poteaux de cet ancien ponton d'accostage.

le monument aux morts de Mont-Saint-Père.

Nous partîmes tôt le matin, de différents endroits, pour nous retrouver au café de la place du village de Mont-Saint-Père, petit bourg posé le long des bords de la Marne qui s'étend depuis les rives jusqu'aux hauteurs de la colline. Quand nous fûmes au complet, nous nous rendîmes au cimetière situé sur le coteau pour saluer nos aïeux enterrés là. Nous faisons rarement ce pèlerinage mais c'est, avec l'émotion de saluer nos ancêtres, l'occasion de nous retrouver, parents, enfants, oncles, tantes, cousins, cousines... Après ce moment de recueillement, en redescendant du cimetière, cela ne manqua pas : les appareils de photos sortirent de diverses poches et sacs et chacun se plaça autour de la statue posée le long de la route qui longe la rivière, statue qui est la fierté de Mont-Saint-Père et qui célèbre la gloire du pays, le peintre Léon Lhermitte. Nous étions là, certains debout, d'autres assis, entourant le monument de bronze qui représente un grand moissonneur avec sa faux, que surplombe le buste du peintre.

Un couple de cyclistes passa doucement et s'arrêta à notre hauteur. L'homme nous adressa la parole : « Quelle bonne idée de prendre une photo autour de cette statue, mais savez-vous seulement qui est Léon Lhermitte ? »

Un silence répondit à la question, et l'homme reprit alors la parole et se lança dans un profond éloge de l'artiste, discours dithyrambique qui témoignait de sa passion pour le peintre et de son désir de le faire connaître... peintre des paysans... pastelliste remarquable... paysagiste délicat et habile... apôtre de la peinture claire... successeur de Millet... annonciateur de Van Gogh...

Cela dura quelque temps puis l'un de nous l'interrompit : « Merci, Monsieur, de vos paroles, cela fait plaisir de savoir que Lhermitte n'est pas tout à fait oublié mais je dois vous dire que je connais un peu l'œuvre de Léon Lhermitte ; en fait c'est mon arrière-grand-père. »

Le cycliste n'en crut pas ses oreilles : « Comment, vous êtes un descendant de Lhermitte, ah, comme je suis heureux de vous rencontrer, j'ai une véritable vénération pour lui, si vous saviez combien je suis bouleversé... »

"Jamais Mont-Saint-Père n'avait connu autant de Lhermitte à la fois."

Une voix du groupe se fit entendre, suivie bientôt par d'autres : « Moi aussi, je suis une descendante de Lhermitte... Moi, c'était mon arrière-arrière-grand-père... Moi, je ne l'ai pas connu bien sûr, mais mon grand-père m'en a souvent parlé... Moi itou... » Et bientôt c'est l'avalanche qui tombe sur notre brave vélocipédiste : des Lhermitte, il n'en avait pas un devant lui mais une bonne vingtaine. Jamais Mont-Saint-Père n'avait connu autant de Lhermitte à la fois.

Abasourdi, écrasé, étouffé, l'homme recula devant cette foule qui lui parlait. Cela lui coupa tous ses effets. Il recula, recula encore, puis remonta en selle et disparut sans prononcer un seul mot. Quant à nous, nous restâmes là quelques instants, amusés de l'anecdote bien sûr, mais emplis aussi d'un sentiment de fierté pour Léon, notre cher Léon, pour son grand talent et pour la trace qu'il a laissée.

Emmanuel Lhermitte,
libraire-expert

Une géographie des peintres de la Marne

Pierre-Mary Bachelet,
commissaire de l'exposition sur les peintres de la vallée de la Marne

Noël Coret,
écrivain d'art et président du Salon d'automne

Pouvez-vous nous parler des peintres de la Marne ?

Les paysages et les architectures de la région ont inspiré beaucoup d'artistes très célèbres. Parmi eux, un des peintres les plus illustres de notre région est Léon Lhermitte. Il a peint, énormément, des œuvres magnifiques dans lesquelles il représentait surtout la vie rurale et la paysannerie. Il a également rendu hommage aux paysages de la Marne sur les bords de laquelle il avait la chance d'habiter.

J'aimerais que vous me fassiez la géographie sentimentale des principaux peintres et lieux peints par eux depuis Châlons jusqu'à Paris.

Partons de Langres : c'est la ville natale d'un très grand peintre du nom de Jules Hervé. Exposé au musée de Langres, c'est le peintre des *Communiantes*. Il a rendu compte des événements religieux de la ville, davantage que des fêtes profanes. Beaucoup d'autres artistes ont également gravité autour de Joinville et Chaumont.

Vous avez Thériault entre Châlons, Épernay et Langres, qui faisait partie du mouvement postimpressionniste. Il y avait aussi Robert Antral, magnifique peintre avec ses vues plongeantes, ses contre-plongées extraordinaires et ses personnages qui paraissent danser sur le paysage. Il a beaucoup peint la Marne entre Langres, Châlons et Château-Thierry.

On arrive ensuite à Château-Thierry où nous avons deux grands coutumiers de la vallée de la Marne : Léon Lhermitte et Fernand Pinal. Fernand Pinal, élève de Le Sidaner et d'Henri Martin, est pour moi celui qui, historiquement, va promouvoir cette peinture claire, chère à l'impressionnisme de la Vallée de la Marne. Nous avons également la figure de Pierre Ladureau, un peintre que nous aimons beaucoup, qui a fréquenté la bohème de Montparnasse aux côtés de Foujita, Modigliani, Kisling, Soutine, etc.

Puis, après Château-Thierry, nous avons la grande école de peinture de Luzancy. Je suis actuellement en train de travailler sur l'histoire de cette école, autour de ce que j'appelle les semailles de Corot. Corot est un artiste qui partait régulièrement à pied de la vallée du Grand Morin pour un périple qui le menait jusqu'à son ami Lavieille à La Ferté-Milon. Il aimait se reposer quelques semaines à Luzancy. C'est pendant ces séjours qu'il a formé le peintre Alexandre Bouché, natif de Luzancy, qui lui-même par la suite va former Jean Eugène Massé. Ce dernier conseillera Joseph Paul Meslé, un superbe peintre venu de Normandie, qui va gagner beaucoup d'argent en devenant le portraitiste de la mondanité rémoise, avant de tout plaquer pour venir s'enterrer à Chamigny. Depuis ce petit village tout près de Luzancy, il devint un paysagiste extraordinaire, côtoyant les fauves et basculant progressivement vers une peinture d'avant-garde.

Pour revenir aux « locomotives », il y avait Paul Cézanne, évidemment, qui va peindre du côté de Créteil et Lagny-sur-Marne, sans oublier Camille Pissarro ou Édouard Cortès. Ce dernier est le peintre de la ville de Lagny, il est surtout connu pour ses représentations des scènes de la vie parisienne. Les Américains raffolent de Cortès parce qu'ils trouvent ses œuvres *so romantic*, avec le Paris du début du siècle, les Années folles... Mais il ne faut pas oublier que c'est aussi un peintre majeur de la vallée de la Marne.

Et puisque l'on parle de peintres, il y avait aussi, bien sûr, Étienne Moreau-Nélaton, historien local mais aussi peintre majeur qui habitait Beuvardes, pas très loin de Fère-en-Tardenois.

Il y a à Mézy-Moulins une belle église... Nous avons dans la vallée de la Marne une abbatiale et une église des XIIIe et XIVe siècle, toutes deux magnifiques, qui sont l'abbatiale Saint-Ferréol à Essômes-sur-Marne et l'église de Mézy-Moulins. La première a notamment inspiré Camille Corot, Fernand Pinal et l'église a été maintes fois peinte par Lhermitte qui l'adorait. Les édifices religieux étaient un sujet de peinture très important à la fin du XIXe et au début du XXe siècle. C'est pour cela que Mézy comme Essômes ont été deux monuments majeurs. Corot le premier et Lhermitte en second ont su rendre la beauté incroyable de ces deux lieux.

Un mot sur Château-Thierry ?

Beaucoup d'écrivains de renom sont originaires de la région. Jean de La Fontaine est de Château-Thierry, Alexandre Dumas, l'auteur du roman *Les Trois Mousquetaires*, qui compte parmi les auteurs les plus lus dans le monde, vient de Villers-Cotterêts. Mais il y a aussi Jean Racine de La Ferté-Milon, et Paul Claudel, l'auteur de *L'Annonce faite à Marie* est né à Fère-en-Tardenois. Cela fait donc là quatre écrivains majeurs de la langue française sur à peine vingt kilomètres carrés. Et c'est très important, car finalement, des connexions entre la littérature et l'art vont s'établir.

Prenons Paul Claudel. Quand on évoque Paul Claudel, on pense évidemment à Camille Claudel, sa sœur, qui implorait qu'on la ramène dans son petit village de Villeneuve-sur-Fère. Qui dit Paul Claudel dit également Étienne Moreau-Nélaton qui faisait partie de la famille Claudel. De même qu'on ne peut évoquer Jean de La Fontaine sans penser à tous ces imagiers merveilleux qui ont illustré ses fables, comme Gustave Doré et Léon Lhermitte. La Fontaine a été d'ailleurs, je crois, l'écrivain le plus illustré du monde.

On peut également faire le lien entre le peintre Fernand Pinal et le poète Paul Fort, puisque, lorsque ce dernier fut invité dans les années cinquante par la Société historique et archéologique de Château-Thierry, c'est Fernand Pinal qui lui fit visiter la région. C'est comme cela qu'ils se rencontrèrent, pas très loin d'ici, dans un petit village qui s'appelle Crouttes-sur-Marne. Au moment de se présenter, Paul Fort salua Pinal, et lui dit : « À qui ai-je l'honneur ? » Et Fernand Pinal de lui répondre : « Je suis le peintre de Crouttes. »

Léon Lhermitte vous évoque-t-il quelque chose en particulier ?

J'ai grandi dans les cours d'école, un peu comme Alain-Fournier le raconte dans *Le Grand Meaulnes*. Les petits villages du Tardenois, les cours d'école avec les hirondelles qui faisaient leur nid dans l'église d'à côté, et la vie rythmée par les cloches qui annonçaient les mariages et les moissons, c'était vraiment le paradis de mon enfance. J'ai connu cette vie d'autrefois qui est en train de mourir aujourd'hui sous nos yeux. Et c'est parce qu'elle est en train de disparaître que nous avons mis en place cette exposition sur les peintres de la vallée de la Marne, qui s'articule autour de Léon Lhermitte. Cet artiste a aussi valeur d'ethnologue, car il nous apporte un témoignage absolument irremplaçable de la vie rurale champenoise entre 1860 et 1920. Évidemment, Lhermitte était le grand représentant de la peinture naturaliste, et il est resté fidèle toute sa vie à un type de peinture, évidemment qualifié de peinture académique par les représentants de la modernité et des avant-gardes de l'époque. Et pourtant, souvenez-vous de ce que Van Gogh disait quand il écrivait à son frère Théo : « Quand je vois les dessins de Lhermitte aujourd'hui, je pense que je n'ai jamais rien vu d'aussi beau depuis Michel-Ange. » Lhermitte était avant tout un dessinateur absolument remarquable. Il dessinait comme il respirait. Et c'est ce que l'on ressent au travers de ce témoignage qu'il apporte de la vie champenoise de la fin du XIXe siècle. Grâce à ses tableaux, on peut voir comment les gens vivaient, où ils se réunissaient, on peut se représenter les lavandières en bord de Marne qui discutaient entre elles, les hommes au bistrot...

Le chef-d'œuvre de Lhermitte, c'est évidemment *La Paye des moissonneurs* qu'il présenta au Salon en 1882 et qui fut acheté par l'État le jour même. Vous pouvez le voir au musée d'Orsay où il compte parmi les pièces maîtresses de la collection.

Peut-on trouver des tableaux de Lhermitte dans les musées qui bordent la Marne ?

Hélas, il est exposé au musée de Reims, mais on ne peut pas dire que c'est en bord de Marne. Il n'est pas à Épernay en tout cas. Et c'est bien là le problème et la raison pour laquelle nous travaillons à populariser les peintres de la vallée de la Marne. C'est qu'entre Meaux et Reims, il n'y a guère de musées au bord de la rivière. Bien sûr, à Château-Thierry, il y a le très beau musée de Jean de La Fontaine et sa maison natale, avec le fabuleux tableau *La Mort et le bûcheron*, mais cela reste très « thématique ». Les gens ici sont donc un peu orphelins des grands imagiers de la Marne.

Pour revenir à *La Mort et le bûcheron*, il faut savoir que Lhermitte avait demandé à Rodin de lui prêter un squelette, qui symbolise la Mort dans le tableau. Et parlant de Rodin, sachez qu'au début du siècle, il avait réussi à faire arrêter le train de Châlons-sur-Marne à Paris à Nogent-l'Artaud pour rendre de petites visites à sa maîtresse mexicaine qui y habitait une petite maison. Et quand Rodin est mort, le fils a repris la maison et la maîtresse. C'est du moins ce que les gens du village racontent. Le train a donc continué de s'arrêter à Nogent-l'Artaud. C'est une anecdote délicieuse qui m'a été contée par l'ancienne gouvernante de la maison de cette fameuse grande dame mexicaine qui habitait d'ailleurs une très belle maison Eiffel que l'on voit encore, une jolie demeure en pierre meulière.

L'église d'Essomes peinte par Corot.

"La mort de l'eau est plus songeuse que la mort de la terre : la peine de l'eau est infinie" Gaston Bachelard (L'Eau et les rêves)

Pierre Buraglio, peintre, sculpteur
et ancien professeur à l'École nationale supérieure des beaux-arts

Buraglio, Bonnard, Sisley et les autres

Nous quittons Nogent par l'amont, mais nous allons suivre l'île des Loups et ensuite l'île d'Amour avant de retourner vers Joinville.
Il y a de jolies maisons de toutes les époques par ici, quelques maisons modernes aussi, intéressantes. L'île semble à la fois habitée et abandonnée. Tout de suite on sent une mentalité différente, une mentalité insulaire, comme une sorte de repli sur soi, même si l'on n'est qu'à vingt ou cinquante mètres de la rive.

Comment êtes-vous arrivé à Maisons-Alfort?
Mon grand-père y a construit une maison en 1905. En 1907, il a ajouté deux étages aux trois déjà existants pour pouvoir accueillir ses cinq enfants. C'était le maximum possible, R + 4 comme disent les architectes. Je suis né à Charenton, ma mère m'a amené à Maisons-Alfort en sortant de l'hôpital, je devais avoir deux jours, trois peut-être, et j'y ai vécu toute mon enfance. Plus tard, j'ai dû partir mais sans jamais rompre avec cet endroit. J'y vais depuis maintenant un certain nombre d'années, et non seulement j'y travaille, mais j'y vis aussi. Peut-être que je n'aurais pas été aussi attaché à ce lieu si là n'avait pas été ma maison d'enfance.
Comment appelle-t-on les habitants de Maisons-Alfort? D'où vient le nom de cette ville?
Les habitants de Maisons-Alfort se nomment les Maisonnais. Mais pour le reste, malheureusement je ne sais pas grand-chose à ce sujet. Mon coin à moi s'appelle Charentonneau, un peu ridicule comme nom d'ailleurs. Il arrive parfois, en parlant des tableaux que vont m'acheter des gens très chics, qu'ils me disent : «J'aime beaucoup votre charentonneau!» La consonance de ce nom évoque le diminutif en italien, ce qui m'amuse... Alors, pourquoi Maisons-Alfort? Peut-être parce qu'on y trouve Alfort, Maisons, Vert-de-Maisons, Charentonneau...
Quels sont vos repères à Maisons-Alfort?
Je me sens attaché à mon coin, à cette partie-là de Maisons-Alfort. Le bord de la Marne, c'est ma maison, mon jardin, et je m'aperçois que maintenant, ça me serait extrêmement pénible si je devais déménager de cet endroit. Mais paradoxalement, je ne me sens pas d'attachement avec la ville. L'éducation très catholique que j'ai reçue a fait qu'au fond mes repères sont les églises. Ma paroisse est donc Charentonneau, dont l'église, d'ailleurs, est assez laide. En revanche, à Alfort, en face de l'école vétérinaire, il y a une église des années 1930 qui est classée monument historique, construite par l'architecte Marc Brillaud de Laujardière. C'est une véritable réussite qui a eu beaucoup d'influence sur ma sensibilité artistique. Aussi, lorsque j'ai été amené à faire des réalisations monumentales, notamment culturelles, cette église a certainement été pour moi une référence. Une référence, ce n'est pas vraiment le mot..., mais je dirais que cette église était comme imprimée en moi.
Vous fréquentez les bords de Marne?
Je m'y promène pratiquement tous les jours. J'aime aller à la passerelle de Charentonneau qui permet d'aller de la rive gauche à la rive droite. Et au-delà, on se rend au plateau de Gravelle et au zoo de Vincennes avec son fameux «rocher des singes». J'ai beaucoup fréquenté ces endroits et ils font maintenant partie de ma vie. D'ailleurs, j'ai été content de voir que, parmi mes derniers tableaux exposés à la galerie Fournier, on trouve celui sur le rocher de Vincennes. À Maisons-Alfort, c'est le paysage qui me retient. Il y a ici comme une présence qui parle au peintre que je suis.
Ces bords de rivière ont-ils une influence sur votre peinture?
Dans les maisons du siècle dernier, comme celle que l'on voit actuellement, ce qui me frappe, ce ne sont pas les bow-windows mais l'usage de la pierre meulière, très courante par ici. La pierre meulière caractérise le paysage de façon presque tactile. La nature de ces cailloux, réunis dans une gangue de ciment, offre une possibilité d'exercice de la peinture qui renvoie à certaines peintures abstraites et également à celles de Bonnard : pas un centimètre carré qui ne vibre pas. On passe des tons fauves à des touches ocre, et puis, de temps en temps, tout est très noir, avec une composition quasi géologique. Je ne sais malheureusement pas ce qui expliquerait ces tons très foncés. Sans doute y a-t-il présence de mâchefer.
Je n'ai pas encore fait de réalisation représentant les bords de Marne ou alors, sans doute l'ai-je fait de façon indirecte. Je pense que la rivière se lit dans certains de mes travaux d'après des toiles de maîtres. Je pense par exemple à l'œuvre que m'a inspiré le tableau *Les Baigneurs* de Seurat, même si au fond, c'est la Seine qu'il y représente et non la Marne. Je me ressource, sans jeu de mots facile, à la vue de cette «eau-terre» verte, par moments plus boueuse, qui va, chargée de brins. Peut-être qu'aujourd'hui je vais prendre la décision de planter mon chevalet sur les bords de la rivière. Je vous dis ça, je ne sais pas si je le ferai, mais je vais regarder de plus près.

Si je vous parle des peintres et de la Marne, à qui pensez-vous?

Ma première pensée va à un tableau de Sisley représentant les inondations de la Marne et qui m'avait profondément marqué. En 1954, je ne crois pas me tromper car c'est la seule année où je suis allé au lycée Marcellin-Berthelot à Saint-Maur, la Marne a connu une crue importante que j'ai tout de suite associée à cette toile de Sisley. Et le fait d'être avec vous sur ce bateau n'est certainement pas étranger au fait que s'imposent aussi à moi les tableaux de Marquet. Marquet a peint la Marne avec une étonnante justesse, et sans doute que, si je me replongeais dans son œuvre, je me nourrirais

A Joinville, Pierre Buraglio

davantage de ce qui est mon voisinage et de tout ce que la rivière, les péniches ont à offrir. Les péniches ont certains angles très particuliers. On en voit une partie d'un rouge un peu éteint et une autre d'un vert qui, au contraire, est assez chaud, éclatant mais pas acide. Il y a un tel «goût» dans la péniche traditionnelle et, sous un certain regard, quand un de ses morceaux apparaît dans la frondaison, on peut vraiment dire qu'il se produit un fait plastique. C'est d'une grande beauté. Cela dit, on ne peut pas peindre forcément tout ce qui vous est le plus agréable. Pour le moment, c'est le pittoresque qui me retient. Mais je me fais un peu violence et je me dis que quand je serai plus vieux, je serai bien au-dessus de cela. Enfin, pour en revenir à Marquet, c'est vraiment une peinture de très très grande qualité.

L'embouchure, la confluence de la Marne et de la Seine, cela vous parle-t-il?

Même si je n'en ai rien fait, c'est un spectacle que j'aurai vu toute ma vie, durant ma petite promenade. Cette embouchure avec l'écluse, ce remous d'eau, c'est quelque chose de véritablement très beau.

Est-ce qu'on peut dire que le paysage des bords de Marne est un paysage ordonné?

Il l'est de plus en plus en effet. Le Conseil général et les municipalités de bords de Marne, comme par exemple Maisons-Alfort, plus riche qu'Alfortville, aménagent les rivages avec des choses tout à fait inutiles et bêtes. Cet aménagement excessif des bords de la Marne est aussi déplaisant que la multitude de rats que l'on y trouve par endroits. Pour moi qui en ai la phobie, cela gâte quelque peu les promenades. Je ne sais pas à qui revient cette initiative, mais il y aurait eu ici, il y a quelques années, un élevage de ragondins. Il paraît qu'ils ont servi de déjeuner à des sans-abri qui campaient sur les bords de la Marne.

Ma dernière question porte sur le qualificatif de «banlieue». Ce mot a-t-il pour vous un côté péjoratif?

Non, pour moi le mot «banlieue» n'est absolument pas péjoratif. Au contraire, je suis intimement persuadé que, si nous avions eu depuis des décennies une autre politique, les choses seraient différentes. Pour moi, Maisons-Alfort échappe à ce qualificatif, «banlieue», «quartier». On a fichu des gens ensemble dans des lieux retirés, mal desservis. On les a cloisonnés dans des ghettos, et après on s'étonne que ça soit anxiogène, voire criminogène. Non, je refuse d'accepter cette stigmatisation.

Le tour de Marne sur l'*Hélioscaphe* par Émile de La Bédollière

Olivier Maître-Allain,
directeur du musée de Nogent-sur-Marne

Mes parents se sont connus dans un bal du bord de Marne, je suis donc un enfant des guinguettes. Et la vie a fait qu'à présent, mon métier, c'est la Marne !

Quand le musée de Nogent-sur-Marne a-t-il été créé ?

Le musée de Nogent a été créé en 1962 par des passionnés d'histoire locale, puis il a été un peu recentré sur l'histoire, la mémoire des bords de Marne. On y trouve des tableaux, des documents, beaucoup de photos anciennes, des cartes postales. C'est un endroit où l'on interprète le territoire, où l'on explique aux gens les caractéristiques du milieu dans lequel ils vivent.

Quel est ce pont que nous sommes sur le point de traverser ?

Nous abordons le début de Nogent-sur-Marne avec ce grand viaduc de près d'un kilomètre de long, qui franchit la Marne à Nogent pour permettre aux trains de gagner l'autre côté de la Brie et aller vers Troyes, Langres ou Chaumont. Ce viaduc a été construit entre 1855 et 1857, près de deux mille ouvriers ont travaillé sur son chantier. Il est assez extraordinaire et pas mal d'anecdotes s'y rattachent. Laissez-moi vous raconter la suivante : en 1912, deux membres de la bande à Bonnot, Garnier et Valet, s'étaient réfugiés dans une petite maison près du viaduc. On les a reconnus et ils ont été dénoncés. La police a fait le siège pendant toute une nuit, puis a jeté de la dynamite depuis le viaduc pour les faire sortir de la maison. Ce n'est qu'au petit matin qu'ils ont été abattus. On estime, selon le préfet lui-même, qu'une foule de deux mille personnes s'était rassemblée là pour assister au siège. Il semblerait que les guinguettes, ce soir-là, aient fait un chiffre d'affaire assez conséquent ! À la Belle Époque, on donnait des fêtes sur le viaduc. Aujourd'hui, c'est un point central qui permet de séparer les territoires de Nogent et de le Perreux.

La construction du viaduc a profité d'une immigration européenne : pouvez-vous nous en parler ?

Les Italiens de Nogent disent que leurs ancêtres sont venus construire le viaduc. Mais ce n'est pas tout à fait vrai, disons que c'est une légende qui peut se comprendre : de fait, le viaduc a été construit par des Belges et des Auvergnats et ce n'est que dans le courant des années 1860 que les premiers Italiens sont arrivés ici. Par contre, en 1870, le Génie français a fait sauter des arches du viaduc pour empêcher les Prussiens de progresser vers Paris ; les maçons italiens de Nogent ont alors certainement participé à sa reconstruction en 1872.

François Cavanna est aussi un enfant de Nogent issu de l'immigration italienne…

François Cavanna, l'écorché vif, rédacteur en chef de *Charlie Hebdo*, a effectivement raconté dans *Les Ritals* son enfance nogentaise et son père maçon. Dans ses livres, il dresse un éloge de l'école de la République qui lui a permis de devenir le Cavanna que nous connaissons aujourd'hui.

Vous nous avez apporté un livre que je vous envie : pouvez-vous nous parler de cet ouvrage ainsi que de leurs auteurs, qui sont deux je crois, même si l'on n'en cite souvent qu'un seul ?

Je vous ai apporté *Le Tour de Marne*, un ouvrage écrit au XIXe siècle par Émile de La Bédollière qui, avec le photographe Ildefonse Rousset, a décrit, par une narration illustrée, toute l'histoire des villes que traverse la Marne à proximité de Paris. Or, il s'avère que les photographies d'Ildefonse Rousset sont sûrement les plus anciens documents que nous connaissons sur le site. Il faut se figurer qu'à cette époque, en 1865, la photographie réclamait une technique particulière bien plus contraignante comparée à ce que l'on connaît aujourd'hui avec le numérique ; sur le bateau, Rousset avait donc carrément installé un laboratoire et tirait immédiatement les images qu'il venait de prendre avec des temps de pause allant probablement de deux à trois secondes. On s'en rend compte par le fait qu'il y a parfois un léger bouger sur certains clichés de végétaux. Ce livre est une mine fabuleuse qui nous raconte les légendes des environs, les cormorans, les martins-pêcheurs ; c'est en cela un véritable tableau vivant des bords de Marne à l'époque du Second Empire, avec les témoignages remarquables que sont les images qui l'ornent.

Émile de La Bédollière est donc parti sur un bateau ?

Oui, il a fait le tour de la boucle de la Marne avec un marinier, sur un bateau qui s'appelait l'*Hélioscaphe*, un peu comme ce que vous êtes en train de faire d'ailleurs !

Pouvez-vous nous donner des précisions sur l'itinéraire de la boucle emprunté par l'auteur ?

On ne peut pas naviguer sur la Marne en continu car, non loin en aval de Joinville, se trouve un barrage qui n'est pas éclusé. Cela implique que la boucle que forme la Marne autour de Saint-Maur n'est en principe pas navigable. Émile de La Bédollière emprunte donc plusieurs itinéraires qui viennent clairement structurer son livre : il est parti de Charenton pour remonter jusqu'à Nogent-sur-Marne puis, dans un second temps, il a entrepris la boucle de Saint-Maur. Sur cette page, on voit le pont de bois de Champigny-sur-Marne, construit en 1841, dont le règlement précisait qu'il était interdit d'y fumer afin d'éviter l'incendie. Les ponts étaient à péage à cette époque et il y avait un gardien dans sa maison.

Pouvez-vous nous dire où nous sommes maintenant ?
Nous sommes à proximité du pont de Joinville-le-Pont, qui est historique puisqu'il existait déjà au XIIIe siècle. Ce n'est plus aujourd'hui l'ouvrage original car sept à huit reconstructions différentes se sont succédé jusqu'à aujourd'hui. Joinville présente une particularité : elle est trois fois riveraine de la Marne. Habituellement une ville est baignée deux fois par une rivière, sur ses deux rives. Á Joinville, de part et d'autre de la Marne, c'est toujours la même commune, et comme la rivière fait une boucle à Saint-Maur, elle vient baigner une troisième fois la ville !
Pourriez-vous me donner la géographie des îles depuis Nogent, Joinville et Chantilly ?
Successivement, quand on descend la Marne depuis le Perreux, on va d'abord croiser deux îles qui s'appelaient autrefois île d'Amour pour la toute petite et île du Moulin pour la plus grande. Il y avait effectivement un moulin entre les deux. Ce qui est amusant, c'est que les Nogentais ont inversé les deux noms au début du XXe siècle, suite à l'installation sur la grande île, alors île du Moulin, d'une guinguette baptisée « Guinguette de l'île d'Amour ». L'île d'Amour est donc maintenant la grande île.
On trouve ensuite l'île des Loups, pour rapidement croiser l'ancienne île de Beauté, très longue et aujourd'hui rattachée au rivage. Le petit bras de Marne qui la séparait des berges était devenu une sorte d'égout à ciel ouvert, si bien que, dès le milieu du XIXe siècle, on parlait déjà du comblement de ce bras de rivière. Il a été réalisé en 1968 et l'ancien bras est devenu une promenade qui permet aux gens de longer toute l'île. C'est en arrivant à Joinville que l'on découvre l'île Fanac, encore un nom curieux qui viendrait, paraît-il, du mot « fenaison ». Puis, lorsque l'on descend encore vers Champigny, il y a tout un chapelet d'îles sauvages aux noms très évocateurs, dont l'île des Gords, qui était le refuge des pêcheurs de poisson, l'île des Vignerons et l'île Pissevinaigre, dont les noms sont liés parce que l'on considérait que le vin produit dans le secteur était un peu aigrelet.
Vous êtes-vous déjà baigné dans la Marne ?
En tant que membre d'un club de canoë-kayak et pratiquant régulièrement ce sport, j'ai eu évidemment l'occasion d'y prendre plusieurs bains, et pas qu'à la belle saison ! Mais on y survit.
Où vous entrainez-vous en canoë ?
J'appartiens au Canoë Kayak Club de France qui est situé à Bry-sur-Marne. C'est un club qui a une longue histoire puisqu'il descend du Canoë Club de France, qui a été fondé en 1904. Je restaure aussi d'anciens canoës en bois, construits dans les années 1930. C'est vraiment le bateau emblématique des bords de Marne. Et c'est dans ces paysages merveilleux que les membres du club évoluent, en petits groupes, le samedi matin.

L'Île des loups et le pont de Nogent-sur-Marne

Choses écrites à Créteil

Sachez qu'hier, de ma lucarne,
J'ai vu, j'ai couvert de clins d'yeux
Une fille qui dans la Marne
Lavait des torchons radieux...
Je la voyais de loin. Sa mante
L'entourait de plis palpitants.
Aux folles broussailles qu'augmente
L'intempérance du printemps...
...
Je quittai ma chambre d'auberge,
En souriant comme un bandit ;
Et je descendis sur la berge
Qu'une herbe, glissante, verdit.
...

Victor Hugo, à l'auberge
du *Petit Cochon de Lait,*
près de Créteil.
Chansons des Rues et des Bois, 1865.

“Ne regardez pas en l’air, vous verriez sous les jupes des filles !”

Bernard Delompré, maire de Balesmes
et Roger Godomier, conseiller municipal

Monsieur le Maire, nous passons sous Balesmes : quel est votre sentiment ?
On éprouve un sentiment de responsabilité, parce qu’on est quand même à la source de la Marne, son départ, sa naissance.
Quel effet cela fait-il d’être maire d’une commune qui figure dans tous les livres de géographie ?
La Marne coule depuis sa source au cirque de la Marnotte, jusqu’à Paris. Certaines âmes chagrines disent que ce n’est pas la Marne qui se jette dans la Seine... Si elle était reconnue comme fleuve, elle aurait un cours de 890 km tandis que la Seine n’en a que 776. Donc c’est bien la Marne qui passe par la capitale. D’ailleurs, j’ai bien l’intention de défendre ce fait, même si je ne suis pas sûr d’être entendu !
Pour ma part, j’ai toujours été intéressé par la source. Enfant, on venait beaucoup y jouer, je vous dirais même que, à onze ans, je venais garder des vaches à quelques mètres de là. La grotte de Sabinus et sa légende nous intriguaient étant petits. Et, même si ce mythe a été, à juste titre, fortement contesté, il perdure à travers le temps et l’on continue de le raconter à qui veut l’entendre.
En ce moment, nous sommes sous la route de Langres-Chalindrey et nous sommes à une centaine de mètres de l’entrée du tunnel, qui en fait un peu plus de 4800, et qui passe à 32-33 mètres sous l’église de Balesmes.
Exactement sous l’église ?
Exactement sous la nef, ce qui a d’ailleurs fait beaucoup causer à l’époque. Les gens étaient convaincus que l’église et leurs maisons ne résisteraient pas au percement du canal et, du coup, chacun trouvait à redire et faisait état des fissures apparues sur leurs murs dans le but que tout cela soit, un jour, pris en compte. Tout cela a soulevé beaucoup de débats à Balesmes.
La construction du tunnel a donc fait peur aux habitants ?
Oh oui, non seulement beaucoup de villageois ont craint l’effondrement de leurs maisons et de l’église, mais il fallait voir les moyens déployés à l’époque pour le construire ! La vie de la petite commune en fut complètement transformée. Des centaines de personnes travaillaient de part et d’autre du chantier. Le cimetière de Balesmes conserve encore les traces du passage de ces nombreux ouvriers étrangers, italiens pour la plupart. Certains même se sont installés dans le village et cette main-d’œuvre, avec tout ce qui va avec, a été la cause de nombreux problèmes. En effet, si aujourd’hui la population du village s’élève à deux cent soixante-dix habitants, elle en comptait alors plus de cinq cents et cela inquiétait un peu les braves gens. Autant dire que les bistrots avaient dû tripler et que le ton montait régulièrement.
Sans doute les ouvriers pointaient-ils un peu trop les filles du village !
Y a-t-il eu beaucoup d’accidents pendant la construction du tunnel ?
Il s’est dit, après sa construction, que si l’on cherchait, on trouverait des corps. Certaines personnes disparaissaient. Il y avait des règlements de comptes et certains ouvriers qui entraient travailler le matin dans le tunnel n’en sortaient plus jamais.
Sinon, à ma connaissance, il n’y a pas eu de gros accident, et pourtant, je vous laisse imaginer la dureté du travail dans ce tunnel. L’objectif était de passer sous le plateau de Langres et c’est assez gigantesque le volume de terre qu’il a fallu retirer, mettre sur le côté et ensuite sortir du tunnel. Et alors que dans un sens, il fallait évacuer les wagonnets remplis de terre, dans l’autre sens, il fallait transporter cette pierre amenée de partout, en particulier de Balesmes. C’est vous dire la somme de travail et la quantité de main-d’œuvre que cela a nécessité ! Tout a été fait manuellement, que ce soit le calcul, le tracé, etc. Il fallait avancer sérieusement. Chacun avait une tâche spécifique d’un bout à l’autre de la chaîne et il fallait que tout le monde travaille.
Ah voilà, nous sommes sous Balesmes... Ne regardez pas en l’air, vous verriez sous les jupes des filles !

Dans le tunnel de Balesmes. longueur 4820m, hauteur à la clé de 10m, largeur de 8 mètres. Il passe à 40 m exactement sous le parvis de l'église de Balesmes. Sa construction demandera deux années de travail de 1880 à 1882, 24h sur 24, on comptera 350000 m³ de déblais.

J'étais avec Gérard Rondeau et nous cherchions le tunnel de Balesmes. Alors que nous errions depuis des heures, nous l'avons enfin découvert. Long de quatre kilomètres et demi, il surgissait en plein jour, jaillissant à l'air libre, dans la lumière. Il est apparu soudainement devant nous, comme une sorte de site aztèque du temps du dernier roi Montezuma. Il y avait en ce lieu une atmosphère très particulière, un peu lourde, presque tropicale. Je ne sais pas quel adjectif utiliser pour décrire une telle merveille. La seule chose dont je sois sûr, c'est que cette apparition fut vraiment une des plus fortes sensations que j'ai éprouvées depuis très longtemps. C'était à la fois un étonnement, une surprise, nous avions l'impression de découvrir une ruine, un site ancien, et cela m'a bouleversé.

Jean-Paul Kauffmann

La ligne de partage des eaux, à la sortie du Tunnel de Balesmes.

Pascale, assistante sur "Un bateau sur la Marne"

Geoffroy, assistant sur "Un bateau sur la Marne"

Francis, capitaine d'"Un bateau sur la Marne"

le groupe libelul

Arturo, chef cuisinier

NY3771
d'argile et d'eau

GERARD RONDEAU
UN BATEAU SUR LA MARNE
GERARD RONDEAU
UN BATEAU SUR LA MARNE

Olivier, notre pilote émérite expert dans l'art des demi-tours sur la Marne.

L'équipage lors de l'arrivée à Dizy sur la partie navigable de la Marne.

Un des nombreux entretiens sur le pont du bateau.

Francis, propriétaire de la péniche Freycinet.

GERARD RONDEAU
UN BATEAU SUR LA MARNE

Remerciements

L'aventure « Un bateau sur la Marne » a pu se réaliser grâce au soutien et à la participation de :

Yolande Arts, Michel Bernardaud, Yannick le Bigot, Christine Boban-Richard, Marie-Sophie Bonrepaux, Jean-Pierre Bouquet, Bruno Bourg-Broc, Olivier de Bretagne, Christian Bruyen, Jean-François Camp, Charles de Courson, Denis Defente, Marie Delhoume, Bernard Delompré, Yves Détraigne, Sylvie Grumbach, Ludovic Lagarde, Dominique Lévèque, Benjamin Martineau-Fabre, Marc Nouschi, Guillaume Ollier, Dominique Pierre, Elisabeth Robert-Dehault, Pierre Rival, Pascal Saguet et Claire Yverneau.

Le « Bateau sur la Marne » a été accompagné et accueilli par de nombreux maires et autres élus :

Anne Berdin, Jean-Michel Berlingué, Calixte Bonanfant, Jean Bozek, Jean-Paul Brignoli, Chantal Choubat, Louis-Henry Cunier, Gilbert Curinier, Christian Drouin, Christian Dubois, Raymond Forboteaux, Danièle Fortier, Bénédicte Gay, Didier Landry, Jean Le Follezou, Danièle Fortier, Michel Gueucier, Roland Guillaumot, Jacques Jesson, Dominique Lemaire, Christine Liebart, Laurent Madeline, Eric Mangin, Marie-Christine Nocton, Daniel Philizot, François Poirot, Bernard Recarte, Jean-Yves Roy, Jean-Marie Seclier, Claude Texier, Jean-Pierre Thanier, Annie Tricoche et Michel Valter.

Il y a ceux aussi qui n'ont pu nous rejoindre sur le bateau :

Le Père Serge Bonnet, François Cornut-Gentille, Philippe Dagen, François Dagognet, Jean-Paul Demoule, Ameenah Gurib-Fakim, Jean-Marie Leblanc, Emmanuel Lhermitte, Annie Pinon, Marie-Olga Rodrigues, Rose H. Schwartz, Gérard Sigal et Joël Vallat.

S'ils n'ont pu être photographiés dans mon cadre, qu'ils soient ici très chaleureusement remerciés pour leur contribution écrite à ce vaste inventaire.

Merci aussi à :

Pierre Assouline, Gérard Bianchi, Toma Bletner, Francis Bueb, Yves Bouron, Catherine Brulé, Caroline Comte, Claude Demarque, Gilles Dudognon, Mercedes Giméno, Michel Gommeaux, Elsa Grzeszczak, Jean-Noël Heyraud, Françoise Kunzé, Josita Lavigne, Philippe Manœuvre, Henri Maurel, Gérard Memmi, Karine Métivier, Patricia Morvan, le Taxi Prévot, Cécile Riottot, Diego Salazar, Isabelle Simon, Jean-Marie Songy, Julien Storini, William Théry, Fernand Viard, Laurent Voulzy et Christopher Yggdre.

Ainsi que l'Association pour la promotion, la sauvegarde et la défense de l'œuvre de Gérard Rondeau.

Et merci à tous ceux qui nous ont aidés et que nous aurions pu oublier ici.

GERARD RONDEAU

UN BATEAU SUR LA MARNE

Merci à tout l'équipage du « Bateau sur la Marne » avec lequel ce fut un réel plaisir de vivre cette aventure, à savoir :

Pascale Brencklé et Geoffroy Velter qui m'ont aidé au quotidien avec efficacité et talent ainsi qu'Estelle Foucault et Arturo Garduno.

Francis Dumelié, capitaine optimiste de la péniche *D'Argile et d'Eau* (www.peniche-week-end.com) transformée en « Un bateau sur la Marne » le temps de notre descente de la grande rivière.

Olivier Mégret, pilote émérite, (*Croisière C'est la Vie* – olivier.megret123@orange.fr), qui a mené notre péniche Freycinet à bon port de Balesmes à Paris.

Remerciements particuliers à :

Tous les agents des Voies Navigables de France - VNF qui ont facilité notre parcours grâce à leur savoir-faire et leur connaissance des voies fluviales.

Ainsi qu'au Port autonome de Paris de nous avoir autorisés à nous amarrer à Paris, au Port Saint-Bernard, le 31 mars 2010, et de nous avoir ainsi permis de terminer dans la convivialité, avec nos partenaires, nos amis et tous les riverains rencontrés lors de l'aventure, notre descente de la rivière Marne.

Pour le livre

Merci particulièrement à Valérie Gautier, qui en a assuré la direction artistique avec son talent et sa patience attentive,

et à Pascale Brencklé, qui en a assuré le suivi éditorial avec détermination, enthousiasme et rigueur.

Merci à ceux qui ont contribué au travail d'exploitation des entretiens filmés, de documentation et d'édition, à savoir :
Lionel Faivre, Estelle Foucault, Florian Goeb, Caroline Hisler, Pauline Jupin, Ornella Lamberti, Laetitia Phan, Marine Rondeau et Geoffroy Velter.

Merci à Denise Brencklé et à Patrick Mouze pour leur relecture attentive,

et à Olga Kriloff et Emmanuel Rondeau pour leur précieuse aide.

Merci enfin à Jean-Paul Kauffmann, l'homme de Longwood, des Kerguelen et de Courlande, qui fut un délicieux et vaillant compagnon de voyage jusqu'aux sources de la Marne.

Table des matières

PETITE BIBLIOTHÈQUE EMPORTÉE SUR LE BATEAU SUR LA MARNE / ARLAND Marcel, *Carnets de Gilbert*, Gallimard, Paris, 1944. AUBERT Jean, *La Vallée de la Marne autrefois*, Horvath, Lyon, 1991. AUDOUIN-ROUZEAU Stéphane, BECKER Annette, *La Grande Guerre. 1914-1918*, Gallimard, Paris, 1998. BACHELARD Gaston, *L'Eau et les rêves*, Librairie José Corti, Paris, 1942. BACHELARD Gaston, *La Terre et les rêveries du repos*, Librairie José Corti, Paris, 1946. BAILLY Auguste, *Henri le Balafré, duc de Guise*, Hachette, Paris, 1953. BAILLY Jean-Christophe, *Le Temps fixé*, Bayard, Paris, 2009. BARCELLINI Serge (sous la dir. de), *Première Guerre Mondiale des Flandres à l'Alsace*, Casterman, Tournai, 1996. BARRÉ François, BRAVARD Jean-Paul, MOULIN Jacques, ELZÉARD Jean-Louis, *Reconnaissance de la rivière*, Analogues, Arles, 2009. BLONDIN Antoine, *Tours de France. Chroniques de « L'Équipe ». 1954-1982*, La Table ronde, Paris, 2001. BLOY Léon, *Quatre ans de captivité à Cochons-sur-Marne. 1900-1904*, tomes I et II, Mercure de France, Paris, 1935. BONAL François, *Champagne. Le champagne dans la littérature universelle*, Dominique Guéniot, Langres, 1990. BOURGEOIS C., *Recherches historiques sur Damery*, C. O'Toole, Châlons-sur-Marne, 1905. CADIOT Olivier, *Fairy Queen*, POL, Paris, 2002. CAILLOIS Roger, *Pierres*, Gallimard, 1966. CATEL Maurice, *Visages de la Champagne*, Horizons de France, Paris, 1946. CHALETTE Jérôme, *Département de la Marne. Statistique générale*, Res Universis, Paris, 1991. CHALETTE Jérôme, *Département de la Marne. Dictionnaire des communes*, Res Universis, Paris, 1991. CHAMISSO (von) Aldebert, *L'Étrange Histoire de Peter Schlemihl* (1813-1822), Flammarion, Paris, 2003. CHATWIN Bruce, *Anatomie de l'errance*, Grasset, Paris, 2005. CHAVANCE René, *Vitry-le-François. 1914-1918. Une ville de l'Est pendant la guerre*, Messager de la Marne, Vitry-le-François, 1922. CHEF Frédéric, *Géographie sentimentale. Un voyage à travers la Haute-Marne*, Pythagore, Chaumont, 2005. CLAIR Jean, *Le Voyageur égoïste. Carnets*, Plon, Paris, 1989. COMITÉ DU FOLKLORE CHAMPENOIS, *Les Végétaux dans le folklore et les coutumes de mai. L'alimentation populaire et la cuisine champenoise*, Journal de la Marne, Châlons, 1956. CONSTANTIN-WEYER Maurice, *Un homme se penche sur son passé*, Rieder, Paris, 1928. CONSTANTIN-WEYER Maurice, *L'Âme du vin*, La Table ronde, Paris, 2008. CORET Noël, *Les Peintres de la vallée de la Marne*, Casterman, Tournai, 1996. CORLIEU Auguste, *Géographie du canton de Charly-sur-Marne à l'usage des écoles primaires*, Lecesne, Château-Thierry, 1879. CRUBELLIER Maurice, DEMOUY Patrick, TEBIB Roger et Renée, BOURCELOT Henri, DUMÉNIL Claude et CHOISELLE Roland, *Champagne. Ardennes, Aube, Haute-Marne, Marne*, Christine Bonneton, Le-Puy-en-Velay, 1981. DAC Pierre, *Du côté d'ailleurs et de partout. Romans loufoques*, Omnibus, Paris, 2010. DAGEN Philippe, *L'Art impossible. De l'inutilité de la création dans le monde contemporain*, Grasset, Paris, 2002. DAUZAT Albert, *Le Village et le paysan de France*, NRF Gallimard, Paris, 1941. DEBORD Guy, *La Planète malade*, Gallimard, Paris, 2004. DELORME Philippe, *Jules Rozet (1800-1871)*, Association pour le patrimoine industriel de Champagne-Ardenne, Reims, 2007. DENIZOT (abbé), *Histoire d'un saint ermite ou Vie de saint Gibrien*, T. Martin, Châlons, 1874. DIDEROT Denis, *Lettre sur le commerce de la librairie*, Dominique Guéniot, Langres, 1989. DUMAS Alexandre, *La Route de Varennes*, Le Livre d'histoire, Paris, 2005. DURUY Étienne, *De Paris à Bucarest*, Hachette, Paris, 1864. ÉTIENNE Jean-Claude, FORGEOT Robert *et al.*, *Crenay. Foulain*, Mairie de Foulain-Crenay / Dominique Guéniot, Langres, 2000. FÈVRE Mgr, *Souvenirs et monuments d'Eurville*, Le Livre d'histoire / Lorisse, Paris, 2004. FINAZ Loïc, *Échouage*, La Table ronde, Paris, 1995. FORT Paul, *On loge à pied et à cheval*, in *Ballades françaises et chroniques de France*, tome X, Flammarion, 1947. FORT Paul, *Ferveur française*, in *Ballades françaises et chroniques de France*, tome XVI, Flammarion, 1954. FRANK Bernard, *Mon siècle. Chroniques 1952-1960*, Quai Voltaire, 1993. FRANK Bernard, *Rêveries*, Le Dilettante, Paris, 2001. GALLION-BOISSELIER Lucien, *Le Canal et quatre lacs au pays de Langres*, Office de tourisme du plateau de Langres, Langres, 1986. GANDILHON René, *Lumières, pétards et feux de joie lors de la venue de Louis XV à Châlons-en-Champagne*, Mémoires de la Société d'agriculture, commerce, sciences et arts de la Marne, 1989. GANDON Yves, *Champagne*, « Les Albums des Guides bleus », Hachette, Paris, 1959. GAUDIN Henri, *Considérations sur l'espace*, Le Rocher, Monaco, 2003. GILBERT-LECOMTE Roger, *Correspondance*, Gallimard, Paris, 1971. GRANIER Albert-Paul, *Les Coqs et les vautours*, Les Équateurs, Sainte-Marguerite-sur-Mer, 2008. GRIGNON Louis, *Topographie historique de la ville de Châlons-sur-Marne*, Martin Frères, Châlons-sur-Marne, 1889. HENRIOT-PEIFFERT Irène, *Histoire des Champenois*, Fernand Nathan, Paris, 1980. HENRY M., *Siège et prise d'Épernay*, P. Dubois, Reims, 1860. HUSSON Hubert, *Le Siècle d'or du canton de Chevillon. 1836-1936*, Langres, 2007. IMBAUT Daniel, *La Champagne, architecture régionale*, Jaher, Paris, 1986. JACCOTTET Philippe, *Paysages avec figures absentes*, NRF Gallimard, Paris, 1997. JOANNE Paul, *Géographie de la Haute-Marne*, Hachette, Paris, 1905. JOANNE Paul, *Géographie de la Marne*, Hachette, Paris, 1905. LA FONTAINE, Jean de, *Fables*, Marc Fumaroli, Paris, 1985. LAMANDÉ André, *La Vallée des miracles*, La Renaissance du Livre, Paris, 1932. LAVISSE Ernest, *La Nouvelle Première Année d'histoire de France*, Les Équateurs, Sainte-Marguerite-sur-Mer, 2009. LEROY Francis, *Épernay*, Alan Sutton, Saint-Cyr-sur-Loire, 2000. LONGNON Auguste, *Dictionnaire topographique du département de la Marne*, Hachette, Paris, 1891. LOUŸS Pierre, *Les Aventures du roi Pausole*, Albin Michel, Paris, 1964. LOUŸS Pierre, *Chrysis ou La Cérémonie matinale*, À l'écart, Muizon, 1983. MAILLET Germaine, *Les Classes rurales dans la région marnaise*, André Bruilliard, Saint-Dizier, 1929. MICHELET Jules, *Philippe le Bel. Charles V. Histoire de France*, Les Équateurs, Sainte-Marguerite-sur-Mer, 2008. NEUHOFF Éric, *Champagne !*, Albin Michel, Paris, 1997. NOËL Albert (dom), *Dormans et ses environs*, Res Universis, Paris, 1989. NOËL Albert (dom), *Notice historique sur le canton de Dormans*, Res Universis, 1993. NOËL Bernard, *Le Reste du voyage et autres poèmes*, Seuil, « Points », Paris, 2006. NOMINÉ Raymond, *Châlons et la vallée de la Marne*, tomes III et IV, Alan Sutton, Saint-Cyr-sur-Loire, 2008. NORMAND Gilles, *Mon village se meurt*, Perrin & Cie, Paris, 1923. NOTTIN L., *Mon carnet de guerre. Vitry-le-François pendant la bataille de la Marne*, Imprimerie centrale, Vitry-le-François, 1917. PAILLARD Françoise et Patrick, *Tours-sur-Marne. 1858-2008*, Mairie de Tours-sur-Marne, 2008. PASQUALI Adrien, *Nicolas Bouvier. Un galet dans le torrent du Monde*, Zoé, Carouge/Genève, 1996. PÉCHEYRAND Roger, *Dans l'ombre des peupliers*, Messager de la Marne, Vitry-le-François, 1934. PHILIPPONNAT Gustave, *Le Parler champenois. Recueil des mots particuliers aux vignerons champenois*, 1941. PILON Edmond, *Sous l'égide de la Marne*, Bossard, Paris, 1919. POPELIN Pascal, *Le Jour où l'eau reviendra. Cent ans après la grande crue de 1910*, Jean-Claude Gawsewitch, Paris, 2009. RACHLINE Michel, *Un certain art du champagne*, Atlas, 1995. RICHARD Louis, *À la recherche de l'ancien nom de la Marne*, CERPHM, Saint-Dizier, 2001. RIOUSSET Michel, *Les Bords de Marne de Lagny à Charenton, du Second Empire à nos jours*, Amatteis, Dammarie-lès-Lys, 1984. RIVAL Pierre, *Alimentation générale*, Flammarion, Paris, 2007. ROBINET Jean, *La Marne pas à pas*, Presses du village, Étrépilly, 1993. RONIS Willy, *Derrière l'objectif*, Hoëbeke, Paris, 2001. SCHOSSELER Martine, *Cent ans au bord de l'eau*, La Touraine champenoise, Tours-sur-Marne, 2007. SIMENON Georges, *Quand j'étais vieux*, Presses de la Cité, Paris, 1970. SIMENON Georges, *À la découverte de la France*, Union générale d'éditions, Paris, 1976. TESSON Sylvain, *Aphorismes sous la lune et autres pensées sauvages*, Les Équateurs, Sainte-Marguerite-sur-Mer, 2008. THIBAULT Charles, *Contes de Champagne*, Éditions des Quatre Jeudis, Paris, 1959. VITOUX Frédéric, *Grand Hôtel Nelson*, Fayard, Paris, 2010. *Almanach de la Marne*, C. O'Toole / A. Robat (successeur), Châlons, 1911. *Almanach Matot-Braine des trois départements de la Marne, de l'Aisne, et des Ardennes. Historique, littéraire, administratif, commercial*, Matot-Braine, Reims, 1924, 1930. *Fontes. Les vallées du fer et de la fonte d'art*, Élisabeth Robert-Dehault, Wassy, 2002. *Fontes. Jean-Pierre-Victor André ou le sens des affaires*, Élisabeth Robert-Dehault, Wassy, 2009. *La Haute-Marne*, Éditions du Bastion, Paris, 1996. *La Littérature de colportage*, Maison de la Culture André-Malraux, Reims, 1979. *Champs de bataille de la Marne. Les marais de Saint-Gond. Coulommiers-Provins-Sézanne*, tome II, Michelin, 1917. *Mémoires de la Société des lettres de Saint-Dizier*, tome V, J. Gauthier, Saint-Dizier, 1982. *Testaments et Manifestes de Louis XVI*, Les Équateurs, Sainte-Marguerite-sur-Mer, 2009. *Le Goût de l'Abyssinie*, textes choisis et présentés par Tristan Savin, Mercure de France, Paris, 2009. *Bollinger, une certaine idée du champagne*, Romain Pages, Sommières, 2004.